足球运动

主　编　崔泽峰
副主编　张　坤　杜为鹏
参　编　付　帅　张承意

天津大学出版社
TIANJIN UNIVERSITY PRESS

图书在版编目（CIP）数据

足球运动 / 崔泽峰主编 ; 张坤, 杜为鹏副主编 ; 付帅, 张承意编. -- 天津 : 天津大学出版社, 2022.8（2025.1 重印）

ISBN 978-7-5618-7267-3

Ⅰ. ①足… Ⅱ. ①崔… ②张… ③杜… ④付… ⑤张… Ⅲ. ①足球运动 Ⅳ. ①G843

中国版本图书馆CIP数据核字（2022）第138143号

出版发行 天津大学出版社
地　　址 天津市卫津路92号天津大学内(邮编:300072)
电　　话 发行部:022-27403647
网　　址 www.tjupress.com.cn
印　　刷 廊坊市海涛印刷有限公司
经　　销 全国各地新华书店
开　　本 787mm×1092mm　1/16
印　　张 11.75
字　　数 294千
版　　次 2022年8月第1版
印　　次 2025年1月第2次
定　　价 45.00元

前　言

足球运动诞生于我国战国时期，被称为"蹴鞠"，后经以英国为代表的欧洲国家改良与推广，现已成为世界第一大运动，有着雄厚的群众基础和无限的商业价值。《全民健身计划（2021—2025年）》于2021年7月18日颁布，提出"大力发展'三大球'运动，推动县域足球推广普及"这一要求，结合涉及的健身赛事活动方面、健身指导方面、体育社会组织方面、健身安全方面等内容，说明足球运动将作为全民健身领域一项重要运动项目进行普及，这为大众足球运动的发展奠定了坚实的基础。足球运动课程也应以满足全民健身需要，促进县域足球开展为目标，以足球竞技能力培养、足球教学训练、足球健身活动推广、足球赛事组织及各种特色形式足球运动的开展为主体内容，对专业学生进行培养。

长期以来，足球运动的教学以技能练习为主要手段，提升学生的技战术能力是课程的最终目标。《全民健身计划（2021—2025年）》的颁布预示着我国更需要的是体育教学及指导人才，而不是专业运动员、教练员。因此本书对足球运动教学内容体系进行重新构建，依据全民健身政策导向，以体育类专业培养目标为依据，以符合区域体育发展和提升学生实践应用能力为目标，以促进体育专业足球运动课程教学更趋专业性、科学性、实用性为指引进行编写。本书涵盖"足球运动概述""足球运动竞技能力""校园足球教学与大众足球训练""足球竞赛的组织与策划""五人制足球"等5个模块，内容体系科学合理，能够促进学生的赛事组织、教学训练、健康推广等能力的发展；能够遵循《"健康中国2030"规划纲要》等政策的导向，适应体育专业的培养目标；能够为发展大众健身、推动"三大球"发展、推进县域足球开展服务。同时，课程内容与运动训练学、健身理论指导、社会体育导论、体育营销学、运动生理学等课程相互借鉴、相互支撑、相互依托，使体育专业的课程体系更加完善，课程内容深度融合，人才培养质量得到提高。本教材依托辽宁省线下一流课程"足球运动"进行编撰，涵盖足球的技术、战术、心理、知识及体能的训练内容，使竞技能力更加全面；以体能、技术教学训练为重点，突出健身需求；"足球竞赛的组织与策划"模块突出赛事的组织策划、运营管理能力，能够促进足球运动产业推广，引导大众积极参与；"大众足球运动的训练"和"五人制足球"两部分内容，更加符合《全民健身计划（2021—2025

年）》《“健康中国2030”规划纲要》等政策性文件的要求，能够为全民健身、足球发展培养有实践能力、有针对性的综合性人才。

本书的教学内容及主要任务涵盖五个方面：一是“足球运动概述”，使学生初步了解足球运动项目；二是“足球运动竞技能力”，包括专项体能、技术能力、战术能力、心理能力和知识能力的理论知识及训练体系，使学生掌握足球的基本技术和战术，具备专项素质能力，能够运用相关理论指导实践；三是“校园足球教学与大众足球训练”，使学生具备校园足球教学和组织大众足球训练的能力；四是“足球竞赛的组织与策划”，包括足球赛事的策划组织、足球赛事的运营管理及竞赛规则、裁判法，使学生具备拓展足球活动，组织、策划、运营、管理足球赛事等方面的能力；五是“五人制足球”，丰富足球运动的组织形式，拓展学生创新思维。

本书由辽宁省一流课程“足球运动”主持人、辽宁财贸学院崔泽峰副教授主编，编写组成员及其撰稿章目如下：

第一章	足球运动概述	张坤；
第二章	足球运动竞技能力	崔泽峰；
第三章	校园足球教学与大众足球训练	付帅、张承意、杜为鹏；
第四章	足球竞赛的组织与策划	张坤；
第五章	五人制足球	崔泽峰、杜为鹏。

足球运动的理论、教学及训练方法都在不断发展，本书定有诸多不足之处，诚切希望广大师生和读者提出宝贵意见，共同为中国足球的发展贡献微薄之力。

编者

2022年5月

目　　录

第一章　足球运动概述

第一节　古代足球的形成

足球运动有着悠久的历史，不管是在运动人口方面还是商业价值方面，都可以被称为世界第一大运动。2004 年在中国北京举行的第三届国际足球博览会上，国际足球联合会（FIFA）正式向世界宣布，足球运动起源于中国春秋战国时期的齐国都城临淄，至今已有两千多年的历史，后经一些国家辗转传播到英国，并且在英国得到了推广。国际足球联合会在宣布完这一结论后，正式认定山东淄博的临淄为足球运动的发源地，并且专门颁发了“足球起源地认证书”。由此可见，我国对于足球运动的产生与发展做出了巨大的贡献。

一、古代足球的鼻祖——蹴鞠

古代足球专门指中国古代的足球，在中国古代称为“蹴鞠”。在我国的春秋战国时期，就有人开始参与蹴鞠游戏，根据部分中国古代的文献记载，“蹴鞠”一度被称作“蹋鞠”。“蹴鞠”这一说法最早见于《史记·扁鹊仓公列传》。《汉书》中也多次出现“蹴鞠”一词。但是经过学者考证，在战国时期，古代足球称为“蹋鞠”。《战国策·齐策》这一著作记载临淄人的生活时说道：“临淄之中七万户…甚富而实，其民无不吹竽、鼓瑟、击筑、弹琴、斗鸡、走犬、六博、蹋鞠者。”这段话在《史记·苏秦列传》中也出现过，当时描述了在富裕起来的临淄，市民们开展了多种多样的文体活动，包括演奏乐器、斗鸡、赛狗、下棋和蹋鞠等。以上史料表明，战国时期的齐国都城临淄，称为“蹋鞠”的运动已经发展成一种在当时民间极为盛行的娱乐方式。

二、古代足球的历史地位

在不同朝代，蹴鞠的使用方法和地位有所不同，例如，在汉代蹴鞠是兵家练兵之法，在宋代出现了蹴鞠的相关组织和进行蹴鞠表演的艺人，在清代又出现和流行冰上蹴鞠等。通过以上的内容可以看出，在两千多年前，人们已经把蹴鞠当作一种娱乐活动，并且将其上升到了军事和礼仪层面，历经不同朝代，蹴蹹活动已经具有了一定的规模和良好的群众基础，这为当时大众体育的开展提供了一定的项目基础。由此可见，蹴鞠是中国古代流传时间久远、影响范围较大的一项民间活动。与此同时，很多文献记载也验证了一个说法的准确性，那就是“中国是足球的发源地”。

第二节　现代足球的起源与发展

一、现代足球的起源

众所周知,现代足球起源于英国。这个结果绝非偶然,因为现代运动的三大基石中就包括了“英国户外运动”,同时英国也被称为“户外运动之乡”,许多现代运动项目都产生于英国。据史料记载,中世纪的欧洲足球活动已经随处可见。比如在英国的柯克沃尔等地区,一直有一个在圣诞节期间的传统,就是举行一种叫作“上上下下”的球类运动,场地是街道、田野等。其中,不限制参与者的数量,踢球和抱着球跑动等行为在比赛中都是允许的,有的时候参与者会殴打对手,更有甚者用利器捅伤对手。所以,英国早期的足球运动被贴上了“粗暴”“无秩序”等标签。除此之外,比赛用球、球门和规则等都存在很大的地区差异,造成了地区与地区之间的比赛无法进行,所以,统一规则就成为当时很多足球爱好者和推广者的愿望。

现代足球起源于英国,如果追根溯源的话,也存在多种说法。第一种说法主张现代足球起源于英国的两个城市,一个是切斯特,一个是德比。除此之外,另外一种说法主张现代足球是由古希腊盛行的一种名为“哈巴斯特姆”的游戏发展演变而来的,于 1066 年传入英国。在当时的古希腊,“哈巴斯特姆”这项游戏没有产生太大的影响,相反,在传入英国后却得到了空前的发展。以上两种说法都证实了现代足球起源于英国这一说法。

关于足球的规则是如何制定的,流传着很多种说法,其中的观点之一主张的是在 19 世纪早期的英国伦敦,牛津大学和剑桥大学之间进行足球比赛时临时制定了相应规则。临时制定规则主要是因为有队员在比赛中用手拿起球,像现代的橄榄球一样,一路抱球跑到球门里,这一行为引发了两派人的争论,其中可以手持球一派缔造了现在的橄榄球,不能手持球一派缔造了现在的足球。另外一种说法认为足球运动的第一个文字形式的规则是《剑桥规则》。1848 年,在英格兰的剑桥,来自 5 所中学的学生制定了部分足球规则,并且达成了统一,《剑桥规则》便是在这次争论之中被创造出来的,也是足球这项运动的第一个有明文规定的规则书。

1857 年 10 月 24 日,在英国的谢菲尔德,业余足球组织谢菲尔德足球俱乐部成立,这是世界足球历史上成立的第一个足球俱乐部。但在建队之后的数年里,由于没有对手可以组织比赛,所以谢菲尔德足球俱乐部只能在队内举行已婚球员与未婚球员的足球对抗训练赛。1862 年,在英国的诺丁汉郡,诞生了世界上第一个职业足球俱乐部——诺茨郡足球俱乐部。

1863 年 10 月 26 日,一些狂热的足球爱好者在英国伦敦女王大街的弗雷马森酒店举行了聚会,讨论并通过了成立英格兰足球总会(简称英足总)的议案,这是世界现代足球历史上成立的第一个足球协会,其成立标志着现代足球的正式诞生。于是, 1863 年 10 月 26 日成为“现代足球日”。除此之外,此次聚会还草拟了一份足球竞赛规则,这也标志着现代足球竞赛规则的建立。随着英足总的成立,在英格兰的带动下欧洲和拉丁美洲的部分国家的足球运动蓬勃发展，并且各个国家陆陆续续成立国家的足球协会。

综上所述，随着足球运动在以英国为首的欧洲国家和拉美国家的普及和规则的制定，现代足球运动具备雏形，并且随着时代的发展不断完善。

二、现代足球的改革历程

（一）国际足联的诞生与发展历程

国际足球联合会（简称国际足联）于 1904 年 5 月 21 日在法国巴黎正式成立，参加成立大会的共有来自 7 个国家的组织，分别为法国体育运动联合会、比利时体育运动联合会、丹麦足球协会、荷兰足球协会、西班牙马德里足球俱乐部、瑞典足球协会、瑞士足球协会。

在成立大会召开两天后的 1904 年 5 月 23 日，国际足联内部举行了第一次公开选举，法国人罗伯特·盖因当选第一任国际足联主席，瑞士人施耐德和荷兰人希尔施曼当选国际足联副主席，比利时人穆林高斯担任秘书长并兼财务主管，丹麦人西劳任副秘书长。国际足联在成立之初，可以说是一无所有，要想成为一个能够代表各个国家足球协会的世界性组织，还有很多的任务要完成。首要的任务就是需要说服现代足球起源地——英国加入国际足联。

但是，直到 1909 年，国际足联的成员还仅包含欧洲部分国家的足球协会，根据此种状况，国际足联开始吸纳其他大洲的足协组织，南非足协于 1910 年成为第一个非欧洲成员组织，随后阿根廷和智利分别于 1912 年和 1913 年也加入国际足联，1914 年美国也成为国际足联的一员。自此之后，国际足联开始了世界范围内的交流，这也为后来发展壮大、成为最具影响力的国际单项体育组织奠定了坚实的基础。

国际足联目前下设欧洲、南美洲、亚洲、非洲、中北美及加勒比海地区、大洋洲等 6 个地区性组织，1932 年把总部由法国巴黎移至瑞士苏黎世。国际足联的官方工作用语为法语、英语、西班牙语和德语。因为，足球运动是世界第一大运动，每四年举办一届的足球世界杯又是全人类共同的节日，凭借这股全球影响力，国际足联也成了最富有、最有权势、最有话语权的国际体育性组织。

国际足联从成立至今，已经吸纳了 200 多个成员国和地区。直至本书截稿日期，在国际足联下属的大区联合会中，亚足联有 47 个会员（其中 1 个为非国际足联会员）；欧足联有 55 个会员（2016 年 5 月，国际足联第 66 届大会上正式投票通过了科索沃和直布罗陀加入国际足联的决议）；非足联有 56 个会员（其中 2 个为非国际足联会员）；南美足联有 10 个会员；中北美及加勒比地区足联有 41 个会员（其中 6 个为非国际足联会员）；大洋洲足联有 14 个会员及 2 个准会员（其中 3 个会员及 2 个准会员为非国际足联会员）。

（二）足球世界杯的诞生与发展

上文提到现代足球起源于英国，随后随着交通的便利和通信的发达，足球运动逐渐风靡世界。在足球运动迅速普及的情况下，相关的国际足球赛事也随之产生。1896 年在雅典举办的第一届现代奥林匹克运动会上，足球就被列为正式比赛项目，丹麦在决赛中 9 : 0 大胜希腊，成为第一个现代奥林匹克运动会的足球冠军。在1920年举办的安特卫普奥林匹克运动会上，南美洲、亚洲及非洲的14个国家参加了奥运会的足球项目；1928年，17个国家参加了阿姆斯特丹奥运会的足球项目，因为当时的国际奥委会规定不允许职业运动员参加奥运会，所以在阿姆斯特丹奥运会之后，足球比赛已无法持续。

在1928年的阿姆斯特丹奥运会结束后，国际足联召开了代表会议，一致通过了每四年举办一届世界足球锦标赛的决议，此次会议的内容对世界足球运动的进一步发展和推广起到了决定性的推动作用。在最初阶段，世界杯足球比赛被称为“世界足球锦标赛”。1956年，国际足联在卢森堡召开的会议上，决定将其更名为“雷米特杯赛”。如此命名是为了表彰前国际足联主席雷米特为足球运动的发展做出的贡献。雷米特在担任国际足联主席的33年间，扮演了世界足球锦标赛的发起者和组织者的角色。后来，有人建议将“世界足球锦标赛”和“雷米特杯”两个名字连起来，称为“世界足球锦标赛——雷米特杯”。于是，国际足联在赫尔辛基会议上决定将“雷米特杯赛”更名为“世界足球锦标赛——雷米特杯”，简称“世界杯”。

(三)世界杯赛程

世界杯赛程主要分为世界杯预选赛阶段和世界杯决赛阶段，其中，世界杯预选赛在六大赛区进行，这六大赛区分别是欧洲赛区、南美洲赛区、亚洲赛区、非洲赛区、北美洲及加勒比海赛区和大洋洲赛区。每个赛区须根据参加预选赛国家的实际情况制定预选赛的赛程和规则，报名参加世界杯的国际足联成员国(地区)代表队需要在所属赛区进行预选赛，争夺进入世界杯决赛阶段的资格。

目前，世界杯决赛阶段的名额是32个，2026年美加墨世界杯则会扩充到48个。在世界杯决赛阶段的比赛中，主办国可以直接获得决赛阶段的参赛资格。除主办国外，其他的参赛名额是由国际足联根据各个预选赛赛区的足球水平进行分配的，足球水平整体较高的赛区所获名额较多，足球水平整体较低的赛区名额较少。

从1938年的第三届世界杯开始，国际足联规定卫冕冠军和主办国可以直接晋级世界杯决赛阶段的比赛，由于在2002年的韩日世界杯中，卫冕冠军法国队表现欠佳，所以国际足联重新规定从2006年德国世界杯开始，卫冕冠军需要参加所属赛区的世界杯预选赛，这就意味着仅有主办国的足球代表队可以直接入围世界杯决赛阶段的比赛。虽然在2010年南非世界杯上，南非队未能从小组出线，但是国际足联并没有取消东道主直接晋级世界杯决赛阶段的比赛的资格。

世界杯决赛阶段比赛的主办国必须是国际足联会员国(地区)。会员国(地区)需要向国际足联提交申请(可以两个会员或者多个会员联合申请承办)，主办国(地区)由全体国际足联会员国(地区)投票选出。

知识拓展：世界杯相关知识(以男足世界杯为例)

1)举办时间

世界杯每四年举办一次(目前和冬季奥林匹克运动会同年举行)，主办国根据情况选择

6、7月中的一个月举行，2022年卡塔尔足球世界杯则选在11月份举行。

2）历届世界杯各地区举办次数（前21届）

欧洲地区11次，南美地区5次，中北美地区3次，亚洲地区1次，非洲地区1次。

3）历届世界杯主办国（17个国家）

乌拉圭、意大利（2届）、法国（2届）、巴西（2届）、瑞士、瑞典、智利、英国、墨西哥（2届）、德国（2届，含1974年联邦德国世界杯）、阿根廷、西班牙、美国（1届）、韩国、日本、南非、俄罗斯。

4）历届世界杯比赛成绩

历届世界杯比赛成绩如表1所示。

表1 历届世界杯比赛成绩一览表

届数	年份	举办地	参赛球队数量	冠军	亚军	季军	第四名	东道主战绩
1	1930	乌拉圭	13	乌拉圭	阿根廷	美国	南斯拉夫	冠军
2	1934	意大利	16	意大利	捷克斯洛伐克	德国	奥地利	冠军
3	1938	法国	15	意大利	匈牙利	巴西	瑞典	八强
4	1950	巴西	13	乌拉圭	巴西	瑞典	西班牙	亚军
5	1954	瑞士	16	联邦德国	匈牙利	奥地利	乌拉圭	八强
6	1958	瑞典	16	巴西	瑞典	法国	联邦德国	亚军
7	1962	智利	16	巴西	捷克斯洛伐克	智利	南斯拉夫	季军
8	1966	英格兰	16	英格兰	联邦德国	葡萄牙	苏联	冠军
9	1970	墨西哥	16	巴西	意大利	联邦德国	乌拉圭	八强
10	1974	联邦德国	16	联邦德国	荷兰	波兰	巴西	冠军
11	1978	阿根廷	16	阿根廷	荷兰	巴西	意大利	冠军
12	1982	西班牙	24	意大利	联邦德国	波兰	法国	十二强
13	1986	墨西哥	24	阿根廷	联邦德国	法国	比利时	八强
14	1990	意大利	24	联邦德国	阿根廷	意大利	英格兰	季军
15	1994	美国	24	巴西	意大利	瑞典	保加利亚	十六强
16	1998	法国	32	法国	巴西	克罗地亚	荷兰	冠军
17	2002	韩国、日本	32	巴西	德国	土耳其	韩国	韩国第四 日本十六强
18	2006	德国	32	意大利	法国	德国	葡萄牙	季军
19	2010	南非	32	西班牙	荷兰	德国	乌拉圭	小组赛
20	2014	巴西	32	德国	阿根廷	荷兰	巴西	殿军
21	2018	俄罗斯	32	法国	克罗地亚	比利时	英格兰	八强

（四）奥运会足球比赛的诞生与发展

现代奥林匹克运动会起始于希腊，第一届奥运会于 1896 年举办时，足球这项赛事还只是新兴运动。虽然在西欧各国，尤其是英伦三岛，足球俱乐部已经如雨后春笋一般出现，但是在国家层面上，已经成立足协的国家依然很少。当 19 世纪末第一届现代奥林匹克运动会筹办时，大多数参赛国并没有足够的时间去寻找可以参加足球比赛的人员。因此，足球在第一届奥运会中没有成为正式比赛项目，而是一项具有表演性质的项目，参赛球队也是组委会临时邀请的，包括丹麦队、希腊土麦泥队和希腊萨洛尼卡队等，当届奥运会的冠军是丹麦队。

从第二届奥运会开始，足球开始进入正式比赛项目的行列，只是在随后的两届奥运会中，参加足球赛事的球队依然是来自各国的俱乐部。1900 年巴黎奥运会，参加男足赛事的球队包括英国阿普顿公园俱乐部队、法国社区联盟俱乐部队和比利时布鲁塞尔大学联队等，当届的冠军是英国阿普顿公园俱乐部队。1904 年圣路易斯奥运会，参加男足赛事的球队包括加拿大加尔特足球俱乐部队、美国圣路易斯基督教兄弟学院队和美国圣路易斯玫瑰教区学校队等，当届的冠军是加拿大加尔特足球俱乐部队。

1904 年国际足联成立，之后世界各国的足协相继组建，此后参加奥运会男足赛事都是以国家或地区的形式派出代表队，俱乐部参加奥运会男足赛事的历史就此结束。

1908 年奥运会是男足项目首次以国家队的形式参赛，当时已经有职业化联赛的英国派出的代表队轻松夺得赛事冠军。四年后，英国蝉联奥运会男足冠军。当时的奥组委认为职业球员与业余球员的实力差距太大，影响了男足赛事的观赏性。而且，奥运会在初创阶段属于精英人士的运动会，一些社会上层人士不愿意与职业化球员同台竞技。由此，奥组会便禁止职业球员参加男足赛事。

随着职业化足球在世界范围内广泛普及，足球运动带来的商业收益已经非常可观。但是当多年后奥组委认可职业化足球的效益时，国际足联早已将世界杯赛事运作成一项足以与奥运会相媲美的大型赛事。这时，虽然奥组委不再限制职业球员参加奥运会男足赛事，但却招致了国际足联的不满。

为了确保世界杯赛事的利益最大化，国际足联在二战结束后就开始限制职业足球运动员参加奥运会的足球比赛，先是配合奥委会，当奥委会放开限制后，国际足联依然进行全面限制。1977 年，国际足联禁止参加过上届世界杯足球比赛的运动员参加奥运会的足球比赛；1984 年，国际足联禁止欧洲和南美洲参加过世界杯决赛阶段比赛的运动员再去参加奥运会的足球比赛；1988 年，国际足联正式决定参加奥运会的足球运动员的年龄必须在 23 岁以下，但每队最多允许有 3 名超龄球员，并且不再限制运动员是否职业化。这几乎已经是国际足联愿意做出的最大妥协，要知道当时除了已经成为世界第一赛事的世界杯之外，国际足联还成功运作了世青赛。奥运会男足赛事的存在，无疑将压缩世青赛的商业空间。

23 岁及以下的球员才能够参加奥运会男足赛事的决定是从 1992 年奥运会开始执行的，并一直沿用至今。从此，在奥运会男足的赛场上，就出现了所谓的超龄球员，并且对超龄球员进行了严格的限制。

中国男足历史上曾两次打入奥运会男足比赛的决赛阶段，第一次是在 1988 年的汉城奥运会上，另一次则是在2008年北京奥运会上，后一次是通过东道主的身份直接入围。两次参赛的成绩都很不理想，唯一值得纪念的是在2008年北京奥运会上，当时的希望之星董方卓在对阵新西兰的比赛中打入一球，这成为中国男足在世界大赛上的首粒进球。

历届奥运会足球比赛冠军如表2所示。

表2　历届奥运会足球比赛冠军

届数	年份	举办地	冠军	亚军	季军
1	1896	雅典	无足球比赛		
2	1900	巴黎	英国	法国	比利时
3	1904	圣路易斯	加拿大	美国	美国
4	1908	伦敦	英国	丹麦	荷兰
5	1912	斯德哥尔摩	英国	丹麦	荷兰
6	1916	未举办			
7	1920	安特卫普	比利时	西班牙	荷兰
8	1924	巴黎	乌拉圭	瑞士	瑞典
9	1928	阿姆斯特丹	乌拉圭	阿根廷	意大利
10	1932	洛杉矶	无足球比赛		
11	1936	柏林	意大利	奥地利	挪威
12	1940	未举办			
13	1944	未举办			
14	1948	伦敦	瑞典	南斯拉夫	丹麦
15	1952	赫尔辛基	匈牙利	南斯拉夫	瑞典
16	1956	墨尔本	苏联	南斯拉夫	保加利亚
17	1960	罗马	南斯拉夫	丹麦	匈牙利
18	1964	东京	匈牙利	捷克斯洛伐克	联邦德国
19	1968	墨西哥城	匈牙利	保加利亚	日本
20	1972	慕尼黑	波兰	匈牙利	民主德国
21	1976	蒙特利尔	民主德国	波兰	苏联
22	1980	莫斯科	捷克斯洛伐克	民主德国	苏联
23	1984	洛杉矶	法国	巴西	南斯拉夫
24	1988	汉城	苏联	巴西	联邦德国
25	1992	巴塞罗那	西班牙	波兰	加纳
26	1996	亚特兰大	尼日利亚	阿根廷	巴西
27	2000	悉尼	喀麦隆	西班牙	智利
28	2004	雅典	阿根廷	巴拉圭	意大利
29	2008	北京	阿根廷	尼日利亚	巴西
30	2012	伦敦	墨西哥	巴西	韩国
31	2016	里约热内卢	巴西	德国	尼日利亚
32	2020	东京	巴西	西班牙	墨西哥

（五）女子足球运动的诞生与发展

16 世纪，英国出现了女子足球运动，并且在 1890 年首次举办女子足球比赛。到了 19 世纪末，英国开始组建女子足球俱乐部。20 世纪 50 年代，女子足球运动开始在欧洲各国逐渐兴起，1957 年，第一届欧洲女子足球锦标赛在柏林举行，至此，女子足球正式登上了历史舞台。

19 世纪 60 年代后，女子足球赛事开始在欧洲、美洲、亚洲迅速发展。国际足联于 1971 年正式将女子足球列入足球运动发展的议程。

20 世纪 80 年代开始，欧洲女子足球运动发展势头十分迅猛，英国、德国、瑞典、意大利等国家均有数十万女性开始或已经参加足球运动。除此之外，在当时的美国经常参加足球活动的女性青少年人数达到一百多万，并建立了完整的竞赛体系。在这个时期，我国的女子足球运动也开始进入国际足坛。

20 世纪 90 年代是世界女子足球运动快速发展的阶段，国际足联组织的第一届世界女子足球锦标赛于 1991 年开幕。1996 年，国际奥委会把女子足球比赛设定为亚特兰大奥运会的正式比赛项目之一，至此，女子足球运动全面登上世界竞技舞台。并且，女子足球的竞技水平已从开始的初级阶段向着更高层次发展，尤其在竞技能力上表现出了和男性类似的高速度、强对抗等特点。

进入 21 世纪，最初美国、欧洲列国、中国三强鼎立的局面开始发生变化，从第一届世界女子足球锦标赛的美国、挪威、瑞典、德国、中国，到 20 世纪 90 年代末的美国、中国、挪威、巴西、德国，再到现在日本、朝鲜、意大利、尼日利亚、俄罗斯等国的崛起，世界女子足球运动的格局发生了很大的变化。

国内女子足球运动兴起于古城西安，当时的西安东方机械厂子弟学校和铁路一中在 1979 年相继成立女子足球队，在全国引起了极大的反响，此后，女子足球运动在国内的一些足球重点省市逐渐普及和推广起来。

首届中学女子足球邀请赛于 1981 年 2 月在北京举办；同年 5 月，广东省也举办了女子足球相关赛事；8 月云南楚雄自发举办了五省市邀请赛（共 6 支队伍参赛）；1982 年，北京 5 家新闻单位在北京联合举办全国十省市女子足球邀请赛；年底国家体委正式将女子足球比赛纳入全国足球竞赛计划。

随后各省市、行业协会纷纷组建女子足球队，1983 年全国女子足球锦标赛举行；同年 11 月，广州首次举办了国际女子足球邀请赛；同时第一支国家女子足球队也在这一年成立；1986 年中国女子足球队在香港夺得第六届亚洲女子锦标赛冠军；1987 年女子足球被列为第六届全运会正式比赛项目。

1990 年女子足球进入第 11 届亚运会。中国女子足球的蓬勃开展，引起了国际足坛的广泛关注，为推动世界女子足球运动的发展，1988 年国际足联、亚足联和中国足协成功举办了国际足联世界女子足球邀请赛。1991 年第 1 届世界女子足球锦标赛（女足世界杯）在广东举行，中国女子足球队虽然未进入前 4 名，但队员们的技战术水平和精神面貌得到了一致肯定。女子足球世界杯的举行开创了世界女子足球的新纪元，中国为国际足联女子足球史铺下了第一块奠基石。1996 年女子足球进入第 26 届奥运会，虽然中国队在决赛中遗憾输给了美国队获得亚军，但是这已经是当时亚洲足球的最好战绩了。从 1986 年中国女子足球队第一次参加正式国际比赛起，中国女足不断获得佳绩：中国女足于 1986 年首次参加亚洲杯就获得冠军，自此开创 1986、1989、1991、1993、1995、1997、1999 年女足亚洲杯七连冠，15 次参与亚洲杯共获得冠军 9 次，亚军 2 次，季军 3 次；参加亚运会 8 次获得冠军 3 次、亚军 2 次、季军 1 次，1990、1994 和 1998 年获亚运会女足三连冠；参加女足世界杯 8 次，晋级世界杯决赛圈 7 次，获得亚军 1 次，进入四强 1 次（不含前述亚军）；参加奥运会 5 次，其中在 1996 年美国亚特兰大奥运会上 1：2 惜败美国获得亚军——中国女足迄今为止在奥运会上取得的最好成绩。

2022 年 2 月 6 日，中国女足在 2022 印度女足亚洲杯决赛中以 3：2 的比分击败韩国队，时隔 16 年再夺亚洲杯。

第三节　我国现代足球运动的开展

一、现代足球运动在我国的引入与历史进程

（一）现代足球运动在我国引入的四大传播媒介

在现代足球发展过程中，媒介是传播的重要路径，传播媒介不仅是完成现代足球传播的工具，而且还深刻影响着传播的效果。现代足球作为现代文明的产物，有文化传播的一般性，作为一种运动形式，又有体育传播的特殊性。基于运动项目的特点，现代足球需要通过肢体语言媒介进行传播，即人们通过头、脚、腿、手等人体部位的协调活动展示现代足球的踢球、运球、射门等技术特点，让受众对现代足球有直观的认识。基于中国的历史背景和传播媒介的局限性，现代足球在中国传播的初始时期（1840—1908）的传播媒介主要有口语媒介和文字媒介等。口语媒介传播是指人们以人类自然语言中的有声语言为信息载体，描述观看到的现代足球技术，比赛、教学等都离不开口语媒介。以文字为信息载体的传播媒介是文字媒介，足球新闻的传播以及足球相关赛事的记录等都是以文字的形式印刷在书籍、报纸、杂志上，继而传播给相关的受众者的。1839 年，世界第一台照相机问世，人们可以更加真实地记录历史。照相机在鸦片战争以后传入中国，人们用它记录了很多中国现代足球运动的重大事件，这些资料有重要的史学价值，对足球运动的发展和传播产生了积极影响。在这一时期广播、电影等媒介虽已出现，但是对足球的传播贡献不大。1923 年，广播电台首次登陆中国大地，在当时的历史背景、广播发展形势以及社会环境下，广播对现代足球的传播影响甚微。网络媒介是 20 世纪末的第三次传播革命的硕果，与那时的中国足球的传播“风马牛不相及”。总之，在中国，早期现代足球传播的媒介分别是肢体语言媒介、口语媒介、文字媒介和照片媒介。

1. 肢体语言媒介

第一次鸦片战争后，英国人占领香港，现代足球便率先传入香港。英国是现代足球的发

源地,英国人对足球的热爱可想而知,当时包括军人、商人、传教士等在内的英国人来到香港,也带来了他们在本国的生活方式。现代足球作为他们日常的运动方式之一,在空余时间广泛开展,这些英国人是现代足球传入中国的先驱。英国人在室外开展足球活动,脚踢球、脚颠球、运球、射门、头球等肢体语言吸引了当地中国人的目光,他们驻足观看英国人的足球"表演"。中国人出于对新鲜事物的好奇,通过观看、学习、模仿,将足球运动在中国传播开来。肢体语言媒介是最直接有效的传播媒介,即便现在有电子媒介、网络媒介,体育运动的传播也离不开肢体语言媒介,因为肢体语言媒介是运动项目传播的本源。肢体语言媒介在学校体育开展中作用非常大。现代足球在人与人之间的传播离不开肢体语言媒介,新式学堂、教会学校、青年会等的足球教学,都是足球教师进行动作示范后让学生模仿练习;足球赛事中,人们欣赏的是足球运动员通过肢体语言展现出的足球技能,巧妙的运球过人、精彩的大力射门,肢体语言是足球运动最美的音符,吸引并鼓舞着人们,在无形中促进了现代足球的传播。

2. 口语媒介

现代足球作为体育运动形式的一种,肢体语言媒介是其重要的传播媒介,但是仅仅依靠肢体语言媒介的传播是不够的,技术、动作要领、易犯错误需要结合口语媒介才能讲清楚。事实上包括现代足球在内的所有体育运动,在传播过程中,尤其是教学过程中,往往采用肢体语言媒介与口语媒介相结合的方式,即肢体语言做示范,口语对动作进行讲解。现代足球在中国的传播中,不论是新式学堂、教会学校的足球教学,还是足球赛事的举办,都离不开口语媒介。口语媒介是足球教学的重要形式,在现代足球运动的早期,教学方法简单、教学技术落后,足球教学只能由老师对学生面对面地"口语传播 + 动作示范"。口语媒介也是足球赛事解说、传播的必要组成部分,即便是电子媒介、网络媒介如此发达的今天,体育赛事也不是单纯的无声影像,都会有语言功底深厚的解说。语言缩小了人与人之间的距离,让人们对一些新鲜东西的理解和接受变得更加简单。语言媒介对现代足球在中国的传播的作用非常明显。人们何以了解现代足球,除了用眼睛亲眼看到,就是人与人之间的语言交谈。人们对足球赛事的精彩点评,赛后人们对某足球运动员表现的议论都是通过口语媒介实现的。

3. 文字媒介

文字的出现迅速促进了中国文化的传播,与此同时,印刷术和造纸术的发明及应用大大促进了文字媒介对文明、文化和知识的传播。所以中国的文字媒介对现代足球的传播与发展有着举足轻重的地位,报纸、书刊等都对现代足球有相关记载。几乎所有的历史记载都是通过文字记录下来的,文字不仅对当时的足球发展有推动作用,更有记录和保存历史的价值。在 20 世纪二三十年代,中国的香港、上海等地对现代体育做了大量的新闻报道。上海是新文化运动的发源地之一,新思想、新文化易于被人们所接受,此时的上海有着相对发达的新闻系统和实力雄厚的各大出版机构。其中,《申报》是当时知名的报纸,对现代足球的报道很多,还有对远东地域的描述,以及远东运动会情景的记录。在日本大阪举行的第六届远东运动会的足球比赛中,中国队以 5 比 1 的佳绩大胜日本队,上海的《申报》把日本媒体的伤感之情传入中华大地,并将文章的标题翻译成《中国足球铁军,堂堂十年连胜》,中国队大胜日本的消息广为流传。

这一时期，中国足球的水平一直处于亚洲的领先地位，当时日本足球与中国足球的水平差距比较大，从历届远东运动会的中日足球比赛中可见一斑。参加第6届远东运动会足球比赛的运动员主要是华南足球会的成员，华南足球会多次代表中国参加国际比赛并取得优异成绩，为中国足球的发展做出了卓越的贡献。书籍《远东运动会历史和成绩》记载了现代足球传入中国初期的情形，香港的青年学生“看到英国大兵踢足球，逐渐产生了兴趣，就自动集合起来，找块空地当球场，拿衣服或砖头堆成球门，临时分成两队，仿照英国大兵的做法踢小橡皮球”。足球专项读物有《足球》《足球训练法》《足球成功术》《足球世界》《足球特刊》等。其他的书刊和报纸类虽对现代足球在中国的发展情况有相关的宣传和记载，但是对体育的关注度一般，关于现代足球的运动报道和新闻更是寥寥无几。但是以文字的形式对现代足球在中国的发展进行记录和传播，并通过书籍、报刊传予人民大众，对于足球运动的传播和发展起到了极大的促进作用。

4. 照片媒介

照相机的发明使人们能够以照片的形式真实地留住历史的瞬间。照片比文字更加生动和直观。在中国，以照片的形式保存下来的历史瞬间非常多，大多是以比赛合影留念的形式珍存下来的。照片对历史的记录更加真实、生动、形象，对现代足球在中国开展的情况进行真实记录的同时，对现代足球的传播也更加具体，影响更加深远。在当时，人类想要了解真实的足球发展的概况只能通过照片。

现代足球在中国的传播媒介是多种多样的，形式并不是单一的，而是多种媒介的结合。例如：图文结合，在报刊的报道中不仅有生动的文字描述，还有真实的照片展现；在进行足球教学中，学生们可以通过书籍学习足球的知识，通过教师的口语和肢体语言掌握足球的相关技术动作。随着时代的发展和科技的进步，传播媒介越来越丰富，每一种传播媒介都有其独特的传播作用，原先的传播媒介也不会随着新传播媒介的出现而退出历史舞台。在发展与传播的过程中，我们要根据形势选择不同的媒介，发挥出每种媒介的优点，更有力地促进现代足球的发展和传播。

（二）现代足球运动在我国的历史进程

1. 传入初始阶段（1840—1908）

1840年，第一次鸦片战争后，清政府被迫与英国签订《南京条约》，将香港岛（今香港）划分给英国管辖，“今大皇帝准将香港一岛给予大英国君主暨嗣后世袭主位者常远据守主掌，任便立法治理”，并开放广州、福州、上海等港口为通商口岸。香港沦为英国的殖民地之后，英国的军、政、商、宗教界相关人士不断来到香港，带来了他们的文化与社会实践模式，包括足球运动在内的绝大部分现代体育运动随着在香港的发展，传入中国内地。约在1860年，现代足球运动传入香港，但此时参与足球运动的人群主要是英国人。随着英国本土足球运动的不断发展和成熟，英国人在香港开展的足球活动也越来越多，此时的中国人对足球运动充满了好奇，多在一旁观摩。那些被派往中国的英国军官们发现自己身处遥远的一隅，便不顾炎热气候及当地条件的限制，建立起一个个社交和体育运动俱乐部，为的就是继续过他们在国内的生活。普通的英国水手、士兵、铁路工人、工业工人也喜欢在闲暇时间踢足球。

19 世纪 80 年代，开始有中国人模仿踢足球。“育才小学”“王东宁小学”的小学生在空地上开始踢橡皮球，这两所学校毗邻英国人的足球场地，学生有机会接触现代足球运动，长久的观察和好奇心驱使这些孩子去踢球，他们在课余时间有了“玩伴”。但这只是现代足球在中国的开始，孩子们并不清楚足球运动的技战术，只把它作为一个小游戏而已。他们是最早接触现代足球的中国人，小学毕业后，这些人大多升入香港的皇仁、拔萃、圣约瑟等学校，这些学校开设“体操课”并由英国人担任体育老师，教学生踢足球。这是现代足球系统传入中国的开端，并培养了中国首批现代足球运动的杰出人物，其中就有在国内外非常知名的亚洲球王——李惠堂。香港是中国最先接触西方文化的地方，受英国文化的熏陶最早，也是最先接触现代足球的，相比较国内其他地方，香港足球的水平长时间处于领先地位，从香港涌现出的足球人才对足球的普及和发展有着极大的推动作用。随后，现代足球在中国内地开始发展。在 19 世纪 80 年代末到 90 年代初期，我国的中心城市，比如北京、天津、上海和广州等地区的一些新式学堂和教会学校也开展了现代足球运动的教学活动。

中国最早的足球比赛活动是 1897 年在香港举行的“特别银牌”赛，该项赛事是由驻港英军效仿英足杯赛制创办的，每年定期举行，分甲、乙两个组别进行比赛，是中国本土举行的第一次正式的足球比赛。1902 年，上海举行了“史考托杯”足球赛。此比赛虽然是面向在中国居住的外国人举办的足球活动，但对于上海足球运动的发展起到了至关重要的作用。1904 年，香港教育署创办了“全港学界足球联赛”，即皇仁、拔萃、圣约瑟、湾仔、圣保罗五校足球赛，该比赛只有莫庆一个中国人获得参赛资格，被誉为华人参加足球联赛之始。同年，在莫庆等足球运动爱好者的倡议下，“华人足球会”成立，这是中国足球史上第一个华人业余球会。1906 年，北京协和书院足球队以 2∶0 战胜英国兵足球队，夺得“九龙杯”，这是中国足球队与外国队的第一次角逐，是开创中国足球史新纪元的一次足球比赛，其轰动一时，振奋人心，国人深受鼓舞，使足球氛围更加浓厚。在 1907 年初，中国举办了中国史上第一次大型国际足球比赛，参加这次比赛的有 8 支队伍，其中有两支中国本土足球队——汇文书院足球队和协和书院足球队，以及分别来自奥地利、美国、英国、法国、德国和意大利的 6 支队伍。最终英国队获得冠军，协和书院、汇文书院队分别获得亚、季军。由于该比赛规模比较大，吸引了众多中国足球爱好者观看，中国两支队伍的良好表现和优异成绩，让千千万万的中国人深受影响，对足球在中国的发展起到了巨大的推动作用。

在中国，现代足球最先在学校中开展，学生是当时足球的最先接触者，学生毕业后走向社会才将足球带向社会。足球比赛的最初形式是校际友谊赛，1901 年上海的圣约翰大学和南洋大学先后成立学生足球队，圣约翰大学成立的足球队也是中国第一支足球队。1902 年，两队协商，每年举行一次足球对抗赛，这在当时产生了极大的影响，每到比赛时间，啦啦队表演、军乐队演奏、结彩带、贴标语，围观人数众多，场面十分热闹。该比赛一共举行了 10 届。

随着足球的普及，足球队的增多，人们不满足城市内部的足球较量，跨城市的比赛逐渐开始多了起来。在 1907 年，率先开展埠际比赛的是香港皇仁书院足球队和广州岭南大学足球队，与此同时北京协和书院足球队与离得比较近的天津新学书院的球队也开展了埠际足球赛。

比赛的形式是现代足球在中华大地发展传播的重要路径，比赛的直观性、竞技性、趣味性和精彩性极大地推动了足球的发展与传播，同时吸引了千千万万的国人加入足球运动。一开始参加足球比赛的大多是外国人，但是随着足球运动的开展，尤其是学校足球运动的开展，使越来越多的中国人接触足球，中国球队的竞技水平逐渐提高，具有了能够战胜外国球队的实力，在当时的环境下，具有鼓舞国人士气、振奋民族精神的特殊意义。

足球运动最先在中国的沿海城市开展，与当时的历史环境是分不开的，自 1840 年鸦片战争以来，中国向西方列强开放越来越多的通商口岸，随着外国人的涌入，西方文化的传播和社会实践在中国的开展，足球也不断传播、发展起来。此时的中国足球处于萌芽阶段，得到了一定的发展，开始培养中国本土球员，组建中国自己的球队，校际、埠际的比赛也开始举行。这一时期，教会学校对中国足球的发展起到了非常大的作用，包括学校（教会学校）的足球教学、赛事组织等。学生在毕业后，将足球带入社会，推动了足球的发展。此时，中国足球的技战术、规则等均是研习英国等国家技战术、规则的结果。

2. 发展阶段（1908—1924）

这段时期，各种足球组织先后成立，足球比赛日益增多，现代足球在中国飞速发展传播。

1）南华足球会

1908 年，南华足球会在香港成立，这是中国历史上第一个华人足球组织。刚开始会员只有 40 余人，都是香港华人足球界的杰出人物，会长由李自重担任，唐福祥、叶贵森、郭保根、莫庆、冯平、张荣汉等都是该足球会的会员，同时该足球会先后组队参加香港以及全国的足球比赛，屡创佳绩。1913 年至 1924 年，该会代表中国参加远东运动会，5 次荣获冠军，轰动一时，影响颇大。南华足球会为我国足球事业的发展做出了重要的贡献，不仅培养了大批的足球人才（他们踏入社会后对足球运动的发展更加直接，影响更加久远），更为民族争得了荣誉。

2）香港足球总会

1909 年，香港足球总会成立，它是管理香港足球事宜的最高权力机构。香港足球总会一开始由英国人控制，会长和秘书长分别由英国人白朗和史度力担任。该组织是香港各足球组织、足球会联合成立的，目的是更好地管理和组织香港的足球运动。1914 年，当时香港的所有球会组织都承认香港足球总会的地位和影响力，英国足球联合会也于同年正式接纳香港足球总会成为其会员，香港足球界也将 1914 年视为香港足球总会正式成立的时间。香港足球总会作为香港最高级的足球组织，领导全港的足球运动，组织并举行了各种类型的足球比赛，推动了足球运动的发展。

3）全国学校区分队第一次体育同盟会

1910 年，唐绍仪、王正廷、伍廷芳、张伯苓等人发起成立“全国学校区分队第一次体育同盟会”，并将成立大会的召开日期 10 月 18 日定为该会的成立纪念日。该组织举办的每届运动会都把足球列为正式比赛项目,大大推动了现代足球在国内的发展和传播。

3. 兴盛阶段(1924—1937)

这一时期,足球运动在发展阶段的基础上取得了更大的进步,足球运动进一步普及,由学校到社会,由沿海到内陆,在全国范围内展开;比赛类型更全,参赛队伍更多,足球的技战术水平更高;中国足球队迈出国门,走向世界,参与国际比赛,中外足球交流开始增多;更多地方性足球组织相继成立。

1)中华全国体育协进会

1924年8月,中国体育界人士于"中华教育改进社"在南京举行年会时,通过了中华全国体育协进会的相关章程,与此同时在上海宣布中华全国体育协进会成立,这标志着外国人管理中国体育事务的时代结束了,中国人正式管理自己的体育事宜。

张伯苓为该协进会的名誉会长,王正廷为名誉主席董事,沈嗣良为名誉主任干事,蒋湘青为干事;董事会共有15人,而且全部由中国人组成。中华全国体育协进会虽然是民间体育组织,但肩负着发展全中国竞技体育和社会体育的大任。中华全国体育协进会是中国第一个也是唯一的一个由中国人自主管理的体育社团,承担着传播全国体育运动的责任与义务。从此,中国足球有了自己的全国性业务管理机构。1931年初,国际奥委会正式接纳中华全国体育协进会为会员,并由其全权代表中国参加国际奥林匹克比赛的事宜;同年末,中国加入了国际足球联合会,成为世界足球大家庭的一员。直到1949年中华人民共和国成立,中华全国体育协进会一直主持和领导全国体育事宜。

对于中国竞技体育和社会体育的发展,中华全国体育协进会起到了积极的作用,其领导举办的体育赛事越来越多,规模也越来越大。随着比赛定期举办,体育竞赛的体制也开始形成,竞赛规则越来越规范并与世界接轨。中华全国体育协进会的成立一举改变了以基督教青年会为背景的中华业余运动联合会(主要都是外国人主事)主持领导全国竞技体育的局面,中国人开始自己负责组织、指导、规划全国体育事宜。

2)上海中华足球联合会

1924年,在中华全国体育协进会名誉主任干事沈嗣良主持下,上海中华足球联合会正式组建。该组织是国人自己创办的我国第一个地方性足球业务管理机构,在1924年至1937年先后举办了13届上海足球联赛。随后,中国其他地区纷纷建立足球专项机构,例如延边的间岛体育会、大连足球联盟、天津足球会、上海足球联合会等。这些机构均成为本地区开展足球运动的组织管理者,积极推动了足球运动的发展和普及。

4. 停滞阶段(1937—1949)

在这一阶段,国内各行各业均受到了战争的冲击,足球运动的发展进入停滞阶段。虽在全国各地有星星点点的足球运动的开展,但已形不成气候。

1)第二次参加奥林匹克运动会足球赛

1948年7月29日至8月14日,伦敦举办了第14届现代奥林匹克运动会,这是中国第二次派出足球队参加的奥运会。1948年正值解放战争的决战时期,国民党军队节节败退,无暇顾及此次奥运会。由于缺乏财政资源,中国足球队只能提前出国,以沿途比赛的门票收入、华人华侨商人的赞助等资金作为参赛经费。由于长途征战，运动员的精神和体力双重疲劳，加之伤病、实力差距等多方原因，中国队在奥运会上首战便以 0 : 4 输给土耳其队被淘汰出局。参加本次奥运会的足球队员：领队（荣启兆）、教练（李惠堂）、顾问（胡好）、队长（冯景祥）、队员（张邦伦、朱志成、侯榕生、谢锦洪、严士鑫、高保正、刘松生、宋灵圣、邹文治、郭英琪、何应芬、谢文良、张金海、朱永强、黎兆荣、叶清荣、李大辉）。至此，中国足球队在中华人民共和国成立前的两次奥运会之旅均以失败告终。中国足球的发展之路任重道远，中国男足长久以来很难在世界大赛中取得好的成绩，中华人民共和国成立以前，有国力不足、足球运动起步较晚的客观原因，但是现在，中国足球依然难以取得理想的成绩，这是一个值得深入研究的课题。

2）沦陷区时期的足球活动

这里的沦陷区时期是指，从 1931 年九一八事变开始，到 1945 年抗日战争的全面胜利为止。九一八事变以后，日本在占领区设置伪政权，在中国推行奴化教育，现代体育成为其奴化中国人民的一种工具，其中就包括了足球。日本在中国成立了相关的体育机构，在中国沦陷区负责体育相关事宜。此时成立的“大满洲帝国体育联盟”，由日本全国体协直接管辖，总裁和理事长等所有官员均由日本人担任，下设足球等 17 个单项体育协会。在 1932 年到 1942 年这 11 年里，伪满洲国每年都会举行一次运动会，均有足球比赛；1940 年和 1942 年，由中国人、朝鲜人和日本人组成的伪满洲国足球队，先后两次参加东京举办的“东亚竞技体育大会”的足球比赛。抗日战争期间，日本帝国主义在中国进行了非人道的侵略，给中国造成了极大的损失，导致现代体育的发展停滞不前，并且足球比赛少之又少，足球运动水平没有明显进步。

3）革命根据地的足球活动

由于抗日战争的需要，现代体育运动主要作为服务于革命战争的工具。“锻炼工人农民阶级的筋骨，战胜一切险阻”，此时的体育运动带有强烈的军事体育色彩。组织体育比赛，有利于拉近党政军民的关系，加深同志们的友谊，强健体魄，改善精神面貌，缓解战争压力，丰富业余文化生活。足球运动在这一时期中，主要通过比赛的形式发展。

（三）现代足球运动在我国的开展情况

1. 多项政策提出 2020 年足球场地建设目标

2015 年初，国务院颁发了《中国足球改革发展总体方案》（简称《总体方案》），这是中国足球发展与改革的纲领性文件，它的颁布是中国足球史上里程碑式的事件。

足球场地建设是竞赛开展和人才培养必要的硬件保障，在《中国足球改革发展总体方案》中，加强足球场地建设管理是十项重要工作之一。《总体方案》第一条便指出要扩大足球场地数量。《总体方案》要求：“研究制定全国足球场地建设规划。把兴建足球场纳入城镇化和新农村建设总体规划，明确刚性要求，由各级政府组织实施。因地制宜建设足球场，充分利用城市和乡村的荒地、闲置地、公园、林带、屋顶、人防工程等，建设一大批简单实用的非标准足球场。创造条件满足校园足球活动的场地要求。”“对足球场地建设予以政策扶持。对社会资本投入足球场地建设，应当落实土地、税收、金融等方面的优惠政策。”2016年5月，国家发展改革委、教育部、国家体育总局、国务院足球改革发展部际联席会议办公室等联合发布了有关场地建设方面的配套政策《全国足球场地设施建设规划（2016—2020年）》，该规划提出的建设目标是：到2020年，全国足球场地数量超过7万块，平均每万人拥有足球场地达到0.5块以上，有条件的地区达到0.7块以上；足球设施的利用率有较大的提升，经济社会效益有明显增高，形成布局合理、类型多样的足球场地设施网络。

2. 建设现状

为了达成以上目标，在“十三五”时期，国家体育总局等单位在指导地方足球场地设施建设的基础上，开展了全国足球场地设施建设专项行动。按照“中央出资金、地方出政策、企业出服务”的方式，先后确定两批共41个重点推进城市，破解了球场建设规划、土地、融资等瓶颈难题。2020年，投资足球场地35亿元，比2019年增加了近3倍，重点支持社会球场设施建设，成功激发带动地方性财政资金投入约85亿元。总体来看，专项行动的成功实施带动了全社会建设足球场地的热情，根据国家相关部门统计的数据，在“十三五”时期共带动各地新建社会足球场地26 957块，全国社会足球场地数量较“十二五”时期末增长了3倍之多。从地区来看，河南、广东、浙江、江苏等12个省（区）的新建足球场地数均达到千块以上，湖南、贵州、西藏、青海等10个省（区）的足球场地设施数量均增长数倍。同时，从球场类型看，五人制球场是“十三五”时期全国各省区市新建球场时的首选类型，占比超过一半，达到了67%；其次是11人制球场，占比为16%；7人或8人制球场占比为14%；其他制式球场占3%。从建设运行方式看，新增社会足球场中，公建公营球场占71.7%，民建民营球场占19.3%，公建民营球场占9%，由社会资本参与建设和运营的社会足球场地数量较“十二五”时期提升了近3倍，初步形成了政府作用充分发挥、社会力量积极参与的足球场建设运营格局。

3.“十三五”社会足球场地建设指导目标超额完成

根据国家体育总局发布的数据可知，截至2020年年底，全国的足球场地设施数量达到11.73万块，场地面积达到了惊人的3.20亿平方米，与此同时结合第七次人口普查的相关数据，测算得出截至2020年底，全国平均每万人拥有足球场地数为0.83块，均超额完成建设目标。

4. 国字号球队建设

中国足协现有中国之队中国国家男子足球队、中国国家女子足球队、中国国家青少年足球队、中国国家U-23男子足球队、中国国家U-21男子足球队、中国国家男子室内五人制足球队、中国国家女子室内五人制足球队、中国国家U-20男子室内五人制足球队、中国国家沙滩足球队。所有队伍均归属中国足协管理，代表中国参加世界级、洲际赛事。

5. 联赛建设

中国足协现有中国足球协会超级联赛、中国足球协会杯赛、中国足球协会甲级联赛、中国足球协会乙级联赛、中国足球协会超级杯赛、中国足球协会冠军联赛、中国足球协会会员协会冠军联赛、全国青少年男子足球联赛、中国足球协会杯赛（女子）、中国足球协会女子足球超级联赛、中国足球协会女子足球甲级联赛、中国足球协会室内五人制足球超级联赛、中国足球协会室内五人制足球甲级联赛、中国足球协会女子室内五人制足球联赛。这些联赛均归属中国足协管理。

思考与练习

1. 现代足球运动的发展趋势是什么？
2. 浅谈我国足球运动存在的问题和发展趋势。
3. 足球世界杯的经济功能包括哪些？

第二章　足球运动竞技能力

竞技能力是指运动员在比赛中表现出来的各种能力的总和，由具有不同表现形式和作用的 5 种子能力（体能、技术能力、战术能力、心理能力及知识能力），按照比赛的需要合理融合而成。足球作为一项技能主导类同场对抗类项群运动，显然需要发展 5 种子能力。足球专项竞技能力并不仅仅是 5 种子能力的简单叠加，它需要各种能力与足球运动的特点充分结合、适应、衔接。从竞技竞赛角度来看，5 种子能力相辅相成，忽视其中一种都会影响运动成绩；从学校体育教学视角来说，掌握技能，锻炼体能，懂得战术，基本能够具备比赛能力，同时通过各种锻炼提升心理能力，最终形成终生体育意识，是学生学习、训练的重点；从群众健身锻炼作用来看，体能与技术能力是其核心，人们以此为基础发展其他能力，达到健身的目的。无论是竞技体育、学校体育还是大众体育，5 种子能力都需要得到提升，只是侧重点不同。我们从学校体育、业余训练、群众健身角度理解，体能、技术是重点，同时也要理解简单的战术知识、掌握相关的理论知识，提升心理能力，促进全面健康发展。

第一节　足球运动专项体能与训练

现代足球从诞生至今，已有 100 多年的历史，它经历了由低级到高级、从不完善到逐步完善的发展过程。由于国际足球竞赛日益增多、理论水平相应提高、科研工作逐步加强、训练方法不断改革，新的技术、战术层出不穷，推动足球运动不断发展。现代竞技运动实践表明，任何竞技运动的专项训练，其主要目标都是挖掘和提高运动员的专项竞技能力。

运动员的体能水平在竞技能力的构成因素中处于主导和核心的地位，也在很大程度上决定了专项竞技能力的水平。现代足球正向全面、快速的方向发展，比赛中争夺日益激烈，攻防速度越来越快，技术也要求越来越全面，对运动员的体能有很高的要求。一个运动员没有良好的身体素质，就难以发挥其技术和战术水平。足球运动员不仅要有快速奔跑的能力，能在快速跑动中完成接、传、射和“接晃过”“接转过”“接挑过”及以小腿摆动为主的“小摆幅大摆速”的捅、抽、弹击等难度技术动作，而且要能熟练地急停、急起和跳起后的转身冲刺，还具有高度的灵活性、柔韧性和协调性。足球运动员在比赛中采用规则允许的动作进行奔跑、急停、转身、倒地、冲撞等，在活动中与对手展开激烈的争夺。因此，足球运动对运动员的力量素质有较高的要求。据有关资料统计，在全攻全守战术的要求下，足球运动员在 90 分钟的比赛中要跑动约 10 000 米，反复冲刺 200 次左右。运动员比赛时的平均心率为 172 次 / 分钟，因此以无氧耐力为主的混氧耐力也是足球运动员的必备能力。

一、足球运动的体能特征

(一)足球比赛中运动员的供能特点

美国著名运动生理学家福克斯认为:“在科学应用于体育运动时,其最有价值的部分可能是人体的能量供应了。”从运动生理学角度分析,人体在运动中所需要的能量由三种不同的能源系统供给,它们分别是磷酸原系统、酵解能系统和氧化能系统。三个能源系统的特征如表 1 所示。

表 1　人体运动的能源供应系统

能源系统	底物	贮量(毫摩尔 / 千克)	可合成 ATP 量	可供运动时间
磷酸原系统	ATP	4~6	—	6~8 秒
	CP	15~17	100	<10 秒
酵解能系统	肌糖原	365	250	2~3 分钟
	肌糖原	365	13 000	>3~5 分钟
氧化能系统	脂肪	49	不受限制	1~2 小时

注:ATP—三磷酸腺苷;CP—磷酸肌酸。

在足球比赛中,磷酸原系统的供能能力决定着足球比赛中短时间的冲刺、拼抢、运球、传接球及射门等快速爆发式动作的速度和质量。受足球竞赛规则影响,该项目属于持续总时间较长的运动,有氧氧化供能占据了重要地位,这就决定了足球运动是以短时的高强度、快速运动并伴有间隔,以中、低强度的间歇相衔接,以多次反复高强度运动与多间歇构成的运动形式,所以足球运动是一项以高强度、多间歇、长时间为特点的运动。同时,这也是促成足球运动能量代谢特点形成的主要因素。

对足球运动员在比赛中供能系统的探讨,主要集中在以何种供能系统供能为主,目前主要有三种观点。

第一种观点认为,足球运动员在比赛中采用有氧和无氧混合性供能。部分学者各有不同表述,如:有氧供能系统在足球运动中是起主导作用的,但无氧供能系统同样起到非常重要的作用;足球运动的能量来源主要依靠无氧 - 有氧混合供能为主;足球运动是一项有氧和无氧混合性供能的项目;足球运动属于非周期性的速度和速度耐力兼而有之的激烈对抗项目,主要以 ATP-CP(磷酸原系统)供能,也有酵解系统和有氧供能;磷酸原供能系统、酵解能系统和有氧代谢供能是足球运动员不可缺少的;足球运动员的供能特点是采用以磷酸原系统供能的无氧代谢和一般有氧代谢混合供能为主的能量代谢供能方式。

第二种观点认为,足球运动员在比赛中的能量主要由磷酸原系统供给。部分学者各有不同表述,如:足球运动员在足球比赛中完成的绝大多数活动主要是利用磷酸原供能系统来完成的;足球运动员应该兼备三种供能系统的供能能力,虽然磷酸原系统提供的能量所占比例甚少,但其重要程度高居各供能系统之首;磷酸原系统是足球运动的主要供能系统。

第三种观点认为,足球运动员在比赛中以氧化能系统有氧代谢和磷酸原系统供能为主,糖酵解系统供能所占比例很少。部分学者各有不同表述,如:足球运动属于非周期性的速度耐力项目,其中最突出的运动是短距离反复冲刺跑,应主要以磷酸原系统和有氧的氧化能系统供能;足球运动是以有氧系统供能为主的运动,磷酸原系统供能对取得比赛胜利起着重要作用,运动员对酵解能系统供能需求并不大;足球比赛时间长、强度大和间歇运动的特点,决定了足球运动员氧化能系统的有氧和无氧代谢均需调动;足球运动是以有氧供能为基础的运动,非乳酸无氧供能是关键,并有适量乳酸无氧供能。

综上可见,足球是一项不规则且强度变换频繁的运动,在高强度运动期间,运动员机体耗费大量能量;在低强度运动期间,运动员机体得到恢复。从最终的统计结果来看,有氧供能在足球运动中的能量供应比例很大;磷酸原系统直接作用于各种重要的技术动作,因此直接影响着比赛的结果。但足球比赛中机体是在高乳酸状态下运动的,这也说明机体耐酸能力直接影响磷酸原供能系统的供能。足球项目中的短时间极限强度运动,如射门、冲刺、起跳、对抗等,虽然是以磷酸原供能系统供能为主,但绝不能单纯地将各个供能系统进行割裂,足球运动中达到极限强度的前提是,在做这些强度运动时,机体已经长时间进行高强度的运动,酵解能系统持续地进行供能。现今很多实验表明,足球运动员在比赛结束后的血乳酸都处于较高水平,因此很明显足球运动是混氧供能为主的运动,机体在高乳酸状态下先依靠磷酸原供能系统进行供能,再依靠有氧代谢消除乳酸,如此循环往复。

(二)技战术与体能相结合特征

足球运动项目竞赛的根本特点在于运动员需要对变幻莫测的赛况做出准确的判断和估计,并迅速采取措施,改变自己的动作和节奏,甚至改变动作技术的组合形式。足球运动技术不同,组合活动的形式、强度和持续的时间也各不相同。但所有技战术的正常发挥,都必须有足够的体能做保证。体能是球类运动,尤其是身体直接对抗的足球运动达到高水平的基础。运动员没有高度发展的体能水平,就不可能在激烈的比赛中发挥高超的运动技术水平,从而形成有效的战术配合。从运动训练学角度来分析,技术、战术、体能训练都是运动训练的主要内容,它们相互渗透、相互补偿、相互制约,片面强调某一方面的作用或依赖某一方面的优势,很难在高水平比赛中取得优异的成绩。足球比赛对体能和技能要求都很高,并且技术、战术的运用均以集体为依托,攻防队员在位置不停变换的情况下进行比赛。没有良好的集体配合和个体体能做保证,运动员就不可能发挥其技术,就不能科学、合理地运用战术。因此,必须将运动员的体能、技术、战术训练有机结合起来。足球运动员的技战术水平是提高和有效发挥体能训练水平的关键。在足球运动竞技比赛中,随着成绩的不断提高,训练会受到各种因素的影响,其中体能训练与技战术的关系更为密切。良好的体能训练水平是掌握和提高运动技战术的基础,运动员只有掌握了运动技战术,才能更有效地发挥体能训练水平,使自己的体能训练水平在比赛中充分表现出来。同时,娴熟的足球运动技战术,能使运动员在比赛和训练中减少能量的消耗,使运动员所做的动作趋于协调、省力,以此形成正确的动力定型。如果运动员能在比赛过程中减少能量消耗,就能在比赛中保持旺盛的精力,创造优异的运动成绩。

(三)比赛中队员个体的体能特征

足球是一项强调集体配合的高对抗运动项目,场上不同位置的队员有不同的职责分工,所以各个位置的队员所需要具备的体能特征也不尽相同。前锋队员在场上的主要任务是帮助自己的球队得分。在一场比赛中,前锋队员的短距离高速冲刺次数最多,以抢点射门、突然的起动摆脱以及起跳争顶等为主要的运动方式。因此,前锋队员的体能特征是以高能磷酸原系统供能为主;中场队员既要参与进攻,又要参与防守,他们是本队攻防转换的核心枢纽。所以他们的跑动距离最长,这就需要氧化能系统进行有氧代谢供能。而作为中场防守屏障,防守时的铲球、拼抢、回追以及进攻时的过人、传球等技术动作又都需要磷酸原系统及部分酵解能系统进行供能。因此,中场队员的体能特征为以有氧供能为基础,附带磷酸原系统和酵解能系统进行供能。由于后卫队员在场上是与对方前锋队员成对立状态,因此大多需要磷酸原系统供能。但现代比赛中边后卫助攻已经成为各队进攻的一种常见形式,由于完成助攻的后卫需要及时回防,因此长距离高速跑动的次数很多,这需要动用酵解能系统进行供能。

综上所述,不同位置队员的体能特征是不完全相同的,这就需要在训练中区别对待。例如,小场地足球训练作为一种体能训练的方法,既有与真实比赛相近的环境,也有不同位置的队员分工,能够符合根据队员特点进行训练,符合因人而异、区别对待的训练原则。

二、足球运动专项所需身体形态及训练

足球项目属于技战术主导类同场对抗类项群,需要运动员在对抗中运用技战术。因此,无论是在技战术的运用中,还是在对抗中,抑或灵巧地闪躲,都需要相应的身体形态作为支撑。足球专项所需的身体形态特征主要表现在身材高大、体格健壮、肌肉细长并富有弹性、脂肪层薄、踝关节围度小、跟腱清晰、足弓高等方面。这些身体形态特征能够满足现代足球训练、比赛中的对抗、技术运用等环节的需求。不同位置、不同特点、不同任务的运动员需要不同的身体形态来适应比赛,因此足球运动专项所需的身体形态应根据位置特点进行区分(表2)。

表2　足球运动专项所需身体形态

类型	前锋	中场	后卫
技巧型	身材匀称 足弓高 肌肉细长	身体健壮 脂肪层薄 腿部粗壮	腿部粗壮 跟腱清晰 身材匀称
力量型	身材高大 体格健壮 肌肉粗长	体格健壮 肌肉粗长 跟腱清晰	身材高大 体格健壮 肌肉围度大
耐力型	身材匀称 肌肉细长	体格健壮 身材匀称 肌肉细长	体格健壮 身材高大 肌肉粗长

续表

类型	前锋	中场	后卫
速度型	身材匀称 肌肉细长 足弓高 跟腱清晰	体格健壮 肌肉细长 足弓高 跟腱清晰	体格健壮 身材高大 足弓高 跟腱清晰

从表2不难看出,运动员依靠身体形态完成相应位置的相应任务,运动员特点及位置不同,足球运动所要求的身体形态也不尽相同。前锋队员的最终目的是得分,其可通过技巧、力量、耐力、速度等方式获得射门机会,不同类型的前锋队员需要不同的身体形态作为支撑。技巧型前锋的特点是灵活的跑位及全面的技术,因此身材匀称、足弓高、肌肉细长的身体形态能够支撑快速的起动、转身、变向、抢点等任务;力量型前锋的特点是身体健壮,其为队伍提供支点或是通过抢位获得射门机会,因此需要身材高大、体格健壮、肌肉粗长,以此来完成对抗、卡位等任务;耐力型前锋主要依靠不断的跑动拉开空当获得射门机会,因此需要身材匀称、肌肉细长,以便能够完成通过不断地跑动获得更多的空当及第二空当机会的任务。中场队员是攻防转换的枢纽,进攻过程中需要不断地进行组织,防守过程中需要组成第一道防线,因此是对抗最多的位置,其依据不同的特点也需具备不同的身体形态。中场队员大多需要在身体对抗的状态下进行抢球、断球、传球、射门,因此无论何种特点的中场队员,都需要具备健壮的体格。技巧型中场队员的主要任务是组织,需要大量的跑动接球、运球过人、传球甚至射门,因此需要脂肪层薄、腿部粗壮;力量型中场队员主要进行防守对抗,因此需要肌肉粗长、跟腱清晰,以便能完成快速抢断的任务;耐力型中场队员主要依靠跑动完成进攻、防守及攻防转换中的传、接、运、射、抢、断等任务,因此需要身材匀称、肌肉细长,能够完成不断跑动;速度型中场队员通常安排于边路,其主要任务是突破传中,因此需要大量的快速冲刺,需要具有肌肉细长、足弓高、跟腱清晰等身体形态特点。后卫队员的主要任务是防守,阻止对方的进攻及射门,因此其每次的对抗强度都是最高的。技巧型后卫通常安排于边后卫位置,主要防守对方边路的速度型运动员,因此需要具备腿部粗壮、跟腱清晰、身材匀称的身体形态特点,以便能够完成快速移动、抢断的任务;力量型及耐力型后卫通常防守中路,阻截对方地面及空中进攻,因此需要身材高大、体格健壮的身体形态特征,二者不同之处在于力量型后卫的肌肉围度大,耐力型后卫的肌肉粗长;速度型后卫的主要任务是能够快速地防守到位,因此可以安排在后卫线的任何位置,其主要利用速度进行抢、断球,除身材高大、体格健状外,还具备足弓高、跟腱清晰的身体形态特点;守门员的身体形态应比其他位置队员的要求更高,身材高大、体格健壮的身体形态特点使其能获得更大的防守面积,肌肉细长、足弓高的形态特点使其能获得更强的移动和跳跃能力。

综上所述,足球运动中不同位置、不同特点的运动员所需要的身体形态不同。同理,通过在不同位置和不同任务下的长时间练习,足球运动员能接近其所需要的身体形态。因此,在业余训练中,通常可以按照受训者的身体条件,安排相应的位置,以期不断地使之接近理想的身体形态。

三、足球运动专项身体素质的训练

身体素质是运动能力的外在表现，包括耐力、力量、速度、灵敏性、柔韧性及协调性等六项素质，是体能的重要组成部分。各项身体素质在具体专项中都有不同的表现形式，不同专项中各种身体素质所占权重也不尽相同，这就要求在专项训练过程中，精确选择权重较高的进行重点练习。足球运动属于同场对抗类项群，运动员需要在长时间对抗过程中完成技战术的应用，因此除了良好的身体形态外，身体素质也是其技战术完成的基础。从运动进行的时间来看，良好的有氧耐力素质是基础。而在 90 分钟的比赛中，运动员需要进行快速冲刺、强烈对抗、起跳争顶、大力射门等，因此需要具备相应的无氧耐力、力量、速度等素质。同时，身体素质的不断提高还能够促进身体机能的不断发展，与身体形态相互支撑，形成健康的体质。因此，足球专项身体素质训练既是比赛的基础，也是大众健身锻炼身体的良好形式。

（一）足球专项耐力素质训练

在足球比赛中，耐力素质是运动员必须具备的最基础的身体素质，耐力训练是改善和提高足球专项运动水平的主要训练内容之一。耐力一般分为有氧代谢耐力与无氧代谢耐力，分别简称有氧耐力和无氧耐力。足球运动中，有氧氧化和无氧氧化是运动员在不同的比赛情况下依据需氧量的不同而采用的具有相互作用的两种供能方式。从供能的方式上来说，有氧耐力和无氧耐力是两种不同的耐力素质，但是在足球比赛中，有氧代谢的水平直接影响着无氧代谢水平，这是因为足球比赛是在 90 分钟内进行多间歇、高强度的冲刺以及对抗的运动，因此有氧耐力的高度发展可以使机体的代谢能力得到有效提高，从而在最短的时间内消除大量无氧代谢过程中积累的乳酸，提高大脑细胞的工作能力，保持机体有长时间的运动能力。同时，高水平的有氧代谢能力还可以提高机体内糖原的储量，使酵解能系统的供能能力得到有效提高，并且使磷酸原供能系统（ATP-CP 系统）的供能能力也得到显著加强，从而使运动员无氧耐力素质得到提高，缓解疲劳。从另一角度来说，无氧代谢水平的良好发展可以提高机体内血红蛋白的含量以及肌红蛋白的储氧量，使有氧耐力素质得到更高的发展。

综上所述，有氧耐力训练有助于无氧耐力素质良好发展，为无氧耐力的提高奠定重要的基础；而无氧耐力训练又是提高有氧代谢水平的有效途径。在足球比赛中，运动员身体活动的特点决定了他们要同时具有较高水平的有氧代谢和无氧代谢相结合的混氧供能能力，正确处理好它们之间的训练比例，以及将二者有效结合，提高适应足球比赛需求的混氧供能能力，是提高运动员耐力素质的重要环节。因此，足球运动员耐力素质的训练应当从有氧耐力训练着手，这不仅可以使运动员的有氧耐力素质得到良好发展，而且也为无氧代谢水平的提高打下一个良好的基础。在发展青少年运动员有氧耐力的训练中，要根据他们的年龄以及代谢水平，适当地采用一些与无氧耐力相关的训练内容和方法，提高这些运动员的训练负荷，以便更有效提高他们的最大摄氧量，从而使他们的有氧耐力训练达到良好的效果。无氧耐力训练应注意与有氧耐力训练相结合，或者说要在良好的有氧耐力训练基础上进行。因此，在以无氧耐力为主的训练阶段，无氧耐力训练也要与有氧耐力训练相结合，使无氧耐力训练过程中始终保持和提高有氧代谢水平，以保证无氧耐力稳步提高的同时，使运动员的有氧耐力素质符合比赛的需要。在足球比赛中,运动员不仅要进行快速的冲刺跑,而且依据比赛情况的各种需要,还要进行不同距离的折返跑、追逐跑、摆脱、补位等,并且在一定时间内,运动员要在反复的快速奔跑中完成进攻或防守,再加上比赛攻防和节奏的不断转换,造成运动员的跑动呈间歇性,这种间歇性、长时间、大强度的剧烈运动,要求运动员必须具备良好的无氧耐力。

耐力素质是足球运动员最基础的身体素质,耐力素质训练是改善和提高足球专项运动能力的主要训练内容。在足球运动员的三种不同代谢供能的耐力中,无氧代谢供能速度耐力是混合代谢供能、有氧代谢供能速度耐力的基础,逐步改善和提高无氧代谢供能速度耐力,既能促进有氧代谢供能和有氧、无氧混合代谢供能速度耐力的改善,又能有效促进足球专项运动能力的提高。三者是一个不可分割的整体,始终融于足球运动员训练的过程之中。依据足球专项特征及运动员个人特点,在不同的训练时期,必须严格地控制各种训练的比重,只有这样才能达到相互促进的目的。

1. 专项有氧耐力素质训练

传统观点认为,凡持续时间超过 3 分钟的运动项目,其代谢以有氧代谢为主,在长达 90 分钟的比赛中,足球运动员的跑动距离经常超过 10 000 米,因此足球运动是以有氧耐力为基础的项目。足球比赛中激烈的拼抢对抗、频繁的攻守转换以及技战术的运用,都对现今足球运动员的体能提出了相当高的要求,在 90 分钟的比赛里,准确地评估运动员的有氧耐力就显得十分重要。有氧耐力是耐力素质中的一种,主要靠机体内糖及脂肪的储备来长时间地为运动员的活动提供能量。足球运动员在长达 90 分钟的比赛时间内要跑动的距离经常超过 10 000 米,并且比赛的 1/3 的时间都在进行低强度跑,所以有氧能力对足球运动员来说是非常重要的。作为直接供能的能源——ATP,只有在糖和脂肪进行有氧氧化时,才能持续地大量合成,而体内糖和脂肪的贮备是不易枯竭的,因此可以持续地向骨骼肌供应充分的ATP,使运动员持续奔跑运动。按照现代训练理论的观点,任何一个体育项目都必须进行有氧耐力训练,因为良好的有氧耐力可以让运动员保持最佳的状态、提高机体恢复和清除乳酸的能力。

依据足球运动特点,有氧耐力素质练习主要由两个部分组成,即恢复期的体能储备和有氧耐力与技战术结合。通常,有氧耐力训练从练习目标、练习内容、练习手段、练习方法、练习负荷等方面进行规划。

1)恢复期体能储备过程中的有氧耐力训练

体能储备是进行一切身体练习的基础,是专项体能、技术、战术提升的必要条件。足球是一项长时间对抗的运动,因此运动员需要具备良好的有氧耐力。通常,体能储备的训练内容主要是发展有氧耐力,促进循环系统和呼吸系统对运动强度的适应。

练习目标:提升有氧耐力素质基础,促进身体机能发展,为竞技能力的提升奠定良好基础。

练习内容:长时间有氧耐力。

练习手段:慢跑、游泳等单一动作结构的周期性练习。

练习方法：长时间持续训练法。

练习负荷：训练时间大于30分钟，运动中的心率应为最大心率的70%左右。

其他说明：匀速进行，结合准备活动及柔韧性拉伸。对于这种以体能储备为目的的训练活动，运动过程中负荷较低、时间较长，能够有效强化身体机能，达到健身的目的。因此，该训练不仅可以作为竞技运动员恢复期中的主要练习内容，同时可以作为大众健身领域中以减脂、塑身、健康为等目的的训练内容。

2）专项有氧耐力训练

专项有氧耐力训练主要强调与专项实践紧密结合。足球运动的有氧耐力表现具有时间较长、负荷不定、变异动作、任务驱动等特征，其有氧耐力的基础并不是持续的匀速运动，而是在长时间中走路、慢跑、冲刺、做技术动作等相互交错，且间歇时间并不固定，因此从训练方法的选择上，应该尽量选择持续训练法和间歇训练法相辅相成，练习手段的选择要紧密联系运动实践。例如，比赛中的战术跑位需要运动员不时地进行冲刺，据此可以选择与其相适应的中时间持续训练法；攻防转换需要运动员快速地冲刺，据此应选择长时间间歇训练法。训练方法可以与专项的运球、传球、跑位等技战术衔接进行。

练习目标：提升有氧耐力、乳酸无氧耐力及非乳酸无氧耐力素质，提升长时间技术动作的质量及稳定性，提升长时间运动下的战术执行力。

练习内容：以有氧耐力为主的耐力素质及其与技战术的融合。

练习手段：运球跑、盯人对抗练习、持续技术练习。

练习方法：发展性间歇训练法、中时间持续训练法、短时间持续训练法。

练习负荷：发展性间歇训练法的练习时间为3~5分钟，练习过程中的心率应为最大心率的80%以上，间歇过程中的心率不应低于最大心率的55%；中时间持续训练法的练习时间为10~20分钟，练习过程中心率应为最大心率的75%左右；短时间持续训练法的练习时间为5~10分钟，练习过程中的心率应为最大心率的80%左右。

其他说明：运球变速跑过程中，应合理设置练习路线，采用发展性间歇训练法过程中，可将射门技术练习作为最后一个环节；采用中时间持续训练法过程中，应紧密结合心率，即运球冲刺后达到目标心率后，慢跑运球过程中的心率降到最大心率的55%时，即要指示再次冲刺运球，反复进行；采用短时间持续训练法的过程中，应结合突然变向、跳跃、传球等练习，并将训练最后一个环节安排为射门技术练习。

在盯人对抗练习中，应注重对抗过程中的限制作用。通常采用发展性间歇训练法，配合限制法来达到训练强度，完成训练任务。例如，在边长为20米的场地内，进行5对5对抗练习，限制每名队员必须不间断地跑动，完成跑位、接球、运球及传球的技术能力运用，注重练习时长及运动后的即时心率，在心率恢复至最大心率的55%之前，即要开始下一组的练习。

持续技术练习主要针对一定强度下，技术动作完成质量及稳定性，是在一定强度下一直运用技术的一种练习手段。例如，在“直传斜插”这种基本战术套路练习中，即可采取短时间持续练习法，连续传球跑位不间断，持续5~10分钟，对传球力量及跑动速度均做相应要求，使练习者在练习过程中的心率能够一直维持在最大心率的80%左右，充分休息后可换其他技术进行练习。

对于专项有氧耐力训练的内容及手段，应根据训练对象的训练目的进行合理安排。根据竞技需要可采用各种训练方法，在遵循健康保障原则的基础上，负荷可以适当提升。健身领域的训练是为了避免枯燥的持续训练选择专项练习，应以持续训练法为主，负荷强度相应降低；在学校教育范畴内，应忽视负荷强度，注重练习时间，采用中时间持续训练法，持续技术练习或运球跑等手段为主，相应降低负荷。

2. 专项无氧耐力素质训练

无氧代谢能力是指运动中人体肌肉的氧化能系统通过无氧代谢提供 ATP 的极限能力，其在代谢过程中不需要氧直接参与，可将其分为两个系统。一是磷酸原（代谢）供能系统：运动时骨骼肌能量由体内贮能最丰富的三磷酸腺苷（ATP）直接供能和磷酸肌酸（CP）补充完成；二是糖酵解（代谢）系统：运动时能量由骨骼肌中的糖原在无氧条件下分解为乳酸并释能。

在足球运动中，高强度的来回冲刺以及起脚射门、对抗拼抢、争顶等所需的快速爆发力，即无氧能力往往决定着比赛的结果。由于比赛动作没有固定的标准，而且动作的方式、数量及强度都是无法预计的，比赛中所要承担的负荷也是无法预知的，因此足球运动员需要相当大的耐力储备。由于比赛中包含着大量的极限强度要求，如冲刺、对抗、带球过人等，这对无氧供能系统提出了相当高的要求。足球运动员在 90 分钟的比赛里高速地往返冲刺，高强度地拼抢对抗，其必须具备无氧耐力素质。无氧耐力水平主要取决于肌肉中糖无氧酵解的供能能力、消除乳酸的能力以及脑细胞对血液中酸性物质的耐受能力。肌肉中糖无氧酵解的供能能力是无氧耐力水平的重要影响因素，肌糖原的储量越高，酵解酶活性就越高，糖酵解能力也就越强。资料表明，对于乳酸脱氢酶活性和肌糖原含量，快肌纤维均高于慢肌纤维，且短跑队员高于中跑队员，中跑队员高于长跑队员。运动员在比赛中长时间高强度地来回往返冲刺时，肌肉中会产生大量乳酸，它是肌糖原无氧酵解的产物。乳酸在肌肉中产生后迅速进入血液，血液对乳酸缓冲能力的强弱，主要表现在碳酸氢钠含量（碱储备）的多少及碳酸激酶（促进碳酸分解的酶）活性的高低。碱储备是缓冲酸性物质、调节酸碱平衡的第一道防线。碳酸氢钠可与进入血液的乳酸产生反应，生成乳酸钠和碳酸。经常进行无氧耐力训练，可使碱储备增加 10%，血液中碳酸激酶的活性将明显提高。另外，脑细胞对缺氧及血液 pH 值变化十分敏感，脑细胞对这些不利因素刺激的耐受力，是无氧耐力强弱的重要因素。受过无氧耐力训练的运动员，脑呼吸中枢对二氧化碳作用的敏感度下降，脑细胞耐受能力提高。足球比赛的特点之一是技术要根据场上的对方队员而定、战术多种多样，这就要求运动员整场比赛中一直都要有敏捷的思维和判断能力，所以必须要提高脑细胞的耐酸能力，以使运动员在激烈的比赛中一直保持头脑清醒，这是运动员在比赛的复杂局势下发挥“创造性才能”的基础。

足球运动中的反复冲刺需要极强的乳酸无氧耐力来支撑，在 90 分钟内，机体会积累大量乳酸，在此种情况下，还需要做出射门、拼抢、起跳、变向等技术动作，因此专项无氧耐力的发展应该紧密结合冲刺、射门等以酵解能系统和磷酸原系统供能为主的技术动作和跑动进行练习。

1）专项乳酸无氧耐力素质的训练

乳酸无氧耐力是指以酵解能系统供能为主的耐力素质，是机体耐乳酸能力的体现，因此应重点采用高强度间歇训练法及强化性间歇训练法，内容的选择以无球跑动、变向和高强度技术融合练习为主。

练习目标：提升乳酸无氧耐力素质，提升高强度下有效完成技术动作的能力。

练习内容：乳酸无氧耐力素质及其与技战术的融合。

练习手段：递进折返跑、运球变向跑、战术组合套路。

练习方法：高强度间歇训练法、强化性间歇训练法。

练习负荷：高强度间歇训练法的练习时间应为 30 秒左右，练习过程中的心率应达到最大心率的 90% 以上，间歇过程中的心率不应低于 60%；强化性间歇训练法的练习时间应控制在 30~180 秒，练习过程中的心率应为最大心率的 85%~90%，间歇过程中的心率不应低于 60%。

其他说明：在递进折返跑过程中，采用高强度间歇训练法，单个折返距离一般以 5~10 米为宜，如第一折返点距起点（终点）5 米，第二折返点距起点（终点）10 米，以此类推，这种安排能有效增加受训者急停、转身、启动等专项无球技术的练习，重点是受训者在运动中的心率应保持在最大心率的 90% 以上，练习时间为 20~30 秒；在强化性间歇训练法中，单个折返距离应大于 10 米，这种安排能够保证受训者在较长时间内完成折返，练习时间保证为 120 秒左右，练习中的心率保证在最大心率的 85%~90%。对于上述两种方法，间歇过程中的心率都不应低于最大心率的 60%。

运球变向跑能够发展受训者的技术应用和反应能力，可结合信号刺激法进行练习，也可采用固定模式练习，如直接在折返跑的模式中加入运球技术。该训练手段的负荷设置与递进折返跑的训练无异。

战术组合套路练习多采用强化性间歇训练法，设计从防守至攻守转换到进攻的整套战术，进行 2~3 分钟的循环练习。战术套路设计中，应包含无球跑动、抢断球、运球、传球、抢点射门、运球射门等内容，重点是整个练习过程中不能够中断，所有受训者不能停止跑动，练习中的心率应为最大心率的 85% 左右，同样间歇过程中的最低心率不能低于最大心率的 60%。

2）专项非乳酸无氧耐力素质的训练

非乳酸无氧耐力是指以磷酸原供能系统供能为主的耐力素质，是机体爆发力的体现，因此应重点采用重复训练法进行练习，内容的选择以无球爆发力练习和爆发力技术练习为主。

练习目标：提升非乳酸无氧耐力、提升爆发力技术水平。

练习内容：非乳酸无氧耐力素质及其与技战术的融合。

练习手段：运球射门、传球等基本技术练习；起跳 - 冲撞 - 落地 - 冲刺、小腿摆动等身体练习。

练习方法：短时重复训练法。

练习负荷：练习时间控制在6秒以内，负荷最大。

其他说明：非乳酸无氧耐力训练主要针对爆发力输出过程中技术动作的准确程度，因此注重负荷最大的情况下着重练习技术的质量及稳定。另外可采用多种多样的身体练习进行非乳酸无氧耐力训练。

3. 专项混氧耐力素质训练

足球运动需要运动员具备有氧耐力；比赛过程中运动员需要反复地冲刺、射门、抢断等，也需要具备无氧耐力；整场比赛中，运动员不断地在短暂间歇之间循环进行高强度运动。因此，足球运动应归为以无氧耐力为主、有氧耐力为基础的混氧运动，相关训练也应注重三大供能系统融合供能能力的提升，即混氧耐力素质训练。

足球比赛中每次停顿时间为17~20秒，此间歇时间意味着磷酸原消耗后基本能恢复，但随着比赛时间的延长，糖酵解供能所占比例增大，疲劳物质乳酸逐渐累积，影响运动员的比赛节奏。如果运动员自身具有良好的有氧代谢能力和较高的个体乳酸阈水平，运动员机体持续工作的能力就会较强。并且，若机体消除乳酸的速度较快，运动员在比赛中就可以始终保持高强度的对抗竞争。足球运动员所需要的是三种供能系统有机结合的供能方式，比赛中来回冲刺、拼抢等活动需要频繁磷酸原系统供能，长时间多次地动用就会使ATP得不到完全的恢复，这就需要依靠酵解能系统继续供能，而产生的乳酸又必须依靠良好的有氧代谢能力尽快地消除，从而维持运动员高强度运动的能力。在一场激烈的足球比赛中，由于运动员在前半阶段频繁地动用磷酸原系统供能来进行冲刺跑、射门、争顶对抗等短时间、高强度的运动，以至于到下半场时机体必须动用酵解能系统进行供能，使乳酸累积，机体工作能力下降，运动强度降低。而磷酸原的恢复、乳酸的消除都与机体的有氧代谢能力息息相关。因此，足球运动员的耐力训练不能将3种供能系统分开进行单一的训练，而应该按照比赛的情景，运用混氧供能的方式进行训练。

混氧耐力素质的训练没有固定的模式，一般按照训练时间超过90分钟，其中穿插高强度的乳酸无氧耐力及非乳酸无氧耐力训练内容即可。例如，在一节课的过程中，持续地进行直传斜插练习 + 高强度战术套路练习 + 破发力技术练习。为避免受训者产生枯燥情绪，可采用循环训练法、变换训练法，将练习内容进行合理融合，以调动受训者的积极性，提升训练效果。

（二）足球专项力量素质训练

力量素质是指人体肌肉工作时克服阻力的能力。人体运动时会受到身体重力、空气和水的阻力、重物负荷、竞技对手的对抗力等各种外力，以及肌肉的黏滞性、对抗肌的牵引等产生的各种内力的阻碍，这就需要依靠人体的肌肉收缩产生力量，克服这些阻力，完成预定的体育活动目标。当前的足球训练中，力量训练多以肌肉训练为主，这种训练往往使运动员在一些动作中能表现出很大的力量，而在足球比赛中却起不到明显作用，这主要因为平时所练习的都是一般力量素质，虽然增加了运动员的绝对力量，但却不能有效地转移到专项的运动中，运动员只有通过专项力量训练，才能在专项动作和水平上表现出肌肉力量，达到较高水平。 现代力量训练应该向将专项力量与一般力量训练结合并按照一定比例进行训练的方向发展，因此在保证一般力量发展的基础上，应尽量选择与足球比赛中运动员肌肉活动特点相类似的方式、方法进行训练，只有这样才能将一般力量有效地转移到足球专项上来。在足球运动中，运动员从体能角度表现出来的对抗争抢、快速转身变向、大力射门等力量素质，即为足球专项力量素质。一般来说，足球项目是进行长时间对抗的项目，因此需要以力量耐力作为基础；突然起跳与转身、爆发的对抗与射门，则以快速力量为基础；而爆发力的大小最终还取决于最大力量的大小。因此，在足球运动项目中，专项力量素质训练应以最大力量和力量耐力训练为基础，重点发展专项快速力量。

1. 最大力量素质的训练

最大力量是指人体肌肉在随意收缩中所能表现出来的最大力的能力，其力量数值只有在抵抗超过肌肉最大能力的阻力过程中才能准确测得。一般来说，发展最大力量的主要途径包括：加大肌肉横断面积；增加肌肉中磷酸肌酸的储备量；提高肌肉间及肌纤维之间的协调性；改善运动技巧。从一般训练理论分析，应进行负荷强度超过 90% 的练习，因发展的是磷酸原系统的供能能力，因此采用短时间重复训练法，每组进行 3 次左右，根据负荷不同，进行 3~5 组，组间歇充分。从专项训练理论分析，足球运动主要依靠下肢进行无球与有球技术的应用，因此训练应以下肢力量训练为主，核心力量训练为辅。练习手段可选用静力性练习、金字塔力量训练、阶梯式力量练习等。一般而言，在发展以最大力量素质作为基础的训练过程中，不同于举重等以最大力量为核心的项目，应尽量避免与足球专项训练相结合，以防止运动损伤的出现。在健身领域及学校体育范畴内，应着重采用阶梯式训练，在保证运动安全的基础上逐步增加负荷。

2. 力量耐力素质的训练

力量耐力是指运动员在静力性工作中长时间保持相应强度的肌肉紧张，或在动力性工作中多次完成相应强度的肌肉收缩的能力。前者称为静力性力量耐力，后者称为动力性力量耐力。动力性力量耐力又包括最大力量耐力、快速力量耐力及长时间力量耐力。最大力量耐力一般体现在举重项目之中，运动员举起最大重量后的保持阶段即需要此素质；长时间力量耐力兼有力量与耐力的双重特点，在足球专项中主要体现为支撑 90 分钟比赛的力量能力；快速力量耐力是重复快速输出最大力量的能力，是长时间维持爆发力的一种体现，在足球专项中体现在长时间地进行对抗、起动、跳起、争抢等动作。因此，足球专项耐力应以动力性力量耐力训练为主，以长时间力量耐力和快速力量耐力为重点，其中快速力量耐力训练应结合专项进行练习。

练习目标：提升长时间力量耐力和快速力量耐力。

练习内容：长时间力量耐力、快速力量耐力训练。

练习手段：静力性练习、负重练习、弹力带练习、足球专项爆发技术循环练习。

练习方法：持续训练法、重复训练法、间歇训练法、循环训练法。

练习负荷：静力性练习可选克服自身重量长时间力竭练习；负重练习一般按照最大力量的 50% 左右，多次重复至力竭；弹力带练习（例如摆动腿练习）可按最大强度的 30%~50% 进行设置，每组 10 次，3~6 组，要保证动作的流畅；足球专项爆发力技术练习的负荷安排要分两部分，一为跑动负荷，持续时间应超过 10 分钟，心率控制在最大心率的 75% 左右，二为射门负荷，次数尽量多，一般可按每 30 秒一次进行安排，保证射门的质量和数量都能尽量达到极限。

其他说明：静力性练习可作为基础练习，通常针对核心力量或下肢力量，例如采用平板支撑或马步进行练习；也可采用负重形式练习，如负重提踵保持练习，重要的是进行至力竭方可结束一组，并在间歇休息不充分的情况下继续进行下一组力竭练习。静力性练习的目的是增加肌肉长时间持续紧张的能力，为动力性力量耐力的训练奠定基础。

负重练习是力量素质练习的常用手段，主要用于提升动力性力量耐力——长时间力量耐力素质。例如，在负重半蹲练习中，采用最大力量的 50% 进行练习，持续做负重半蹲起，练习至力竭后进行间歇，在休息不充分的情况下进行下一组力竭练习。此练习的目的是提升肌肉长时间持续收缩的能力，主要提升足球运动中的长时间力量保持能力。在保障安全的基础上，此练习可以结合足球专项进行，如进行负重持续跑动传球射门组合练习。

弹力带练习法主要针对爆发力技术进行训练，可完全结合专项进行练习，如弹力带射门练习、弹力带传球练习等。此练习法的重点是要保证负荷强度，即弹力带的拉力及练习次数，以动作能够流畅完成为宜，采用间歇训练法最为合适，以提升长时间保持射门、传球技术质量为主要目的。

足球专项爆发力技术循环练习采用循环持续训练法。例如，将练习时间设置为 10 分钟，设置 3 个站点，每个站点间距为 40 米；受训者在第一站点练习射门，持续进行过杆射门 10 次，而后跑动至下一站点两人一组持续进行直传斜插，继而跑动至第三站点进行传接球 + 起跳头球练习，以此循环进行，不间断保持 10 分钟。此练习可以提升受训者的足球专项力量耐力素质。

3. 快速力量素质的训练

快速力量素质是指肌肉在最短的时间内发挥出最大力量的能力，它是运动速度和力量的综合表现形式。快速力量强调要在最短的时间内完成技术动作，表现出适宜的力量素质。因此除与最大力量的决定因素具有相同的要求之外，完成动作的速度是决定快速力量的突出因素。快速力量的适宜度要与专项紧密结合，因此快速力量素质本身就具有专项化的特点。足球运动中，快速力量主要体现在大力射门、启动、跳起、快速变向等方面，存在不同的力量表现。例如，大力射门强调力量的最大化 + 速度性；启动、跳起需要适宜力量 + 速度性；快速变向强调速度性。因此，训练过程中要紧密联系专项特点并依照提升快速力量素质的训练安排。

练习目标：提升快速力量素质，提升爆发力技术表现。

练习内容：最大力量训练、小负荷快速动作练习、射门等爆发力技术重复练习。

练习手段：负重练习、立定跳远等身体练习、专项练习。

练习方法：短时间重复训练法。

练习负荷：练习时间小于 6 秒，负荷强度最大（负重练习要区分练习内容：提升最大力量应采用最大负荷；提升快速力量应采用 50% 的最大负荷）。

其他说明：负重练习作为一般练习手段，能够提升最大力量，亦可提升快速力量。练习最大力量时，负荷应达到极限强度（最大负荷），每组做一次即可，充分休息后，再进行下一次练习，循环练习 5 组，注意练习过程中要始终具有安全防护措施，间歇休息要充分。练习快速力量时，负荷应控制在最大负荷的 50% 以下，连续练习 5 次左右，每次练习过程中都要进行快速爆发力练习。负荷与次数应按反比规则进行调整，如 40% 最大负荷连续练习 6 次或 30% 最大负荷练习 7 次，每组练习后需充分休息，一般可安排 3~5 组。

身体练习：通常采用克服自身体重的方式做爆发力练习，如连续立定跳远、跳台阶、蹲起跳等发展腿部快速力量的练习，提升与足球专项密切相关的力量素质。一般来说，负荷安排遵循训练时间小于 6 秒，间歇充分后再进行下一次 6 秒的练习，安排 5~8 组，训练中强调受训者应全力练习。

专项练习：可采用不用技术与跑动结合的练习内容进行最大负荷强度的练习，提升快速力量与技术的深度融合，保证在最大力量、适宜力量状态下，专项技术能够以最大速度高质量稳定表现。例如采用绳梯加射门、运球过杆加传球练习，要求快速交替踩踏云梯空当后进行大力射门；采用快速运球变向过杆长传球练习。每次练习时间要小于 6 秒，以使受训者能够尽全力进行；二者可以交替进行，间歇要充分，强调传球射门的力量及准确度。

（三）足球专项速度素质训练

速度素质指人体快速运动的能力，也指人体或人体某一部分快速移动、快速完成动作和对外界信号快速做出运动反应的能力。一般来说，速度素质可分为反应速度、动作速度和移动速度。足球运动中，奔跑的速度、反应判断的时间以及运球过人时运用的假动作都属于速度素质的范畴，因此速度素质是足球专项重要的身体素质之一。

1. 专项反应速度的训练

反应速度是指人体对各种信号刺激（声、光、触）等快速应答的能力。反映这种应答能力的指标主要为反应时，反应时是指从给予运动员信号刺激到运动员开始产生动作为止的时间，由感觉时（接受刺激）、决定时（思维时）组成，反映人的大脑皮质中枢神经系统的反应能力。反应速度取决于运动员的感知觉能力，即接收信号的能力；对信号的选择分析能力；信号沿反射弧传递的速度；肌肉应答性收缩的速度和能力四个方面。各个影响因素均与信号密切相关，而且必须由信号启动。因此，信号刺激法是提高反应速度的基本训练方法。

足球运动中，判断来球方向及落点，快速反应并移动到适当的位置，选择恰当的方式进行抢点，都是反应速度的体现。当来球在空中移动的过程中，运动员的视觉首先接受刺激（感觉时），通过中枢神经系统判断，迅速做出移动反应（决定时），继而抢点。基于此类反应速度素质的能力在足球场上还有很多，例如运球过程中依据防守队员的防守动作做出正确的选择；进攻过程中依据身后跑步的声音或是身体的接触来判断防守队员的距离、位置，继而选择进行方向和路线；防守过程中依据对手传球动作及场上形式，快速反应判断形成绕前防守等。不难看出，足球运动中的信号刺激主要源于视觉，其次为听觉及触觉，因此练习重点应以视觉、听觉、触觉信号刺激反应为主。

练习目标：反应速度素质。

练习内容:视觉刺激反应速度、听觉刺激反应速度、触觉刺激反应速度。

练习手段:注意力练习、转身起动练习、运球变向练习、传球选择练习。

练习方法:短时间重复训练法、变换训练法、信号刺激法(固定信号源单一信号练习、移动信号源单一信号练习、固定信号源选择信号练习、移动信号源选择信号练习)。

练习负荷:负荷较轻,在身体状态清醒、良好的状态下进行小负荷练习,重复次数不宜过多,形式应不断变换。

其他说明:反应速度主要取决于人的感受器(如视觉、听觉、触觉感受器)和其他分析器的特征以及中枢神经系统与神经肌肉之间的协调关系,因此反应速度训练以信号刺激作为开始,以动作完成作为结束,但过程中关注的是从信号出现到动作开始之间的时间。

视觉刺激反应速度,采用运球变向训练手段进行练习,在受训者对面固定位置设一信号旗语,每次举旗,球员即采用变向动作,此方法为固定信号源单一信号练习;同样的手段,当旗语换成两个颜色(红与黄),要求受训者见红色向左变向,见黄色向右变向,此练习方法即为固定信号源选择信号练习;同样练习手段,设2~3名旗语指示者交替横向运动,随意举起一种色旗,受训者无论看见谁举旗,都进行变向运球,此练习即为移动信号源单一信号练习;2~3名旗语指示者交替横向运动,随意选择红黄两种色旗的任意一种,不同时间段交错举旗,受训者同样见红色向左变向,见黄色向右变向,此练习方法即为移动信号源选择信号练习。此练习手段既练习受训者视觉感受器接受刺激时的反应能力,同时又培养了抬头运球的习惯,类似此方法的多种形式均可组织练习,提升视觉刺激反应速度。

听觉刺激反应速度,采用注意力提升训练手段进行练习,让受训者按照教练口令做起跑、原地间转身练习,也可按相反口令做动作进行提升注意力练习。例如,口令"向左转",受训者即最快时间内做向右转的练习,此为固定信号源单一信号练习。采用转身起动练习手段进行练习,让两名队员间隔2~3米面对面站立,其中一名队员听见"偶数"口令后迅速起动追逐另一名队员,另一名队员听到"偶数"口令迅速转身起动加速跑。相反,当听到"奇数"口令时,两名队员角色互换。教练员的口令可直接喊一个数字,也可进行简单"加减乘除"法口令,让队员计算反应,此为固定信号源选择信号练习。采用传球选择训练手段进行练习,通常采用听觉刺激和视觉刺激法进行练习。例如,安排3名准备前插队员,分别身着不同颜色衣服,运球者不能向后观察,当3名前插队员从其身边冲刺跑过时,运球者需依据事先安排好的接球人(衣服颜色),迅速判断其跑动路线并进行传球,循环进行。此为移动信号源选择信号练习。同样,采用相同的训练手段但将衣服颜色忽略,传球人要依据跑动人的声音呼喊进行传球,即练习的是听觉刺激反应速度。

触觉刺激反应速度,采用起动跑或变向跑训练手段进行练习,练习开始前,受训者可面向场地站成一排,背对教练,教练可随机拍打任意一名队员的肩部,该队员立即起动冲刺;也可以于场地中央站一纵队,教练员在队员身后随机拍打队员的左肩或右肩,队员感觉到左边被拍打即向左冲刺,反之向右。此为固定信号源选择信号练习,可提升队员身体被接触的一刻迅速做出反应的能力。

综上所述,反应速度素质的训练须与专项的技术、跑动紧密结合。因为反应速度素质受遗传因素影响较大,单纯提升反应速度效果较小,因此必须与专项结合,将专项动作的熟悉与反应练习结合进行,能够从中枢神经系统与神经肌肉之间协调关系这一角度进行提升。值得注意的是,反应速度素质的训练一般安排在训练课的前半部分,负荷要低,以保证受训者中枢神经系统的兴奋性,提升练习效果。

2. 专项移动速度的训练

移动速度反映了在单位时间里运动员快速移动的能力,在运动实践中常常以通过固定距离所用的时间来表示。移动速度与力量、柔韧性等素质相关,并不完全取决于步长和步频的对应关系,要根据专项特点的不同而有针对性地进行训练。从短跑专项角度来说,其主要发展的移动速度通常从步幅、步频入手,通过柔韧性训练、力量训练及技术动作训练来提升步幅及步频,强调途中跑过程中重心由低向高,增加步幅。对于足球等同场对抗类项群,主要部分还是练习低重心快速移动的能力,因为足球运动并不是直线跑动,而是不规则路线移动速度的体现,因此,移动速度素质练习应紧密结合专项进行训练。

足球运动中,进攻与防守中的无球跑动,形成突破后的运球快速推进等过程都是移动速度素质的体现。无论在无球跑动过程中还是运球突破过程中,其移动速度的特点都是以低重心快步频为主,能够保证场上急停、转身、变向、抢断等技术动作的有效实施。因此,针对足球专项移动速度素质的训练应以"低重心、快步频"的目标进行设计。

练习目标:提升起跑后短距离冲刺能力。

练习内容:10~30 米冲刺跑。

练习手段:下坡跑、衔接冲刺折返跑、起动跑。

练习方法:减难训练法。

练习负荷:每次练习时间小于 6 秒,最大负荷,次间间歇充分。

其他说明:足球专项移动速度素质与单一结构周期性运动项目有很大的不同,因此训练重点不是力量、柔韧性和跑动技术,而是起动过程中快步频,应积极地与动作速度练习相结合。训练过程的安排可以进行一般素质练习,也可结合专项进行练习,通常练习手段有起动冲刺、下坡跑、衔接冲刺折返跑等。其重点要求一是频率要快,重心要低;二是跑动中随时急停变向再冲刺。练习负荷不宜过大,以单纯提升短距离冲刺能力为目标,无论下坡跑还是起动跑,练习过程中的次间间歇都要保证相对充分,保证磷酸原系统供能基本恢复。

3. 专项动作速度的训练

动作速度是指人体完成单个或成套动作的速度,是技术动作不可缺少的要素。动作速度主要表现在人体各个环节完成各种单个和成套组合的伸展、屈伸和踢摆等动作的快慢,以及在单位时间里连续完成单个动作时重复次数的多少,也称动作频率。因而动作速度又分成"单个动作速度""成套动作速度"及"动作频率"三个亚类。

足球运动中,运动员在快速移动过程中所需的快步频,即动作速度素质以动作频率体现。从技术角度来说,进攻队员在运球过程中运用假动作过人,其动作越快,防守队员越难以应对,因此假动作的速度即是动作速度素质在足球专项中的体现;防守队员面对进攻队员的变向突破,需要迅速转身、起动、占位,其转身动作的速度直接影响接下来的防守位置,因此转身速度也是动作速度素质在足球专项中的体现;进攻队员与防守队员同时起脚,尤其"二分之一"球的争夺中,或射门或解围,在反应时间相同的情况下,其摆腿速度决定着最终结果,因此摆腿速度亦是动作速度素质在足球专项中的体现。综上所述,足球运动中,移动速度主要取决于步频,技术动作速度主要体现在单个动作的完成速度,因此专项训练中应着重对步频及单个技术的动作速度进行练习。

练习目标:提升步频,提升单个技术动作的速度。

练习内容:绳梯小步跑、单个技术动作、无球技术动作。

练习手段:绳梯、技术练习。

练习方法:重复训练法、持续训练法。

练习负荷:重复训练法过程中,负荷强度中等,间歇时间要充分,练习时间为 6~30 秒;持续训练法过程中,负荷相对较低,持续时间为 5~10 分钟

其他说明:虽然动作速度主要体现在以技能主导类表现难美性项群之中,但就其在足球比赛中体现次数而言,却在整体速度素质中占主导地位,因此动作速度的训练也是足球专项速度素质训练中的重点。动作速度的主要练习目标是提升冲刺跑速度和单个技术的动作速度,因此练习应瞄准足球移动中所需的高频率以及技术的爆发表现。步频练习可以采用绳梯小步跑等手段,训练负荷按照重复训练法的要求即可。单个技术动作速度的提升方式有二:一是提升爆发表现,二是提升技术动作的熟练度。提升爆发表现可采用重复训练法,与快速力量练习方式相结合,例如进行转身冲刺、大力射门、变向运动等。但在练习过程中应注意负荷应符合"时间短、间歇充分"的要求,且负荷设置要小于以提升快速力量为目的的训练负荷,保证每一次练习都能够充分发挥磷酸原系统的供能能力及快速力量在小负荷状态下的表现。提升技术动作熟练度是不断提高动作速度的另一有效途径,例如运球过人中的左晃右拨动作,只有熟练掌握,才能够快速合理地运用,从而提升动作速度,因此对于单一技术动作的练习,常采用持续训练法,不断提升技术动作的熟练程度。

足球比赛瞬息万变,这就要求运动员不仅要有绝对速度和反应速度,还要具备根据比赛情形突然起动,突然变向等速度素质,即动作速度。足球比赛中所表现出来的动作速度是反应速度和起动速度的结合,也是反应速度和单个技术爆发表现的结合。在足球比赛中的速度素质都是以球和其他运动员的跑动为主要刺激物,根据场上时空特征迅速做出反应继而行动,因此训练过程中将各种速度素质结合起来,模拟专项场景进行训练,也是特别重要的一环,即将分解与完整训练法应用于整个速度素质训练之中。

(四)足球专项灵敏、柔韧、协调素质的训练

灵敏素质是指在变换条件的情况下,运动员能够迅速、准确、协调地改变身体的空间位置和运动方向的能力。灵敏素质是一种复杂的综合素质,是以短促的时间开始,并在精确的时间内,协调、准确地完成种种复杂动作的能力。短促的时间是指从身体姿势发生改变到开始正式动作之前的那一段时间。严格地讲,灵敏素质是运动员运动技能和各种素质在运动活动过程中的综合体现。灵敏素质的发展,有赖于其他素质的发展。反应速度、动作速度、爆发力量、柔韧性等与灵敏素质有着极为密切的关系,例如通过速度,控制身体的移动、躲

闪、变换方向的快慢；通过爆发力量，控制身体的加速或减速；通过柔韧性保证力量、速度的发挥；通过耐力保证持久的工作能力。对足球运动员而言，灵敏素质主要是指根据场上突然出现的情况（如球的移动和对方的行动），迅速而准确地改变自己活动的应变能力；将各项技术巧妙地组合，利用时间差及机体的变向等能力，完成攻守技战术的相互转换，争得比赛场上的主动权。比如，进攻队员在与对手激烈的争夺中为了争时间、抢空间、先人一步，协调地完成高难度的鱼跃头球射门和跃起倒勾射门；防守队员被对手带球突破后立即转身倒地铲球，准确地将球铲给自己的同伴或破坏掉；守门员根据对方的进攻意图迅速做出反应将球截住，等等，这些都是灵敏素质好的反映。所以灵敏素质对动作的技战术效果起着不容忽视的作用。

足球运动是一项身体对抗性很强的运动。现代足球运动已发展到技术愈来愈全面，速度愈来愈快，争夺愈来愈激烈的阶段，对足球运动员的灵敏素质如同速度耐力、力量等素质一样提出了更高要求。现代足球运动员选材都把技术全面、速度快、灵敏性好、具有对抗能力作为主要标准。其中灵敏性又具有更重要的意义，它不但体现在运动员在场上跑位、选点、处理球以及防守上，还体现在运动员将教练员的意图以及全队的战术配合灵活地运用到比赛中去。所以良好的灵敏素质对于一个优秀的足球运动员来说是必不可少的。足球运动员的灵敏素质首先表现在比赛中队员的有球与无球技术动作上，运球、过人、抢截、射门等动作，都要求运动员具有广泛、协调、熟练的灵敏素质。如果能做到这一点，那么在不同的外界条件下（雨天、炎热、草地场、煤渣地、土地场、自然光线、灯光等），在一对一拼抢下，运动员也能在快速跑动中，完成种种技术动作，进行各种姿势的射门（如倒勾、鱼跃头球等）。所以，良好的灵敏素质对于积极有效的竞赛活动是非常重要的。运动员有了良好的灵敏素质，就可以随心所欲地支配自己的运动器官。足球运动员运动能力的发展，取决于他快速、准确地完成动作的能力。

对灵敏素质的训练可以采用程序性灵敏素质训练法，即以固定的场地和形式，要求运动员按照程序进行完成。例如 Illinois 速度灵敏性测试和转身灵敏跑，它是一种可反映速度和灵敏性的综合测试，同时也是一种程序性训练方法和手段。Illinois 速度灵敏性测试包含了起动速度（前 10 m）、冲刺速度（最后 10 m）以及变向灵敏跑等测试形式，转身灵敏跑则包含着足球比赛中大部分的跑动形式，如正向跑、侧向跑以及倒退跑等。二者都比较好地反映了足球比赛的跑动形式，可以对足球运动员的速度和灵敏性做出综合的评价，比较广泛地应用在足球运动员专项体能评价中。灵敏素质的训练也可采用随机性的手段，例如教练于球门前以不固定的方向、力量、高度进行抛球，要求运动员进行抢点射门，即是随机性灵敏素质的训练。

柔韧素质是指人体关节活动幅度以及跨过关节的韧带、肌腱、肌肉、皮肤及其他组织的弹性和伸展的能力。良好的柔韧素质是掌握足球技术的必要条件。具有良好的柔韧素质可以提高机体适应性，促进发展本体知觉；减少肌肉劳损以及肌肉酸痛，并可以预防关节损伤和旧伤复发。柔韧性具有两种不同的类型，即消极型柔韧性和积极型柔韧性。消极型的表现在依靠外界力量（如同伴、体育器械等）的帮助完成动作；而积极型的则表明关节具有很大的活动幅度，运动员可以不依靠外力的帮助来完成动作。消极型的活动时，肌肉的伸长是被动的；积极型的活动时，肌肉在神经中枢的支配下，做主动的收缩。现在普遍认为，柔韧性与肌肉的伸展性有着密切的关系，所以在训练中采用把脚固定在不同的高度，使身体前倾的练习，或者负重使肌肉伸展的练习，对肌肉伸展性有良好的效果。髋关节的韧带、肌腱、肌肉和皮肤的伸展性，神经系统支配骨骼的机能受柔韧素质的影响，正确的、有规律的柔韧素质练习主要可以产生以下三个方面的适应性：增加肌肉牵拉幅度，最重要的作用是通过牵拉反射，刺激机体处于良好状态；通过伸展练习，可使肌肉筋膜耐受较长时间的牵拉；能快速刺激产生关节液和滑膜液，可润滑肌纤维。

综上所述，柔韧训练最重要的练习方法是伸展练习。伸展练习是拉长肌肉的练习，可根据训练目的、个人能力及训练水平的不同而进行不同形式的练习。伸展练习又可分为静力性牵拉、动力性牵拉、主动性练习、被动性练习等，主要通过准备活动中的拉伸、压肩压腿的方式进行，并在比赛中加以运用。发展柔韧素质还需重视时间的安排，通常可安排在热身活动后，或者训练结束后的放松环节。安排热身活动后，应先进行静力性拉伸，然后重点练习动力性拉伸，以符合足球专项运动需要；训练结束后的放松环节，主要以静力性拉伸为主，保证身体放松。同时要保证柔韧素质与力量素质相结合进行练习，避免出现不良转移的出现。

协调素质是指运动员机体不同系统、不同部位、不同器官协同配合完成技术动作的能力，协调能力是形成运动技术的重要基础。运动协调能力是综合的神经机能能力，其表现形式即是运动协调。人体运动协调能力由反应能力、空间定向能力、本体感知能力、节奏能力、平衡能力、动作认知能力等多种要素所构成。足球运动中的协调能力表现在很多方面，如运动员注意力应时刻集中，对不同形式做出快速反应，才能积极地参与比赛；运动员在跳起争抢头球的过程中，需要对空间定向及本体位置有清醒认知，从而能够控制自身，以最好的姿态和动作接触球；在运球过人技术运用中，运动员需要靠节奏的变化进行突破；在防守过程中，运动员要始终保持平衡。因此，协调素质的训练应紧紧围绕足球专项特点进行。

足球专项协调素质可以通过提升反应能力、平衡能力、节奏能力、空间定向能力、时间感知能力、距离感知能力、专门感知能力等方式进行练习。

反应能力：结合反应速度的训练方法。

平衡能力：指人体维持平衡的本领，在足球运动过程当中，平衡能力主要体现在跑动过程当中能够维持身体的平衡。因此训练主要采取与跑动相结合的手段，如后退接变向跑、侧身滑步接转体跑以及身体对抗冲撞（包括空中）练习等。

节奏能力：指运动员在练习过程中，在完成动作的时间和力度上呈现出来的快慢、强弱及有序变化的能力。足球运动中的节奏能力主要表现为步频的变化、动作速度的变换等，因此常选择绳梯进行步频变换练习、结合技术进行技术动作的快慢变换练习等方式。

时间、空间、距离感知能力通常结合抢点射门、抢断球、接球技术等方式进行练习。

运动员协调素质的水平可以从完成动作过程中有无多余动作或动作流畅程度来进行判断，由于协调素质的评定标准难以定量，因此常采用教练员评定的方法进行评价。当然，有时也可以选取一个比较有难度的成套技战术组合让队员进行完成，通过观察队员完成过程中的表现进行评价。

四、身体机能监测

身体机能指人体各内脏器官的工作能力，是体能的生物学基础，人体主要包括心血管系统、呼吸系统、中枢神经系统的机能等。身体机能和身体素质相互影响，身体机能的高低，也决定身体素质的高低，身体机能越好，身体素质就越好，运动成绩越好。同时，身体机能的监测能够为运动健康的保障提供有效参考。在大众健身领域，身体机能监控指标通常以各种心率指标进行衡量，常用指标包括最大心率、安静心率、晨脉、储备心率、心率无氧阈、即时心率。

最大心率：通常作为极限负荷的心率指标，数值为 220 - 年龄。

安静心率：是指在清醒、不活动的安静状态下，每分钟心脏搏动次数。

晨脉：早晨睡醒后，不活动状态下的即时心率。

储备心率：用来表示机体运动过程中心率可增加的范围，数值为最大心率 - 安静心率。

心率无氧阈、乳酸阈：无氧阈指在递增运动负荷中人体内的代谢方式由有氧代谢为主向无氧代谢为主过渡的临界点，心率无氧阈即通过心率来判断有氧与无氧代谢的阈值，用于控制负荷，同时区分有氧及无氧训练负荷。乳酸阈一般用血乳酸值进行评测，力竭运动中，血乳酸从缓慢增长趋势突然过渡至快速上升，其拐点即为乳酸阈，表明酵解能系统开始占主导地位，因此会大量产生乳酸。

即时心率：通常指运动中、运动后立即进行心率测试，通常以 5 秒心率 ×12 进行计算。

最大摄氧量：主要用于评价氧化能系统的有氧供能能力，分为直接测试值和间接测试值。直接测试主要通过跑台、功率自行车等设备的负荷设定，配合心率及呼吸等相关指标进行直接测量；间接测试可采用心率测试、步行体能测试及 12 分钟跑测试等。

心率测试：$V_{O_2max} = 15 \times (HR_{max} / HR_{rest})$（毫升 /（千克 / 分钟））

12 分钟跑测试：V_{O_2max} =（22.35× 距离（千米））– 11.29；（距离（米）– 504.9）/44.73

心率是评判极限负荷的标准，通常超过 90% 最大心率对应极限负荷，主要用于发展乳酸无氧耐力及非乳酸无氧耐力；85%~90% 最大心率对应大负荷，主要用于发展乳酸无氧耐力；75%~85% 最大心率对应中等负荷，主要用于有氧耐力及混氧耐力；65%~75% 最大心率对应适宜负荷，常用于健身领域的有氧耐力训练。晨脉用于评价阶段性训练强度是否符合机体需要，一般情况下晨脉是稳定的，当出现不稳定状态时，应考虑过度疲劳等现象的发生。心率无氧阈的测试主要通过监测运动过程中即时心率，找出其快速上升后转向平稳上升的拐点，即为无氧阈心率。

运动训练对心脏的作用大致分为两种：一是可以改善心率变化，二是可以增强心肌力量。心率是反映心脏功能的指标，运动对心脏功能造成的影响可以通过心率的变化来进行判断，人体运动对循环功能的主要影响是使血流量增加，使各组织器官的血流量重新分配，特别是使骨骼肌的血流量迅速增加，以满足其代谢增强时的能量需求。安静心率的变化能间接反映心血管的功能状况。运动员尤其是耐力型运动员经过长期训练会在安静时出现心动过缓。安静心率低，说明心脏功能强、潜力大、心脏容积大、收缩力强、每搏输出量多，而心脏每次收缩后有一个较长时间的舒张期，可以使心脏得到充分休息，有效防止心脏过度疲劳，形成一种自然防御机制。关于运动员安静时心动过缓的原因，有学者研究提示长时间、高强度训练导致的适应性迷走神经张力高，可能是基础心率减慢的主要原因，故运动员显著性心动过缓特别是窦性心动过缓多为正常适应性现象。安静心率逐渐减慢，不仅与运动员训练强度有关，而且与训练持续的时间有关。

无氧阈（AT）是人体在运动强度递增时，由有氧供能到开始大量动用无氧代谢供能的临界点，尽管关于无氧阈有很多不同的观点，但无氧阈已经被广泛应用于训练实践及训练效果评价，是评定运动员有氧代谢能力的重要指标之一。心率无氧阈的定义：受试者的运动在由小强度开始逐渐加大强度的过程中，心率随运动强度呈线性增加，当强度增加到一定水平后，随着运动强度的增加，心率的增加出现非线性变化并出现平台趋势，此时将心率开始呈非线性增长的点称为心率无氧阈。由于用心率法测定无氧阈无创伤、简单、方便且重复性好，已在一定范围内应用。

提高无氧阈的生理基础首先是肌肉内无氧酵解供能能力的提高，其次是消除乳酸能力的提高。乳酸是一种强酸，从肌肉产生后迅速进入血液，血液中有多种缓冲物质，能中和进入血的乳酸，使血液的酸碱度改变甚少。缓冲物质中的碳酸氢钠是最重要的一种化合物，称为“碱储备”。经常进行无氧训练的运动员对乳酸的缓冲能力较强。影响无氧阈的另一个因素就是脑细胞对血液酸碱度变化的耐受能力。经常进行无氧训练的运动员，他们脑细胞的酸碱度耐受能力得到提高。肌肉中无氧酵解的供能能力、血液对乳酸的缓冲能力及脑细胞耐受“酸”的能力，是决定无氧耐力的三个因素。假如通过训练改善了其中之一，必然会提高运动员的无氧阈。

运动员的有氧能力不仅取决于最大摄氧量，也与无氧阈有密切的关系，因为最大摄氧量只反映氧的摄入能力，而无氧阈则更能精确地反映骨骼肌对氧的利用能力。当前，根据研究成果可以肯定，与最大摄氧量这个指标比较，无氧阈更能反映人体的有氧工作能力。实际上任何人在任何情况下都不可能达到最大摄氧量以后才开始转向无氧代谢。所以，确定和测定这个转向的临界点即无氧阈是非常有意义的。从实验结果看，两组队员实验后所测得的心率无氧阈与实验前相比，均有所提高，说明两种训练方法对运动员的心率无氧阈的提升都具有一定的作用。

血乳酸是运动训练中研究较早的指标，也是现代运动训练科学化应用最广泛的指标之一。血乳酸是制定训练方法，掌握适宜的运动强度，评定运动员身体有氧代谢和无氧代谢的主要指标。

血乳酸是酵解能系统供能时的代谢尾产物，当人体运动时，体内的糖储备进行分解，1 mol 的糖完全氧化产生 38~39 mol 的 ATP，途径是进入三羧酸循环，产物是水和二氧化碳。当供氧不足时，糖代谢进入另一条途径——无氧酵解，在糖酵解的过程中不断产生丙酮酸。丙酮酸主要的代谢途径是进入线粒体进行三羧酸循环中氧化；此外经过乳酸脱氢酶的催化转变为乳酸，运动时肌细胞内丙酮酸生成增多，根据质量作用定律其中必有一部分丙酮酸生成乳酸。另外，在进行较大强度运动时，糖酵解速度加快，丙酮酸生成速率大大增加，如果丙酮酸的生成速率已超过线粒体的代谢能力，大量丙酮酸必然由乳酸脱氢酶催化转化为乳酸，这时肌细胞内乳酸生成的速率增加得相当快，而且和运动强度正相关，所产生的副产品乳酸可导致肌肉疲劳。

在无氧运动的供能系统中，最重要的是乳酸能系统。乳酸能系统使肌糖原或葡萄糖在无氧分解过程中再合成 ATP，也称无氧糖酵解系统，它是机体处于氧供不足时的主要功能系统。依靠乳酸能系统支持的供能时间大约为 33 秒。在运动的初期，人体对能量的需求增加，肌肉不得不通过糖酵解作用产生乳酸的方式来迅速产生能量，此时血乳酸的浓度即会显著上升。血乳酸水平是衡量乳酸能系统能力的最常用的指标，专门的无氧训练能提高人体乳酸能系统供能能力。在完成短时间的极量运动后，训练水平高者的血乳酸水平要比训练水平低者高些，这种现象和训练水平高的运动员的肌肉中肌糖原含量较高，从而提高了动用水平有关。

乳酸能系统供能能力的重要意义是在氧供应不足时，仍能快速供能以应付身体的急需。那么对有氧运动又有何影响？有氧运动与无氧运动都涉及能量物质——糖。在有氧运动中也常常伴随无氧运动，必然会有乳酸的产生，乳酸也会影响人体的有氧运动。我们可以用运动后乳酸消除的速度来评价运动员的有氧能力。人体内乳酸转换有 3 条途径：在骨骼肌、心肌等组织内氧化成二氧化碳和水；在肝和骨骼肌内重新合成葡萄糖和糖元；在肝内合成脂肪丙氨酸等。乳酸清除的生物学意义在于乳酸在快肌纤维处生成后，转移到临近的慢肌纤维处进行氧化；通过糖的异生作用转变为葡萄糖，用以维持血糖水平；肌乳酸不断释放进入血液，可以改善肌细胞内环境和维持糖酵解的供能速率。血乳酸清除的反应需 15~20 分钟，恢复到安静水平则需 30 分钟左右，体能高者比体能低者恢复快。因此，可测定运动后乳酸半时反应的消除率来评定运动员的有氧耐力水平。由于在运动后 4 分钟内，个体的血乳酸最大值出现的时间不尽相同，因此采用运动后 4 分钟的血乳酸平均值与 20 分钟的血乳酸值相比较，获得乳酸的消除率并用来评定运动员的有氧代谢能力。

最大摄氧量指人体在极限的肌肉活动下，呼吸、循环功能达到最高水平时，单位时间内所摄取和利用的最大氧量。最大摄氧量可用于综合判断人的体质状况和运动能力，它是衡量有氧耐力的重要指标之一，目前已广泛应用于评定运动员的运动训练程度。

最大摄氧量的生理基础主要与运动员的呼吸功能、肺换气（肺泡和血液间气体交换）、血液循环功能、组织换气（组织与血液间的气体交换）以及肌组织的有氧代谢机能有关。从呼吸系统看，如果肺通气量大，相应吸入体内的氧必然多。吸入体内的氧量还与呼吸频率和呼吸深度的匹配有关。如果两个人有同样的肺通气量，呼吸深度更大、频率更低者，吸进肺内的新鲜空气更多，气体交换后进入体内的氧量也就更多。所以，一个运动员经过训练，呼吸机能提高而且掌握了运动时加深呼吸的方法，就有助于提高最大摄氧量。肺泡与血液间的气体交换是运动员运动时由于深吸气导致肺泡膜变薄，肺毛细血管大量开放及肺泡与静脉血间氧分压差增大，从而使吸入肺泡中的氧弥散到血液中去。血液中红细胞所含的血红蛋白负责执行氧运输任务，因此血红蛋白的数量也是影响最大摄氧量的一个因素。单位时间内血液循环的速度越快,血液中所含的血红蛋白越多,其运输氧的任务就会完成得越好,从另一方面说,心脏功能也是影响最大摄氧量的十分重要的因素。再者,血液向肌组织弥散与肌肉内毛细血管网开放数量及毛细血管与组织氧分压差有密切关系。运动时,由于舒血管物质及局部温度升高,使活动肌肉中的毛细血管网进一步扩张,从而将左心室泵出的大部分血量分配到活动的肌肉中,使局部血流量大大增加。肌组织进行有氧代谢的机能直接影响肌组织利用氧的能力(即氧利用率),若肌肉组织有氧代谢能力强,可加大动静脉氧差,从而增大最大摄氧量。

第二节 足球运动的技术训练

运动技术即完成体育动作的方法,是运动员竞技能力水平的重要决定因素。

各种运动项目中的各种动作,都有着符合人体运动力学基本原理的标准技术及规范的技术要求;但对每名运动员来说,又必须依据个体的生理学特点,选择和掌握具有个人特征的运动技术,才能更为有效地参与运动竞技。运动技术由动作要素和技术结构组成。

动作要素包括身体姿势、动作轨迹、动作时间、动作速度、动作速率、动作力量和动作节奏等,分别介绍如下。

①身体姿势:在动作过程中,身体或身体各部分所处的状态及身体各部位在空间中的位置关系,可分为开始姿势、动作进行过程中的姿势和结束姿势。

②动作轨迹:在做动作时,身体或身体某部分所移动的路线,包括轨迹形状(直线、曲线、弧线等)、轨迹方向(前、后、左、右、上、下 6 个基本方向及各种旋转与环绕等)和轨迹幅度(长度、角度)。

③动作时间:完成动作所需要的时间,包括完成动作的总时间(完成动作所需的全部时间)和各个部分的操作时间(完成动作的某一环节所需要的时间)。

④动作速度:在单位时间里身体或身体某部分移动的距离,包括平均速度、瞬时速度、初速度、末速度、角速度等。

⑤动作力量:在完成动作时,身体或身体某部分克服阻力所用力的大小,是人体内力和外力相互作用的结果。

⑥动作速率:在单位时间内重复同一动作的次数。

⑦动作节奏:在完成动作过程中的时间特征,包括用力的大小、时间间隔的长短、动作幅度的大小及动作节奏的快慢等。

技术结构包括动作基本结构和技术组合两层含义,分别介绍如下。

①动作基本结构由动作基本环节和环节之间的顺序构成,亦称技术的微观结构。改善动作基本结构可从改善动作基本环节、改善环节间顺序两个方面进行。

②技术组合是由若干独立的技术动作联结组成的集合,如“左晃右拨”“运球射门”等。

足球技术的学习与训练,应从动作要素和技术结构两个方面开展,目的是掌握足球技术动作的构成及组合,明确其基本技术与实战技术。

一、足球技术概述

足球技术是运动员在足球比赛中所采用的合理动作的总称，它是在比赛实践中逐步形成、发展和完善起来的。足球运动是技战能主导类项群运动，其技术在比赛中有着极其特殊的地位，是进行足球运动的基础，是完成战术配合的前提。

（一）足球技术特征

现代足球的竞争性不断提升，各队的战术创新层出不穷，比赛攻防转换的节奏不断加快，对抗程度不断增强，技术展示空间不断缩小，这就要求在具备基本技术的前提下，通过与体能、战术等方面有机融合，达到最终的竞技目标。因此，足球技术绝不仅仅是基本技术，它还具有与战术目的相结合、与体能相结合、与位置相结合及与即兴表演相结合的基本特征。

1. 足球技术与场上形式、战术目的相结合

足球比赛是 11 人共同配合完成目标的一种群体项目，运动员需要在对抗的状态下完成射门得分和防守抢断的目标，一个人无论具有多么娴熟的技术，都不可能对抗对方 11 个人的防守，因此必须与队友相互配合，共同找到突破口，完成既定目标。在此过程中，不同位置的队员依据同伴的位置和场上的时空特征，合理地运用传球、运球、接球、射门等技术与队友配合，完成战术布置，最终取得理想效果。例如，一名球员在边路得球后，他可以选择运球突破下底，也可选择传球，如脚内侧传低平球、脚背内侧长传球等；还要选择传球的方向，如向底线传、向中路传、回传等。那么他在这种情况下就需要依据场上的形式（如队员的跑位、防守的空当等）和战术目的（如边路进攻、中路渗透或是控制比赛节奏等），综合地选择技术的应用、传球的方向，甚至在接球前就应做出决断，从而有效选择合适的接球技术。因此，现代足球技术必须与场上形式和战术目的相结合，也就是更注重技术的实战性应用。

2. 足球技术与体能相结合

技术的运用离不开体能，足球比赛本身就是动态过程，运动员需要在不断的跑动、不断的拼抢中施展技术，因此需要将技术与耐力素质相结合，以耐力素质为基础才能发挥技术的全部功效。足球技术在运用过程中，不可避免地需要与力量相结合，如选择传球的力量、冲撞过程中运用技术等。足球技术与速度相结合，会产生动作速度（射门过程中摆腿速度）、反应速度（抢点射门、运球过人、绕前防守）等；与灵敏和柔韧素质相结合，会产生灵巧的跑位、灵巧的转身、大幅度的凌空射门等。离开体能的技术只能称为基本技术，仅能满足巩固技术动作的需要，而在运动过程中的技术应用，才是需要重点加强的。

3. 足球技术与位置相结合

现代足球运动中位置属性越来越被削弱，边后卫经常需要前插参与进攻，中后卫时常参与到任意球进攻中，前锋队员需要进行回防。因此，在对足球技术的训练过程中，要强调以位置为基础全面发展。例如，后卫的重要基础技术是抢断球技术，在此基础上还应发展传球、头球射门技术；中场队员需要承担防守、组织进攻和射门的任务，因此应该全面掌握各种技术；前锋以射门、运球为基础技术，还要发展抢断球技术等。

4. 足球技术与即兴表演相结合

足球被称为世界第一大运动，其技术的超长发挥和即兴表演使足球赛事观赏性提升，同时一些即兴表演时的技术发挥能够起到意想不到的效果。例如，接球过程中球运行到了自己的身后，一些队员就会采用“倒挂金钩”式的射门，由于守门员和防守队员反应不及时，往往达到出奇制胜的效果；此外，凌空抽射、花式停球、彩虹过人等，都会在比赛中出现。足球运动员的即兴表演是指在娴熟掌握足球技术的基础上，依据球的时空特征做出出其不意的动作，并在一刹那的时间内表现出来。

（二）足球技术分类

足球运动是一项技术动作复杂的运动项目，其在运动中和比赛中，运动员需要将技术与现实状态紧密结合，无论是传球、运球还是头球、射门，其动作要素甚至是技术结构都不同，因此在固定精确技术的基础上还会衍生出不同的技术表现形式。基于此，足球技术可分为基本技术和实战技术两大类。

（1）足球运动的基本技术是指通过身体合理部位接触球、处理球的标准动作。一般而言，足球的基本技术主要包括踢球、接停球、运球、头顶头、抢断球、掷界外球等。基本技术属于多元动作结构的固定组合，一般可通过分解与完整训练法、重复训练法和持续训练法进行学习及训练。基本技术强调的是动作的准确性、熟练性，练习过程中主要强调身体姿势、动作轨迹、动作节奏，注重动作的基本结构。

（2）足球运动的实战技术是在运动中依据场上形式、队员位置、时空特征等外部因素，合理选择的技术和技术组合，并能在一定程度上进行动作变异，改变表现形式。实战技术主要包括移动中传接球技术、运球过人技术、抢断球技术和不同状态下的射门技术等。不同状态下的射门技术包括定位球射门技术、移动中射门技术、抢点射门技术等，它属于多元动作结构的变异组合，一般通过与体能、战术相结合进行训练。实战技术强调的是动作的应用性和变异性，练习过程中主要强调动作时间、动作速度、动作力量、动作速率，注重技术组合。

此外，根据球员在场上的位置，足球技术可分为锋卫队员技术和守门员技术两大部分；根据动作的结构又可分为一元技术、二元组合技术、三元组合技术和四元组合技术。但无论怎么分类，足球技术都没有脱离基本技术和实战技术的总体范畴，本质上都是基本技术和实战技术的表现形式。值得注意的是，足球技术还涉及无球跑动技术和处理球组成，无球跑动技术也是技术的一种，但其技术动作没有固定的表现形式，通常在体能训练或者战术训练的过程中加以练习，因此也就没有将其归于足球技术之中。

二、足球运动基本技术

（一）颠球

颠球是指运动员用身体的各个有效部位连续地触击球，控制球并尽量使球不落地的一种触球方式。颠球虽然具备动作要素和技术结构，但是其并不强调动作的标准程度，它是运动员熟悉球性的一种练习手段，可增强对球的弹性、重量、旋转，及触球部位、击球时用力轻重的感觉，为足球技术的练习奠定基础。

颠球时可以用除手臂外的身体各个部位进行触球，目的是使足球不落地。颠球部位一般包括左右脚的脚内侧、脚外侧、脚背，左右大腿，左右肩部，胸部，头部，即 12 部位颠球。

1. 脚内侧颠球

大腿外展并前屈，小腿及踝关节内屈并内收，重点是使脚内侧与地面平行，接触球的下部，将球颠起；球位于空中的过程中，身体姿势恢复原位，下落过程中重复上述动作。脚内侧颠球可单脚连续，也可双脚交替进行。颠球过程不强调腿部屈伸等动作的精准度，强调的是脚内侧接触球的部位，运动员可以根据球的运动方向进行调整。

2. 脚外侧颠球

膝关节屈并外展，大腿内收、保持或稍外展均可，脚外侧尽量与地面保持平行，触球下部，将球颠起。循环过程及强调事项同脚内侧颠球一致。

3. 脚背颠球

髋关节正常屈伸，膝关节协同屈伸，踝关节稍背伸并固定，触球的下部。脚背颠球时，双脚可交替进行。常用的动作轨迹为由后向前向上，以使髋、膝关节能够保持放松状态正常屈伸。

4. 大腿颠球

髋关节屈，膝关节放松，形成抬腿屈膝动作，大腿尽量保证与地面平行，利于控制球在身体周围。用大腿的中部或稍靠前位置触球的下部。

5. 肩部颠球

利用锁骨外端、三角肌和斜方肌上端外侧部进行触球，可通过耸肩或保持肩部固定并利用身体上下运动将球击起，连续进行。

6. 头部颠球

两脚开立，膝盖微屈，用前额部位连续顶球的下部。顶球时，双眼注视球，两臂自然张开，以维持身体平衡。

7. 胸部颠球

身体后仰，双臂自然展开，通过腰腹力量及挺胸动作用胸大肌将球顶起。胸部颠球很难连续进行，常与其他部位结合进行。

（二）踢球

踢球是运动员有目的地用脚的某部位将球击向预定目标或击出当前区域的动作方法，它是组织进攻、变化战术、渗透突破、创造和完成射门的重要手段，也是比赛中应用得最多的一项技术。在足球运动中，踢球主要有 3 种形式：本队配合传递推进，这种技术称为传球技术；将球踢进对方球门，这种技术称为射门技术；将球踢出本区域，这种技术称之为解围技术。其中，射门与传球技术可作为基本技术进行练习，而解围技术则与抢断球技术和实战技术结合得更为紧密。

1. 踢球动作的技术环节分析

踢球的方式不同，其动作要素也不尽相同，但其技术结构却是一致的，都是由助跑、支撑脚站位、踢球腿摆动、脚触球或击球和触击球后的随前动作 5 个环节依次组合构成的。其中，支撑脚站位、踢球腿摆动、脚触球或击球三个环节是技术精确完成的重要环节，其中脚触、击球是踢球技术环节中的重中之重，因为无论何种踢球形式，触、击球环节都不能缺失。例如，在抢点射门过程中，在特殊的时空环境中，有时不需要支撑脚站位这一技术环节，甚至不需要踢球腿摆动环节。

1）助跑

助跑是指运动员踢球前的几步跑动。助跑的重要目的是通过步伐的移动，使支撑脚处在准确位置，同时能够提升踢球腿摆动过程中的速度。助跑的前几步为调整步伐，可用碎步也可正常步伐，但最后一步一定是一个“跳跨步”，从而提升踢球腿的摆动幅度、增加摆动力量、提升动作速度，同时能够进行有效的身体制动，防止身体重心前移。助跑主要有斜线助跑、直线助跑两种方式。斜线助跑是指踢球者、目标足球、目标位置成一条斜线；而在直线助跑中，这三个目标物成一条直线。在基本技术练习中，直线助跑与斜线助跑主要依踢球的部位而确定。

2）支撑脚站位

支撑脚站位对于初学者极为关键，它是决定摆腿幅度、踢球方向、保持重心稳定的重要环节。

支撑脚要指向目标方向，支撑腿弯曲，重心落在支撑脚上，以支撑腿支撑身体全部重量，能够为踢球腿的自由摆动奠定基础；身体要与支撑脚的指向一致，防止侧倾或旋转；两臂自然摆动，辅助维持身体平衡。

支撑脚站位依据踢球方式的不同而不同。一般而言，支撑脚站位决定脚与足球的触碰位置，也就是常说的不同脚法；决定着踢球的力量；决定着踢球的高度。需要注意的是，在足球运动过程中，运动员需要进行一定预判，因为动作实施过程中，球的位置也在改变，因此应按照预期支撑脚站位技术环节完成对球的位置、支撑脚落位位置的选择。

支撑脚站位的方法决定了身体重心的保持及移动，一方面，踏步到支撑这一连续环节中，身体应有效制动；另一方面，在制动过程中，重心还需要配合踢球动作合理移动。

3）踢球腿摆动

踢球腿的摆动是踢球技术的第三环节，它是踢球力量的决定因素。摆动幅度越大、摆动速度越快，踢球力量就越大。依据技术的动作要素，该动作过程是以髋关节为轴，由伸向屈的移动过程；同时以膝关节为轴，由屈向伸的过程。两者是相互联系、相互支撑的，在一定的节奏下完成先后摆动。从动作的基本结构来看，踢球腿摆动可分为大腿摆动和小腿摆动两个基本环节。

（1）大腿摆动。在跳跨步支撑这一关节，跨步越大，踢球腿的相对位置就越靠后，也就是伸展的程度就越大，这就会使接下来的摆动更加充分，摆动距离更长，能够获得更快的动作速度。在大腿向前摆动的过程中，膝关节一直要成屈的状态，从而缩短大腿的摆动半径，提升摆动效率。大腿摆动的幅度越大、速度越快，给予小腿摆动的加速度就越大，从而能提升踢球的力量。

（2）小腿摆动。在大腿由后向前摆动并快要接近球的垂直上方时，小腿由屈迅速向伸转换。该技术动作是以膝关节为轴，在大腿摆动过程中，借助大腿的摆速，小腿继续快速地摆动，在触球一瞬间达到最大摆动速度。因此，踢球力量除取决于肌肉力量，还取决于大小腿摆动的协调和速度。

踢球技术中，大小腿的摆动要依据踢球所需力量大小、时间特征（即能够给予踢球动作完成的时间）进行决定。从射门角度而言，如果距离较远，时间空间环境都较为宽松，一般采用大腿带动小腿摆动的技术；从传球角度而言，在距离较短、防守较为紧迫的状态下，就不再强调大腿的摆动幅度；在抢点射门或是解围过程中，由于时间很短，逼抢很紧，可以忽略大腿的摆动，仅用小腿摆动即可；甚至有时在抢点射门中，大小腿均无须摆动，直接借助球的力量进行射门，也就是将球挡进球门。小腿不摆动这种属于实战中的踢球技术，因此不在基本技术中过多阐述。

4）脚触球或击球

脚触球或击球是踢球技术中最重要的核心要素，是决定出球质量的关键。脚触、击球部位主要包括脚的部位和球的部位。在基本技术中，脚触、击球的部位包括脚内侧、脚背内侧、脚背正面、脚背外侧和脚外侧 5 个部位，而在实战技术中，还包括脚跟部、脚尖、脚底等。球的部位主要包括球的内侧部、中部、外侧部、上部和下部，依据传射需要，有时会触及两个以上部位的结合部，如内侧中下部、中上部等。

一般而言，脚触、击球的部位主要决定球的旋转方向。在球旋转并与空气阻力对抗的过程中，球的行进路线会改变，尤其在空中更为明显，如球顺时针旋转，在空中会出现向外侧的运行弧度；逆时针旋转会出现向内侧运行的弧度；前旋转会出现快速下落的轨迹；向后旋转会在直线范围内形成上下的大弧线，提升球在空中的滞留时间。用脚内侧触、击球时，主要触击球的中部、中上部、中下部；用脚外侧触击球时，主要触击球的内侧；用脚背内侧触击球时，主要触击球的中部和外侧；用脚背外侧触、击球时，主要触击球的内侧；用脚背正面触、击球时，主要触击球的中部。

触击球部位是否准确合理，还影响球运行速度的快慢，通常触击球是利用大腿摆动实施力量传递的，因此在触击球的过程中，踝关节应保持固定，但在部分技术动作中，有时踝关节也需要转动。例如，用脚外侧传球时，在摆腿不充分的情况下，需要踝关节外展改变球的方向和速度。

脚触、击球的过程中，有时并不是与球直线碰撞的，而是加大与球的摩擦。在踢空中向前旋转的球时，需要脚在触击球的一瞬间，从球的中下部向上的方向进行摩擦，触击中下部是为了保证球能够离地并在空中移动，向上摩擦是为了让球速更快并迅速下落；在球门前点用脚内侧后蹭也是基于这个原理，因为球门在自己的侧后方，选择用脚内侧触击球的侧部，同时向前进行摩擦，可以使球进行逆时针旋转并向侧后方的球门运动。

5）随前动作

随前动作是踢球后，踢球腿随着摆动腿继续摆动后的制动过程，是摆腿惯性的表现。它最重的功能是提高对球运行路线的控制，限制加大球的力量。例如，在用脚背内侧踢内弧线球时，有时出现触球方向过于偏向外侧，因此应在随前动作中加上踝关节内旋，以保证球的运球方向。另外,摆动腿摆动得越快,随前动作越大,踢球的力量越大,球速越快。随前动作不是必需的,在小力量传球和射门中,这个动作有时可省略,如在将球挡进球门、脚内侧传球后向后移动的场景中皆是如此。我们经常会看到回传后反身直插,如果回传后还进行随摆,势必会影响转身速度,因此运动员通常选择触击球后迅速转身,省去随前动作。

2. 传球技术动作要领

传球技术是踢球技术的组成部分,它是以队友和场上空当为目标进行的踢球活动。基本的传球技术依据脚触击球这一环节部位的选择,分为脚内侧传球、脚背正面传球、脚背内侧长传球、脚背外侧传球、脚外侧传球。

1)脚内侧传球(又称脚弓传球)

(1)特点。脚内侧传球是用脚的内侧部,由跖趾关节、舟骨、跟骨等所形成的平面,触击球的中部区域。其特点是脚与球接触面积大,出球准确平稳,且易于掌握。但由于踢球腿摆动过程中,要求髋关节外旋外展,需要屈膝,因此摆动速度会受到限制,影响了击球的力量,导致球速相对较慢。

(2)动作要领。

①传定位球。

直线助跑,支撑脚踏在球侧,距离球的距离一般在 15 厘米左右,依据个体脚的大小适当调整,总体而言要在正常摆动踢球时,使脚内侧能舒服地触击球的中部区域。与球前后距离的对比中,依据触球位置的高低选择后与前的关系,但在最前位置脚尖不应超过球的前面横切线;在最后位置,脚尖不应超过球的后面横切线。膝关节微屈,重心落在支撑腿上,躯干尽量避免倾斜,两髋关节正对传球方向,脚趾指向出球方向。

在踢球腿摆动过程中,髋关节适当外旋外展,以髋关节为轴由后向前摆动;同时,踝关节外展、脚尖稍翘,以脚内侧对准球,当大腿摆至接近与球垂直上方时,小腿加速前摆;击球刹那,脚跟前顶,脚型固定,脚底与地面平行,踢球脚与支撑脚成直角。

在触击球的过程中,依据踢空中球或低平球,选择触击球的中下部或中部。

随着踢球腿摆动和触击球的完成,踢球腿自然随前并停止,练习者在初期练习时要保证脚型不变并固定几秒,促进正确脚型的形成,方便观察脚型是否准确。

②传空中球。

移动选位,判断球的落点,选择合适的位置,进行支撑脚站位。支撑脚要站在球的移动侧方,方便踢球腿进行空中踢球。支撑腿弯曲,身体正直或稍后仰倾斜。踢球腿在摆动过程中,应先进行髋关节屈及外旋外展,稍向前摆动即可;膝关节屈,并向前摆动,踝关节固定,以脚内侧部位准备迎击球。依据选择传球的高度,脚内侧触击球的中部区域的上、中或下部位。触击球后,踢球脚自然随前下落。

③传反弹球。

移动选位,判断球的落点,依据球触碰地面的位置选择支撑脚站位。

传低平球时,支撑脚要稍微靠前;传高球时,支撑脚要稍靠后。动作姿势与踢定位球相同。

踢球腿的摆动幅度不必过大，重要的是摆动时机，确保球落地时摆动完成。踢球腿摆动的要领同传定位球基本一致。传反弹球主要是借助来球的速度进行推挡反弹，因此不需要大幅摆动。在球落地的一瞬间，依据传低平或空中球，触击球的中上部或中下部。

自然随前，一般传反弹低平球时，可省略随前动作，以保证踢球时脚的位置不太过靠前。

（3）教学训练过程中的注意事项。

在足球教学训练中，应先进行学习和训练脚内侧传球技术，它是足球运动中最重要的技术，也是应用最多的技术。因此脚内侧传球应作为足球全部技术的基础，一定要将动作定型。在脚内侧传球技术掌握过程中，经常会出现以下问题。

①身体重心落位错误、踢球脚的脚型错误；

②触球部位不准确；

③各关节的旋转不够。

依据问题给予相应的解决措施如下。

①身体重心落位错误主要是最后一个跨步的制动不够，支撑腿用力不够，因此可以采用分解技术动作的固定力量耐力练习，例如做支撑腿站位的静止练习，在静止过程中强调技术细节，包括支撑腿的弯曲，重心落在支撑腿上，身体保持相对正直并含胸，保持动作持续进行，增加腿部力量和支撑身体感觉。在支撑静止过程中踢球腿自然悬空。而后将助跑、支撑腿站位和踢球腿摆动连接起来，在无球状态下进行完整动作练习。

②采用变换动作节奏的方式进行练习，减慢踢球腿的摆动速度，将注意力集中于触球部位；另外可通过持续训练法，通过对墙近距离（20 厘米）踢球的手段进行持续练习，同时提升球感。

③增加柔韧素质练习，在准备活动和课训练结束后进行髋关节和踝关节的静力性拉伸训练。

（4）教学训练程序示例。

在脚内侧传球教学与训练过程中，首先采用示范与讲解教学法，让学生充分理解技术动作的要点；其次采用顺进分解训练法，完成每个技术环节的教学；再次进行递进分解训练，使技术环节相互衔接，并强调各个技术动作的细节；而后采用完整训练法结合持续训练法，通过两人互传的手段进行持续练习，巩固技术动作；最后，循序渐进地进行移动中传球等实战技术能力的应用练习。

2）脚背内侧长传球

（1）特点。脚背内侧长传球是用第一跖骨及跖趾关节部位触击球的传球方法。它一般是长传高空球时采用的技术动作，其脚接触球的面积较大，同时触球过程因击球的外侧部，因此能够使整个脚部从由内至外包裹住球，保证传球的准确性。另外，踢球腿的摆动过程与脚内侧传球不同，不需要过大的旋转，因此摆动幅度大，踢球有力，适用于中远距离传球。

（2）动作要领。

①传定位球。

斜线助跑，起跑位置应使起点、球、目标位三点成 135° 左右夹角；先进行调整步伐，最后一步大跨步。调整步伐的速度对传球力量有影响，尤其是最后几步，速度越快，踢球腿向前摆动的速度越快，但由于动作频率和动作速度的加快，触球部位的精准性也随之下降，因此应从慢速助跑训练开始。在最后的大跨步连接支撑过程中，身体应随支撑脚的指向进行转动。

支撑脚应站在球的侧后方，与球的侧向距离约为 22 厘米，可依据脚的大小适当调整；与球的前后距离以脚尖略超过球后部横切线为宜。支撑脚脚尖指向传球目标，支撑腿弯曲，支撑身体的全部重量，使踢球腿能够随意控制摆动。重心偏向支撑腿方向、身体向后方倾斜，控制向前移动，两臂自然随摆。

踢球腿的摆动以髋关节为轴，由后向前积极摆动，依据股四头肌超等长收缩原理，摆动过程中小腿尽量屈紧，由后向前摆动至接近球的正上方时，小腿爆发式摆动，同时踝关节外旋，脚背绷直。踢球腿摆动过程中，由于人体运动方向有转换，因此踢球摆动方向不是单纯的直线，也不是成角度突然转向，而是缓慢地随身体转向，形成向内的弧形轨迹。

脚触球过程中，膝关节向前顶送，脚趾扣紧斜下指，踝关节稍外旋，脚背内侧触击球的后中下部。使球在空中向前运动过程中自身向后旋转；如果触击球的右侧中下部，则出现空中向前运动过程中向前旋转，球运行路线为向内弧线。

随着身体的旋转，击球过程中触球脚的运动轨迹为由后至前至左，随前动作也随之旋转，落于内侧斜前方 。

②空中球直接传球。

根据来球高度、速度及运行轨迹，进行移动选位。

支撑脚落地支撑，膝关节弯曲，一般用脚内侧传空中球都是向支撑脚方向远端不停球直接传递，因此支撑脚落地过程中指向同侧方，身体向支撑脚一侧、向后倾斜，展腹。

大腿带动小腿沿着“由后—向前—支撑腿方向”的弧线摆动，当大腿与击球点几乎成一直线时，小腿做爆发式摆动，用脚背内侧击球的中部，同时身体向出球方向扭转。

击球后，踢球腿顺势摆动以维持身体平衡。

③传反弹球。

移动选位，判断球的落点，依据球触碰地面的位置选择支撑脚站位。

支撑站位环节与踢空中球类似，但其选择站位依据球落地处，较踢定位球略向后。

踢球腿摆动随支撑脚转向，由后向前向左成小弧线轨迹，大腿摆动带动小腿。注意，踢反弹球的重点是触球时机，大腿摆动越大，其预判难度越大，而踢球的力量又借助反弹的反作用力，因此大腿不强调尽力大幅度摆动，一般选择小幅摆动，以提升触球的准确性。

当球落地弹起一瞬间，触击球的侧后部，使球向支撑脚方向移动。

踢球后踢球腿随弧线及身体转动自然随摆，也可省略随前动作，以保证踢球时脚的位置不太过靠前。

（3）教学训练过程中的注意事项。

足球教学训练中，脚背内侧长传球技术是熟悉球性并掌握脚内侧传球后所应选择学习和训练的第二种传球技术，它是最基本的长传球技术，因此在练习过程中要首先注重技术的准确度，传球的力量应循序渐进地施加。初学者在掌握脚背内侧长传球技术过程中，经常会出现以下问题：

①支撑脚站位错误、重心移动及控制错误；

②小腿屈摆不够，常出现大腿撅球；

③触球部位不准确，常出现靠上或靠外。

依据问题给予相应的解决措施如下。

①初学者由于学习脚内侧传球时产生的惯性思维，因此支撑脚站位一般都会出现太靠近球和靠前，因此以球为参照物，采用助跑加支撑的组合练习，练习过程中要强调大跨步结合支撑，使学生形成大跨步、大预摆时正确站位思维，与脚内侧传球的助跑支撑形成对比。初学者一般无法对重心实施有效制动，主要原因是重心没有落到支撑腿上，同时随前动作后向前移动。在助跑加支撑的组合练习中，强调支撑度，让学生进行支撑后向侧后方倾倒、支撑后定位练习，增强支撑腿支撑感受力度。

②进行原地摆动练习，强调大小腿折叠和爆发摆动，循序渐进地进行原地大摆动踢球练习、完整动作无球练习、完整动作有球练习。

③两人一组，一人踩住球（注意踩球位置应与踢球成反方向，同时踩球脚面不能平行于地面，而应与地面成45°，成“踩、挡”状。），练习者进行反复踢定位球练习，强调触球部位。

（4）教学训练程序示例。

在脚背内侧长传球教学与训练过程中，首先采用示范与讲解教学法，让学生充分理解技术动作的要点；其次采用单纯与递进分解训练相结合的方式，着重练习支撑脚支撑、踢球腿摆动和触击球三个技术环节，先进行无球练习，强调对每个技术环节的掌握；再次进行两人短距离（10~15米）传空中球练习，要求技术动作准确，触球部位准确，传出的球必须离地；循序渐进地进行延长距离加力练习，当掌握基本技术后，再进行空中球直接传和传反弹球练习。推荐采用分解与完整法、持续训练法、重复训练法，脚内侧传球、脚背内侧长传球、颠球的循环练习法。

3）脚背正面传球

（1）特点。脚背正面踢球是用脚背的中心部位触击球的一种方法，俗称正脚背踢球。此技术一般属于射门技术，在传球技术运用中，主要针对正面或侧面目标，距离较长的场景中进行运用。脚背正面传球的脚面触球面较大，摆动幅度大，因此精准性和速度性较强，但其触球路线较为固定，变化相对较小。

（2）动作要领。

①传定位球。

直线助跑，最后一步大跨步，一般而言，传球者、球及目标成一条直线。

支撑脚积极支撑，位于球的侧面10厘米左右，前后距离要依据传球的性质而定。传空中球时，支撑脚靠后，以脚尖略超过球后部横切线为佳；传地平球时，支撑脚靠前，以脚尖略超过球中部横切线为佳。支撑腿弯曲，支撑身体重心。移动重心时，以支撑脚为支撑使重心由后向前移动。

踢球腿摆动的动作轨迹是由后向前的，大腿带动小腿由后向前快速摆动至球正上方。根据传球性质，传空中球时，小腿要提前快速摆动；传地平球时，小腿稍延后进行摆动。

触击球过程中，脚背绷直，脚尖向下，脚趾扣紧，以脚背中心部位触击球的中部或中下部。踢空中球时，触击球的中下部；传地平球时，触击球的中部。

脚背正面传球的随前动作要明显，踢球腿与身体一同向前移动。

②空中球传球。

脚背正面传空中球一般指传侧面半高球。

移动选位，判断球的落点，依据球的空中位置、移动路线和速度选择支撑脚站位。

支撑脚指向侧面，身体随支撑脚指向进行转动，身体侧后倾，支撑脚与击球时球的距离小于腿长度，大于大腿长度。

踢球腿随身体转动，沿"后—侧后向—支撑脚指向"进行摆动，动作轨迹为弧线，从侧身角度来看，是由侧后向前移动。大腿外展，带动小腿快速摆动，触球时小腿爆发摆动。

脚背绷直，用脚背正面触击球的侧面中部。

传球后踢球腿正常随摆落地支撑。

③传反弹球。

移动选位，判断球的落点，依据球触碰地面的位置选择支撑脚站位。

支撑脚站位的位置相较于传定位球时略靠后，重心尽量前移压住球，防止传出的球"见高不见远"。

踢球腿摆动的动作轨迹是一条直线。大腿带动小腿由后向前摆动，借助反弹的反作用力，大腿一般选择小幅摆动，以提升触球的准确性。

当球落地弹起一瞬间，以脚背正面触击球的中部（使传出的球在空中移动）或中上部（地平球），脚尖向下。注意传地平球时，重心前压，脚背也尽力前压。使球向支撑脚方向移动。

踢球后控制踢球腿的前摆幅度，不宜过大，也可省略随前动作。

（3）教学训练过程中的注意事项。

脚背正面传球训练主要强调触球部位为脚背中心，踢球部位为球的中部区域。教学过程中以规范触球部位为重点，从而保证各种方式的传球应用。初学者在掌握脚背正面传球技术的过程中，常常会出现以下问题：

①重心过于靠后；

②触击球的部位不准确；

③传空中球时，摆腿过慢，导致球太过靠近身体，无法发挥力量。

依据问题给予相应的解决措施如下。

①由于脚内侧、脚背内侧传球的支撑制动影响，受训者会无意识地后倾身体，因此每次练习传球时，采用矫枉过正练习法，要求传球后必须向前支撑，待完全理解重心前移的含义后，再进行正常技术动作要求的练习。

②运用减难教学法，不加力量，不要求踢球腿的摆动速度，强调触球部位的准确性，反复

练习。在保证触球部位准确的情况下，循序渐进地加快速度；增加正脚背颠球练习，体会脚背触球的感觉；近距离（10 厘米）进行对墙踢球练习，每次踢后定住，使球处于脚与墙之间。

③三人一组，间距 5 米，先进行抛空中球传球练习，循环进行。同时采用矫枉过正法，要求先用脚尖触击球，而后进行脚背正面触击球练习，最后进行正常的空中球传球练习。

（4）教学训练程序示例。

在脚背正面传球教学与训练过程中，首先进行脚背正面颠球练习，使学生体会脚背正面触球的感觉；其次采用示范与讲解教学法，让学生充分理解技术动作的要点；再次进行摆动触球练习，可近距离对墙进行踢球练习；而后两人一组，持续进行传球练习，由减难开始，逐渐增加力量、速度和距离；当掌握脚背正面传球技术后，再进行传反弹球、空中球传球练习，由易至难，掌握基本技术动作后，进行正常练习。三人一组，A 传定位球给 B，B 传反弹球给 C，C 停球后传定位球给 A，A 传反弹球给 B……依此方式再进行空中球传球练习。可采用循环变换训练法，将三种技术融入一个训练内容中。

4）脚背外侧传球

（1）特点。脚背外侧传球是用第三、四、五趾部位触击球的技术。其技术运用过程中，可以与踝关节的灵活变化进行结合，使踢球腿摆动方向、摆动速度、摆动幅度、触球方向等更加灵活，使出球更加隐蔽，能很好地应用于实战。这种技术由于方式灵活，因此也最难掌握，传球的准确性也不如其他技术。

（2）动作要领。

①传定位球。

助跑与脚背正面传球基本相同。

支撑脚站位的动作姿势与脚背正面传球基本相同，但横向距离稍大，须留出摆动及触球空间，一般为 30~35 厘米，相当于脚的长度。

踢球腿摆动尽量大幅度高速，动作轨迹与脚背正面传球基本一致，可随触球方向略微内收或外展。

触击球时以脚背外侧部与球的内侧中部及中下部结合，如需传空中球，触球部分尽量向下，同传地平球相反。脚背绷直，踝关节略内收。

随摆动方向正常进行随摆。

②传反弹球。

传反弹球的动作要领与脚背正面传球技术类似，但支撑脚与球的横向距离可以适当增大，身体重心随增大的距离进行调整，如反弹落点离身体较远，则身体重心向侧前方移动，利用小腿摆动弹击球；如反弹落点离身体较近，则身体重心向前移动即可。注意脚背外侧传反弹球主要传向踢球腿一侧的侧方或侧前方。触击球时，脚、踝关节及胫骨下端应尽量包裹住球。

③传外弧线球。

稍斜线助跑，传球者、球和最终目标方向成 160°~170° 角，角度随弧线的大小进行调整，弧线越大，角度越小；弧线越小，角度越大。

支撑脚站位与传定位球相同，但支撑脚指向略偏于目标，球会以弧线的方式到达目标。

摆动腿由后向前摆动，大腿带动小腿摆动，注意摆动的指向并非最终目标点，而是与支撑脚方向相同。

触击球的过程中，用脚的外侧部击球的内侧中下部，脚背绷直略内扣，与球接触后使球顺时针旋转。

触击球后随摆动方向进行缓冲。

（3）教学训练过程中的注意事项。

脚背外侧传球的支撑脚站位更远，对于学习过脚内侧、脚背正面传球等技术的学生来说，会有些许不适，造成支撑脚站位错误，继而导致触球部位不准确。因此，初学者在学习脚背外侧传球技术过程中，经常会出现以下问题。

①支撑脚站位离球过近，导致触击球部位过于接近球的中部；

②触击球中，触球部位不准，常过于“薄”，导致球向前的速度不够；

③摆腿时髋关节内转或直腿击球，击球发力不足。

依据问题给予相应的解决措施如下。

①每个人寻找最佳发力摆动姿势，据此定位球和脚的点位，两点标记并反复地进行支撑脚站位练习，形成脚背外侧传球支撑脚的落地距离感觉记忆，再循序渐进过渡到完整动作练习。

②重点讲解用脚“包住球”的概念，并让学生体会；斜面对墙，短距离对墙踢球；两人一组，一人踩球将球定位，另一人做出击球练习，体会触球部位。

③强化踢球腿充分摆动；强化摆动过程中的动作轨迹由前向后；采用限制法，利用弹力带的方式，使学生专注于关节正确用力。

（4）教学训练程序示例。

首先进行触球部位强化练习，可短距离对墙踢球，也可采用踩球方式进行；其次进行技术动作的讲解，注重动作轨迹、触球部位的讲解与示范；再次进行短距离传地平球练习；而后进行长距离传球练习，依次进行定位球、反弹球、弧线球的练习。

5）脚外侧传球

（1）特点。脚外侧传球是用第五趾外侧部位触击球的技术。运动员通常在身体向前的情况下使用该技术将球横传给踢球腿一侧的队员。该技术可以通过踝关节的旋转将球拨出，省去大腿摆动，小腿摆动幅度相对较小，因此具有出球快、出球隐蔽等特点。但其缺点主要是力量较小。实战中，在支撑脚无法转向、前方及支撑脚一侧遭到逼抢的情况下，可以采用脚外侧传球技术。

（2）动作要领。

①传定位球。

由于脚外侧传球过程中，大小腿无须大幅摆动，因此助跑形式比较灵活，运动员可以直线、斜线助跑，还可以横向移动助跑。

脚外侧传球一般属于横向传球，支撑脚站位相对灵活，脚尖向前或向触球方向倾斜都可，脚的长轴与球的横切线夹角可在 70°~90° 之间，依据传球角度进行调整。脚与球的距离为 40 厘米左右，可以通过髋关节的内收外展进行调整。支撑脚在球的前部横切线后，最远可在后部切线 30 厘米处，运动员可依据支撑腿的弯曲程度、重心的移动以及腿的长短进行调整。支撑脚站位的最重要的作用是控制重心的移动。对于脚外侧传球，一般而言重心向踢球腿一侧倾斜，这点与其他传球方式不同。

踢球腿摆动的幅度较小，动作为大小腿由内收至外展，同时小腿由屈至伸。在此过程中，小腿与踝关节进行由内旋到外旋的动作。

用脚外侧触击球的侧面中部或中下部，击球时借助小腿带动踝关节外旋产生力量。

由于大小腿摆动幅度较小，加之重心的倾斜，因此踢球后踢球腿自然落地支撑。

②传反弹球。

助跑移动与脚背外侧传反弹球时相同，支撑脚站位在球落点的侧方或侧后方，重心向落点移动。大小腿自然前摆，小腿及踝关节内旋至外旋，小腿微屈伸。当球落地反弹一瞬间，击球的外侧中部，向踢球腿外侧或侧前方传球后，踢球腿落地支撑。

③空中球传球。

助跑与脚外侧其他传球方式的要求一致，可灵活选择。

支撑脚的站位较传反弹球时更加靠前，球的触击点（在空中）控制在身侧方至侧前方 40 厘米左右处，重心依据来球方向、速度等要素可随意移动。

踢球腿大腿前伸抬起，膝关节外展，踝关节外旋。

用脚外侧部触击球的内侧部。

传球后依据需要和重心移动正常落地支撑。

（3）教学训练过程中的注意事项。

脚外侧传球的重点是踢球腿摆动的方式，因此应将其作为重点进行练习。另外其重心移动与其他传球方式亦不相同，应结合重心移动练习脚外侧击球。在练习过程中，经常出现以下问题。

①习惯性大腿摆动，小腿及脚踝没有旋转，造成传球不协调，动作过于夸张。

②支撑脚站位中重心不会移动，动作过于僵硬。

依据问题给予相应的解决措施如下。

①省略助跑，原地进行小腿屈伸加踝关节旋转练习，并结合球进行练习，体会旋转发力的过程。

②安排传球后向侧面移动、向后移动、向前移动练习，通过强化不同方向练习，提升重心控制水平。

脚外侧传球的关键是利用踝关节旋转发力，因此常进行原地踢球练习。

（4）教学训练程序示例。

首先进行示范与讲解，让学生体会技术动作的细节和重点；其次进行原地无球摆腿练习，强调各关节的屈伸和旋转；再次进行原地有球练习，两人相距 10 米，侧面相对，进行脚外侧传球练习；最后进行助跑加传球练习。在定位传球掌握后，逐步进行传反弹球和空中球传球的练习。

3. 射门技术动作要领

1)射门技术及其分类

射门技术是踢球技术的一个分支，是以球门为固定目标，通过合理的力量以踢球、头球、铲球等方式，以合理的速度、角度和高度使球运动到对方的球门中的技术。射门是足球进攻的最终目的，也是决定比赛胜负的关键。射门的种类很多，依据射门时的触球部位，可分为脚内侧射门、脚背正面射门、脚背内侧射门、头球射门等；依据球的路线，分为地平球射门、空中球射门、弧线球射门等；依据射门时的动作特点，可分为运球射门、定位球射门、抢点射门等。但在基本技术中，射门主要练习的是单个技术动作，也就是混合性固定组合技术动作。综上所述，基本的射门技术主要包括脚内侧推射、脚背正面抽射、脚背内侧弧线射门、脚背外侧弧线射门、头球射门。

2)射门技术要领

(1)脚内侧推射。

脚内侧推射与脚内侧传球的技术要领基本相同，动作结构中同样具有五个技术环节，但每个技术环节的细节略有不同。脚内侧推射因其力量较小，准度较高，因此针对短距离进行角度射是关键。助跑相对要灵活，因为其射门的目标指向越不明显，对方防守的难度就越大，因此常摒弃直线助跑而采用斜线助跑，即助跑起始位、球和最终目标位三者不成一条直线，使对方难以判断射门路线。助跑最后一步一定是一个大跨步，使踢球腿留在身后，形成超等长收缩，获得更大的力量。支撑脚的指向也不过多强调，通过踢球脚的踝关节的外旋掌控方向，可以大于 90°。有时可采用踝关节稍微外旋搓击球的外侧部的方式射门。踢球腿摆动幅度大，在触球的一瞬间，使脚内侧面对目标方向踢击球。在此过程中，重心不可上下起伏过大。

(2)脚背正面抽射。

脚背正面抽射是以最大的力量完成脚背正面踢球动作的一种射门方式，其动作结构、动作要领与脚背正面踢球技术基本一致。选择直线助跑或斜线助跑均可，最后一步要大，大腿带动小腿摆动要充分，小腿要爆发式抽击球的中部。为了避免踢高，身体重心要向前移动，压在球上，踢击后自然随前。在此过程中，要保持对重心的控制，尽量避免跳起。

③脚背内侧弧线射门。

斜线助跑，最后跨一大步，重心向支撑腿一侧倾倒，支撑脚站于球侧，大腿带动小腿由后向侧前方摆动，用脚背内侧踢击球的外侧中下部，使球逆时针旋转。踢击过程中，踝关节微伸并锁紧；同时踢击球后至随前过程中，踝关节内旋，形成类似于包裹住球的效果，使出球方向不至于太过向外。随前动作类似于在身前画一弧线。

④脚背外侧弧线射门。

斜线助跑，最后跨一大步，支撑脚离球横向距离稍大，给踢球腿摆动留出空间。大腿带动小腿快速向稍内侧摆动，小腿摆动要有爆发性，踢球脚背屈，踝关节内收稍内旋，以脚背外侧部踢击球的内侧中部，踢击后提膝缓冲。

⑤头球射门。

头球射门是以头部前额正面和侧面碰击球的一种射门方式，一般可分为正面头球射门和侧面头球射门，有时还会应用鱼跃冲顶。但无论如何，其主要触球部位是前额，因此基本技术中主要进行前额部位头球射门练习。依据来球落点，判断自己起跳高度能够与球的运动轨迹重合，助跑并在合适的位置起跳展腹，颈关节初始相对固定，面对来球，快速收腹向球门方向碰击来球，使球向球门方向运动。头球的力量主要依靠的是腰腹，颈关节的活动主要控制球的角度和高度。有时可以侧向球门面对来球，通过腰腹侧展侧收以及转头的方式，用前额侧面碰击球，使球向球门运动。

3）射门技术训练

射门技术训练一般在熟练掌握踢球技术后才开始进行，训练方法一般为有球重复练习，训练手段应先采用定位球练习，再采用自己运球（触球一次）接射门。射门技术的关键是在快速动作中依然能够精准地运用技术，精准地触击球的相关部位，以此可以循序渐进地增加力量，以强调技术细节为特点。另外，射门训练应结合身体素质训练开展，从素质分类角度看，射门主要需要快速力量和动作速度，因此可以进行相应的专项练习。例如，将弹力带绑于脚踝，给予一定的强度，进行大腿带动小腿的摆动练习，提高摆动速度；通过连续立定跳远等一般素质训练，提升快速力量。射门技术训练应采用大强度小量的方式，强调力量和技术细节，避免持续训练造成疲劳，影响上述两个环节。

（三）接球

1. 接球动作的技术环节分析

接球是指运动员在迎接本方队员传球、对方解围球或是截断对方传球的过程中，用身体的头、肩、胸、大腿、脚部等合理部位把运动中的球控制在自己范围内，为衔接下一个技战术做好准备的一种接停球方法。常用的接球部位与 12 个部位颠球一致，除此之外，在即兴发挥的情境下，还可采用除手臂以外的其他不常用部位接球，如后背、臀部、小腿等，其最终目的是根据场上时空特征，选择将运动的球按照自己意愿，从控制球的方向、速度等方面考虑，接停至合理区域。在初学者练习中，常以将球停在以自己为圆心半径 1 米左右的控制范围内为宜。

接球是一种控制球由快至慢、由动至静、由直向折等运动状态的过程，无论用哪一个部位接球，其动作结构都由移动选位、接球选择及支撑、接球、随球移动 4 个技术环节构成。

1）移动选位

运动员在接球前，要依据球的速度、方向和下一步的技战术等要素，在考虑球的高度因素前提下，判断最佳的接球部位、时间、球的位置并进行移动。

2）接球选择及支撑

稳固的支撑能够完全解放接球腿，也能够保证身体的稳定，为上身部位接球奠定基础，因此接球效果取决于支撑脚的位置和支撑的稳定性。支撑是重心的保持，因此要依据接球部位选择正确的支撑姿势。如用下肢接球，支撑腿的位置应尽量靠近球的落点，保证接球腿能够舒适地完成接球动作；如用上身部位接球，需要做好支撑，防止接球力量大导致的身体后退等问题的出现。同时要做好跳起、下蹲等动作的准备，以便能够用合理的部位进行触球。

3）接球

接球的根本目的是改变来球的速度与方向，通常可采用缓冲、压停和改变球运行路线及速度的方法。

（1）缓冲。

缓冲是改变球的速度，使速度由快至慢再至停的一个过程。接球后，球的运动速度与接触时间有重要关系，相同力量下，接触时间越短，速度越快；接触时间越长，速度越慢。这与射门技术中小腿爆发击球的原理一致。为了延长触球时间，运动员可以通过前迎接球再后撤缓冲的方式延长整个触球时间，从而降低来球速度。

（2）压停。

压停是依据来球的方向、力量和接球实际需要，按照反射定律调整入射角，获取理想的反射角度压住来球并使球停止运动的技术。压停一般针对速度较慢的来球，是主要通过脚部进行接停球的一种接球技术。压停的关键是给球一个反作用力，将反作用力同地面、触球部位结合形成夹角迎接来球。这个过程的关键是要准确判断来球的落点，夹角越接近落地，压停越稳。

（3）改变球的运行路线。

改变球的运行路线主要是指迎接来球过程中施加一个力，在施加力的过程中需要结合缓冲和利用肌肉部位的弹性，在缓冲的基础上改变球的运动方向。例如，挺胸式接球、头部接球等都是针对来球给予一个向上的力，使其改变向前的轨迹，由上至下自然落下。在实战过程中，经常会运用这项技术，如接球转身过人技术就是在接球过程中改变球的方向，同时进行转身移动，以甩开防守队员。

比赛中常见的接球方式有以下几种。

迎撤，指以接球部位前迎来球，在触球刹那向后撤以缓冲来球力量的动作方法。迎球和后撤动作要协调连贯，时机要恰到好处，迎撤的幅度与速度应与球速相适应，才能收到较好的缓冲效果。

压停，指以压的方式将球停在自己的脚下，是一种控制球由动到静的过程。压停的重点是精准找到球的落点，采用夹角的方式使球停稳。动作结构是在球落地刹那，以一定的角度迎着球的反弹方向下压，压球作用力与球的反弹力抵消，使球变向运行并逐渐减速。压停一般运用脚底接球。

切挡，是指通过下切的动作，给予来球反作用力，使球停止或使球按照接球者的意愿行进的技术。切挡与压停的最基本区别是发力方向，压停的最终目的是停，因此以向斜下发力为主；而切挡是以向下和向接球者意愿方向结合发力。切挡主要运用脚内侧、脚外侧和脚底三个部位接球。切挡接球的重点在于把握切挡力量、下切角度和速度。球速越快，下切角度应适当调小，下切速度则应加快，但给予推的力量越小。

收挺，是多用于上身部位接空中球的技术动作。收的本质与缓冲相同，其区别在于“收”仅指后缩、下缩等动作；“挺”指身体或接球部位成一定的角度主动迎球推送的动作，其作用是通过向上改变来球方向来达到控球目的，如头部接球、挺胸式接球等。

4）随球移动

接球后的身体移动主要根据迎撤和切挡方式进行。接球技术的最终目的不是“停”，而是下一步的“动”，因此接球后身体重心需要快速地随球移动。接球动作开始时，重心落在支撑脚上，或两腿支撑、或单腿支撑，但有时需要跳起。接球过程中，需要通过核心力量控制身体的平衡，最终保证接球动作的稳定性。依据接球后的战术需要，重心还需提前或紧随球的方向进行转移。接球动作完成后，重心继续随球移动，最终使身体和球的运动方向一致，并控制球进行下一步的技战术应用。

2. 接球技术的动作要领

从接球的部位来看，接球技术可分为脚部接球、胸部接球、腿部接球、腹部接球和头部接球 5 类。

1）脚内侧接球

（1）特点。脚内侧能够接空中球、地平球，可以采用缓冲、压停、切挡的方式，因此应用十分广泛，运用灵活多变。同时其接触球部位面积大，接球最为平稳，因此初学者应从脚内侧接停地平球开始进行学习。

（2）动作要领。

①接地平球。判断来球方向、力量，迅速移动到合适位置，定点。

依据定点位置，进行支撑腿支撑，支撑腿弯曲，重心下降并完全移动到支撑腿上，使接球腿能够自如活动。支撑脚的位置与来球的横向距离在 20 厘米左右，纵向距离依据接球方式方法和球的状态确定。

接球脚根据来球的状态相应提起，膝、踝关节外旋，脚趾稍翘，脚内侧对准来球。采用缓冲方式停球时，根据来球位置、时间首先将接球腿前移，在接触球的瞬间，接球腿向后做迎撤的动作，动作速度要略快于来球速度，缓慢停止，将球控制在所需的位置上。此接球技术可结合转身移动进行练习。采用压停方式接球时，大腿略向后伸，小腿弯曲，脚内侧与地面成夹角，面对来球保持角度下压。采用切挡球方式接球时的动作结构轨迹与压停方式基本相同，但其夹角要略大，接球脚在向下运动的过程中向目标方向稍用力。

②接反弹球。选择最佳的支撑脚位置，同时身体要跟上，接球过程中膝关节弯曲，小腿及脚内侧平面与地面成一定的夹角，做切挡动作，踝关节按照切挡方向旋转固定，膝关节在前，小腿在后。

③接空中球。选择最佳的支撑脚位置，一般以球在膝关节的位置时接球为宜，依据此支撑脚距球纵向距离应在 20~30 厘米，髋关节屈并外展外旋，膝关节屈，小腿及脚内侧迎球，采用迎撤的方式缓冲来球力量，使球落于身体控制范围内。

（3）教学训练过程中的注意事项。

脚内侧接球的重点是移动选位，只有站对位置，才能有效地对来球进行接停，因此在教学训练过程中应反复练习移动选位。接球技术的运用是难点,应着重注意细节纠错。初学者在学习及练习中常出现以下问题。

①移动选位问题,致使位置选定后来不及施展接球技术,或者无法正确判断落点。

②各关节屈伸、收展及旋转幅度及灵活性不够,导致无法完成技术动作。

③重心转换慢,接控脱节。

依据问题给予相应的解决措施如下。

①减难训练法,采用固定点传球进行接球练习,而后循序渐进增加距离、球速。在接高空球前,先进行长传球手接球练习,以此体会选位,提升判断落点的能力。

②采用无球动作模仿练习,缓解实际接球压力,同时配合柔韧素质、静力性(保持接球初始动作)训练等方式进行练习。

③通过重心转向的方式进行协调性及灵敏性练习。

(6)教学训练程序示例。

首先进行脚内侧接停地平球练习,按照压停、切挡、缓冲的方式依次进行,球速由慢到快,接球点由固定到不固定,循序渐进进行练习;其次进行接空中球练习,先以抛球方式练习接球,而后进行移动选位练习,通过用手接长传球的方式进行练习,循序渐进提升练习难度;再次进行接反弹球练习,先进行个人向上抛球接反弹球练习,过程中可要求练习者配合重心移动,而后逐渐增加难度;最后进行综合练习,结合脚背内侧长传球进行不同形式的接球练习,及脚背内侧传接球练习。

2)脚背正面接球

(1)特点。脚背正面接球的部位是第二、三、四趾位置,接球方式以迎撤、缓冲为主,其技术动作是以髋关节为轴进行腿部位置调整,动作自如灵活多样,接球稳定度高。但变化较少,常用于缓冲直线大抛物线来球。

(2)动作要领。身体与来球方向保持一致。面对来球判断落点进行选位,支撑腿弯曲,重心在支撑腿上。接球腿的大腿略屈,膝关节微屈,迎接来球。在接触球的刹那,大腿下落,同时膝关节快速弯曲。迎撤过程中,踝关节应适当保持放松状态,利用关节的灵活性给予球一定的缓冲,使球落在自己的控制范围内,接球腿顺势着地支撑。

(3)教学训练过程中的注意事项。

①接球选位不准确,造成髋关节外展过大,影响缓冲动作。

②膝关节及踝关节灵活性差,导致缓冲不够。

依据问题给予相应的解决措施如下。

①先进行判断选位手接球练习,再进行技术动作练习。

②单人抛接练习,体会膝关节和踝关节灵活接球感觉。

(4)教学训练程序示例。

首先进行脚背正面颠球练习,体会接球部位和触球感觉;其次进行技术动作的详解;再次进行自抛自接练习、脚背内侧长传球手接球练习,体会移动选位和缓冲;最后结合长传球进行完整技术练习。

3）脚外侧接球

（1）特点。脚外侧接球的特点是动作幅度小、速度快、隐蔽性强，常采用跑动与缓冲相结合的方式接球，也可采用压停及切挡等方式接球；技术难度较大，可接停侧方、后方来球。

（2）动作要领。

①接地平球。常用缓冲方式接球，一般在接球腿侧方或者身后来球时运用。当侧方来球时，选位并判断来球方向，支撑腿弯曲，支撑身体的重量，支撑脚指向斜外侧，接球腿由外展至内收，由脚外侧于身前触球缓冲，身体保持侧向。触球过程中，踝关节可内旋帮助缓冲，动作完成后接球腿随前落地，可衔接身体转动。当后方来球时，选择合理站位使球运行于身侧。支撑脚脚尖向前，支撑腿弯曲支撑，身体向接球腿方向转动，接球腿向后弯曲迎球，踝关节外展，以脚外侧触球，当触球瞬间依据球速向前方摆动，同时踝关节内旋，类似于跑步姿势，将球接于身前，过程中身体也向前转向。

②接反弹球。依据球的落点进行移动选位，落地支撑。在球反弹瞬间用脚外侧与地面形成的夹角进行压停。接球过程中支撑脚离球的距离在 20 厘米左右，髋关节、膝关节微屈，同时髋关节适当外旋，使小腿与脚踝与地面成小角度夹角，近距离压停球。

③接空中球。当侧方来球时，支撑腿弯曲，身体倒向支撑腿一侧，髋关节外展，小腿略屈，以脚外侧接触球，触球瞬间向内做收的动作，落地支撑使球落在自己的控制范围内。当后方来球时，通常身体重心向前移动，大腿后伸外旋，膝关节微屈，用脚外侧接触球的同时，大腿带动小腿向前迈进，类似跑步姿势落地，使球落于身体的侧方。

（3）教学训练过程中的注意事项。

①缓冲幅度不够，球落于后方，无法对球进行控制。

②重心转换不灵活，无法应用于停球转身技术，常出现身体无法跟上球运行的情况。

③各关节灵活度不够，动作僵硬，无法形成与后续动作的快速衔接。

依据问题给予相应的解决措施如下。

①进行无球缓冲练习，要求动作幅度要大。

②练习转身动作，循序渐进结合球进行练习。

③开展协调性专项素质练习，辅之柔韧性练习。

（4）教学训练程序示例。

先进行接地平球练习，再进行接反弹球练习，最后进行接空中球练习。练习过程按照无球技术动作模仿练习、短距离抛球接球练习、正常技术练习、技术结合练习的顺序进行。学习接空中球和反弹球时，先进行原地练习，而后进行重心移动结合接球练习，最后结合长传球练习脚外侧接球的综合能力。推荐采用持续训练法，因脚外侧接球主要是缓冲和压停动作，需要进行长时间的练习来巩固。

4）脚底接球

（1）特点。脚底接球是以前脚掌为主压停来球的一种方法，主要针对迎面而来的地平球和反弹球。该技术动作简单，可作为初学者首先学习的接球技术。

（2）动作要领。

①脚底接地平球。

身体面对来球方向，移动至球运行轨迹上并前迎。支撑腿弯曲，支撑身体重心，支撑脚指向来球方向，也可略外旋。接球腿以髋关节为轴前屈，膝关节略屈，脚底与地面成45°左右，脚跟离地10厘米左右。当脚底接触球后，在脚底与地面的夹角内向斜下方用力压、挡，停止来球。压停后可自如离开，形成两脚支撑，也可接续下一个技术如拉球、拨球等。

②脚底接反弹球。

身体面向来球，快速移动至球的预期运行轨迹上，判断落点。支撑脚在落点侧后40厘米处支撑身体重心。接球腿动作结构与接地平球时基本一致，在球落地瞬间，前脚掌触球的中上部，将球压停。若需继续控制，可采用将球回拉，以支撑腿为轴旋转90°以上并转身后，接球腿落地。

（3）教学训练过程中的注意事项。

①脚底与地面高度过大且与地面角度小，常出现向下踩的动作，容易“漏球”。

②支撑重心落在了接球腿上，容易摔倒。

③支撑脚离球过近，脚底与地面角度太小，造成脚尖触球或“漏球”。脚底接反弹球较其他方式接反弹球支撑腿离球更远一些，因此出现“漏球”。

依据问题给予相应的解决措施如下。

①采用分解训练法，固定压停球技术动作，进行纠正，让学生体会压、挡感觉，区别于踩球。

②进行信号刺激无球练习，采用慢跑的方式，每当听见哨声，停住并将接球腿抬起。通过此方式的练习强化支撑。

③在练习过程中，强化距离感，感受固定动作与落点的距离。

（4）教学训练程序示例。

脚底接球可在技术讲解后，直接与脚内侧传球结合进行练习；进行接反弹球练习前应先练习无球固定动作，而后结合抛球练习，最后与脚背内侧长传球结合练习。因脚底接球技术较为简单，形式较为固定，一般不建议单独进行长时间动作练习，与传球练习结合即可提升技术水平。

5）大腿接球

（1）特点。大腿接球是利用股四头肌部位缓冲来球的一种方式。它的特点是接触球的面积大，动作结构较为简单，对高空来球较为适用。一般而言主要针对抛物线较大来球和空中、地平的来球。

（2）动作要领。

①接抛物线来球。身体面向来球快速移动至合适位置，应站于球能落在髋部的位置为宜。支撑腿的膝关节微屈，支撑住身体重心，接球腿以髋关节为轴进行90°屈，膝关节90°屈，用大腿的中部对准来球。在触球瞬间，接球腿正常下落，缓冲来球。

②接空中地平球（腰部以下）。合理选位移动，支撑腿支撑身体，依据来球高度调整屈

伸，使球位于大腿区域。接球腿的髋、膝关节微屈，送髋迎球，股四头肌放松，在大腿接触到球的瞬间，伸大腿缓冲来球，同时接球腿落地。

（3）教学训练过程中的注意事项。

①因来球轨迹为抛物线，力量并不大，加之肌肉有弹性，接球腿无须迎撤过快，但由于其他接球技术均需迎撤，因此练习中练习者会习惯性地出现迎撤过快现象，导致无法缓冲来球。

②迎球过晚，出现击球效果。

③接抛物线球时触球部位靠前，同时髋关节前屈不够，停球离开身体控制范围。

依据问题给予相应的解决措施如下。

①增加大腿颠球练习，体会肌肉弹性。

②通过抛接练习进行强化。

③采用持续练习法，通过长时间练习改正错误动作，巩固正确的技术动作。

（4）教学训练程序示例。

大腿接球技术是较为容易掌握的技术动作，结合大腿颠球、技术讲解和传球进行练习即可。

6）胸部接球

（1）特点。胸部接球技术的特点是触球点高、面积大，易于掌握，通常在接高空球，尤其是高点停球时使用，也可用于缓冲胸部高度的平球。依据高度和球的路线不同，胸部接球分为挺胸式接球和缩胸式接球。

（2）动作要领。

①挺胸式接球。面对来球并依据落点、运行路线选择站位，两腿支撑，两膝微屈，两脚自然开立。躯干稍后仰，下颌微收，两臂自然张开，身体保持平衡。在触击来球瞬间，两脚主动蹬地，胸部托球，利用胸部肌肉的弹性缓冲球速，使球于胸前弹起，将球在空中或自然落地后进行控制。

挺胸式停球常因球的高度不同或需进行跳起胸停，因此要保证核心力量，在空中承受来球力量并能做出上挺动作。

②缩胸式接球。常用于接与胸部高度基本一致，球速较快、轨迹较平的来球。面对来球时，两脚开立，两膝微屈，挺胸迎球，触球瞬间收腹、收胸，缓冲球速，并将球压、挡在自己的脚下。此过程中如果球速过快，可配合向后跳滑步进行缓冲。

（3）教学训练过程中的注意事项。

①球的落点判断不准，接球经常靠前（球落于脸部）或靠后（球落于腹部），无法运用胸部接球。

②挺胸幅度不够，主动性较差（一般由于恐惧），常出现“被砸”的现象。

③缩胸式接球动作不协调，缓冲较差。

依据问题给予相应的解决措施如下。

①形式为先抛后踢，球速为先慢后快，循序渐进进行胸部接球练习。

②重复进行无球技术动作练习，幅度要大，形成肌肉记忆与动作习惯，形成主动挺胸的意识。

③采用无球分解训练法，收胸、收腹、向后跳滑单独练习并两两结合，最终形成完整技术动作，提升协调性，再进行有球练习。

（4）教学训练程序示例。

在技术动作讲解示范后，首先进行无球分解动作练习；其次采用自抛自接的方式练习挺胸式接球；再次两人一组进行互抛互接，分为平直球和抛物线球两种形式，距离由近至远，力量由小至大；最后进行正常接球练习。

7）头部接球

（1）特点。头部接球是指针对高于胸部的来球，用前额部缓冲接球的一种接球方式。

（2）动作要领。依据来球路线和高度，选择合适的下落点位进行头部接球。身体移动到合适位置，头部正向面对来球，双脚支撑或跳起，保持重心的稳定，下颌微抬，两臂自然张开维持身体平衡。触球瞬间，利用颈部和腰部的灵活度，缓冲并上挡，使球于身前自由下落至身体控制范围内。

（3）教学训练过程中的注意事项。

头部接球要结合头部颠球进行练习，常出现以下错误。

①接球部位错误，影响接球缓冲效果。

②重心不稳，接球后无法衔接下一技术动作。

依据问题给予相应的解决措施如下。

①持续进行个人自抛自接练习，增加头部颠球练习密度，提升前额触球感觉。

②增加核心力量和专项力量内容训练。

（4）教学训练程序示例。

头部不是接球的主要部位，在实际比赛中常用于传球，因此训练以头部颠球（自颠或互颠）、两人一组接手抛球练习为主。

8）肩部接球

（1）特点。肩部接球是对高于胸部且低于头部的来球，用肩部（斜方肌上缘）缓冲的一种接球方式，是在无法转身或被贴身逼抢、身体无法灵活转向情况下被迫采用的接球技术。

（2）动作要领。双脚左右开立或前后开立，重心稍微下降，依据左右肩部接球，对应的同侧脚要在前。双臂要自然地向两侧伸展，肩颈一侧要稍微抬高，眼睛用余光看球，脸稍微侧向来球。在肩部接触球的一瞬间，进行沉肩及塌腰，阻挡来球并缓冲来球力量。

（3）教学训练过程中的注意事项。

肩部接球在实战中应用并不广泛，练习中常以肩部颠球进行部位球感练习。

（4）教学训练程序示例。

个人进行单独肩部颠球练习；两人一组灵活运用各个部位互颠，遇到高球要求用肩部回颠。

（四）运球

运球是指用身体的某一合理部位，通过连续触球并将球按自己意愿移动的一种技术，是控制球的方式方法。足球运动中，球的运动是靠踢球和运球技术完成的，因此运球也是足球最重要的技术之一。运球过程中，不可避免地会出现防守队员试图抢断，因此需要配合重心的移动、假动作、变向、启动等方式与运球衔接，形成一种实战技术，即运球过人。在基本技术的练习中，应将运球作为多元动作结构固定组合的项目类别进行训练。

1. 运球动作分析

运球技术包括跑动与触球两种要素。运球的跑动大多在低重心的状态下应用，常采用小步幅、快频率的方式。因运球中的跑动要与触球紧密结合，与球的运动方向紧密结合，因此需要及时调整移动位置，达到“人球合一”的状态。运球的触球环节是一种推拨、触击球的方式，以此改变球的运行方向和运行速度，能够对球进行更加有效、更加自主的控制。运球技术的两种要素不是孤立的，只有两者紧密结合，才能完成整个运球技术动作。

一个运球动作过程包括跑动方式和触球方式的选择、移动中触球和触球后重心移动三个阶段。

1）跑动方式和触球方式的选择阶段

首先要根据临场情况，包括对方防守阵型、防守队员的位置、本方队员跑动创造的第二空当等，选择合理的跑动方式（方法、方向、速度、节奏等）和触球方式。宜采用快频低重心的移动方法，能够提升动作速度、变向的突然性等；也可采用高重心大步跑的移动方法，有利于长距离冲刺。移动方向可选直线、斜线、弧线、蛇形等。移动速度可选低速、中速、高速。移动的节奏可不变，也可多变。这一环节的关键是观察与想象，需要在极短时间内做出选择。

2）移动中触球阶段

触球的前提是支撑，支撑脚在支撑过程中需要与身体移动相结合，此支撑与踢球技术中的支撑完全不同，在支撑过程支撑腿要发力蹬地，支配重心移动，在重心移动过程中进行触球。触球这一环节主要涉及触球部位、触球时间、触球力量、触球方向等因素，而这些因素要与支撑移动紧密结合。

3）触球后重心移动阶段

触球后的重心移动是为了自然地与下一动作进行连接。此时，触球动作已经结束，重心要依据球的运行方向进行移动，一般而言触球力量越小，重心就越应与球的运动方向保持一致，这就需要通过支撑腿的再蹬地与重心转移，使重心与球的运动方向紧密结合。

以上三个环节是运球技术的全部过程，其中移动中的触球是运球技术掌握的基础，初学者应重点练习此环节的内容。

2. 运球技术动作要领

运球技术按脚接触球的部位分为脚背正面运球、脚背内侧运球、脚背外侧运球和脚内侧运球 4 种。

1)脚背正面运球

(1)特点。脚背正面运球速度快,但运动路线较为单一,以直线为主,结合高速移动,主要用于对手防守纵深较大,防守空当较大的情况。

(2)动作要领。

跑动方式一般采用直线、高速、高重心快速跑,支撑腿用力蹬地,支撑脚与球的距离以正常一步距离为宜,给予触球腿充分摆动空间。触球脚的脚背绷直,脚尖向下,在正常跑动的迈步过程中触击球的中部,击球距离以 2~3 步为宜。落地后,支撑腿再蹬地,衔接高速跑动。

(3)教学训练过程中的注意事项。

脚背正面运球技术训练中,常出现以下问题。

①触击球后停顿再启动,衔接不流畅。

②触击球的部位不正确,方向不确定,无法控球。

③支撑腿离球过近,触击球力量和摆腿速度不相适应,造成运球过远。

依据问题给予相应的解决措施如下。

①采用无球状态下技术模仿练习,强调在跑动过程中做动作,强化摆腿与触球动作的有效衔接。而后进行有球练习,速度可先慢一些,然后逐渐加快。

②增加脚背颠球练习频率,提升脚背触球感觉,同时从慢速运球开始,强调触球部位的精准性,强调直线触球。

③采用矫枉过正法训练,强调支撑脚原理,用大步触球方式让练习者体会运球,习惯后再进行正常练习。

(4)教学训练程序示例。

首先进行无球练习,形成大步运球习惯;其次进行慢速运球练习;当掌握基本技术后提高运球速度;最后强调高速运球中对球的控制,可于 3~4 米处摆放标志桶,要求标志桶处触球,提升控球能力。

2)脚背内侧运球

(1)特点。脚背内侧运球主要用于快速运球中改变运球方向,其运用脚背内侧推拨球,动作幅度大,控球较为稳定,是高速运球变向的最佳方式。

(2)动作要领。跑动过程中身体重心降低,支撑腿在球的侧后方,与球的距离与脚背正面运球时相近,易于推拨球的外侧中部。身体放松,重心向支撑脚一侧倾斜并前倾,膝关节微屈,髋关节适当外展,向侧前方推拨球。推拨球时,踝关节微外旋外展并绷直,而后触球腿向推拨方向落地,随身体侧前倾跟上球的运动轨迹。

(3)教学训练过程中的注意事项。

脚背内侧运球技术训练中,常出现以下问题。

①身体重心没有适时下落,没有向侧前方倾倒,导致跟不上球,无法控球。

②触球过程中没有推拨,导致触击球的方向出现问题,无法变向。

依据问题给予相应的解决措施如下。

①无球重心移动练习,高速跑练习。听见哨声降低重心,身体前倾,向内侧继续快跑;再

进行有球结合练习。

②采用慢速运球练习，不强调速度，重点关注推拨部位，体会正确的技术动作。

(4)教学训练程序示例。

重点讲解脚背内侧运球推拨部位，先采用定位球推拨练习，而后进行慢速直线加变向的练习，最后结合信号刺激训练法进行完整技术练习。

3)脚背外侧运球

(1)特点。脚背外侧运球的方式一般有两种，一种用于向外侧变向；另一种用于运球过程中的控制。脚背外侧运球的形式灵活，能够随时变化，可直线运球也可斜线变向运球。

(2)动作要领。

①变向运球。跑动触球前降低重心，支撑腿向触球腿异侧的侧前方倾斜并蹬地；在重心移动的过程中，踢球腿正常屈膝前摆，大腿与地面垂直时，膝关节开始伸，随着大腿的继续前摆触球，过程中膝关节伸，并随髋关节外展推拨球。推拨球时脚背绷直，在稍内旋到外旋外展的过程触球，而后落地支撑再蹬地。

②直线控球。直线控球的关键是用脚背外侧推拨球的中下部偏内侧，使球侧向旋转，控制球速。采用小步幅高频率方式跑动，一步一运。支撑脚离球30~50厘米，弯曲膝盖，重心前移，蹬地。运球腿小幅度摆动，主要依靠膝关节和踝关节的屈伸推拨球，一般在推拨过程中重心已经在前，所以需要积极落地、支撑再蹬地，循环进行。推拨球时，脚背绷直并内旋，脚背外侧指向前方。

(3)教学训练过程中的注意事项

脚背外侧运球技术训练中，常出现以下问题。

①直线控球中踝关节不灵活，常以膝关节的屈伸推拨球，难以掌控力量的大小。

②直线控球中重心的移动和推拨球衔接不紧密，一步一运不连贯。

③变向运球重心前倾不够，常停一下再追球。

依据问题给予相应的解决措施如下。

①踝关节灵活性练习，无球状态下按照技术要求做踝关节屈伸练习，体会踝关节发力感，而后结合膝关节屈伸进行无球模仿技术练习，熟练后先进行慢速运球练习，再进行正常运球练习。

②利用信号刺激法依次进行无球慢速到有球快速练习，强调重心控制和一步一运。

③采用无球快速重心转换练习提升对重心的控制度。

(4)教学训练程序示例。

在学习脚背内侧后，应先进行脚背外侧的变向练习，采用重复训练法，从慢速到快速的练习，此过程中遇到问题要进行专项解决，参考训练注意事项；而后再以一步一运的方式进行脚背外侧直线控球练习，可先放慢速度体会。

4)脚内侧运球

(1)特点。脚内侧运球主要在反向运球、大幅度变向、护球过程中应用，它的速度慢，但变向角度大，易于控制。

（2）动作要领。

在反向运球中，支撑脚站在球的外侧，重心后移，支撑脚外旋指向外侧，即指向球的一侧，脚尖与球的距离保持在20厘米以内，可超过球后部的横切线位于球侧。转体的同时用运球脚的内侧推拨球的前部向原先身后方向运球，重心同时跟上。拨球腿触球后继续向后侧迈步落地，形成转向的同时将球向前推拨。

在大幅度变向中，支撑脚位于球后和球的侧方，使球位于两腿之间的位置，重心移向支撑腿，同时踢球腿前伸内收，利用踝关节和髋关节的展收力量推拨球，触球部位为脚内侧和球的侧面中部。

（3）教学训练过程中的注意事项。

①在反向运球中，支撑脚过远，导致拨球后重心无法快速跟球。

②大幅度变向中，支撑脚过远，用脚尖侧部触球导致拨球后球向斜前方运动。

依据问题给予相应的解决措施如下。

①采用球侧站位法，支撑脚尽量靠前站于球侧，熟练后慢慢后移，自然拨球转身。

②加强重心前移，即使在支撑脚过远的情况下，利用最后的大跨步进行拨球。

（4）教学训练程序示例。

两种运球模式可交替进行，由简到繁、由易到难，从分解动作开始练习，逐步结合，最终练习完整动作。练习完整动作时，由慢到快，由自由控制练习到信号刺激法练习，进行全面掌握。

（五）头顶球

头顶球是指运动员有目的地用前额将球击向预定目标的动作。足球运动中的球运动轨迹是千变万化的，当球的位置高于胸部时，便可用头顶球的方式触击球。现代足球运动的激烈性极强，不可能等到球完全落下再进行处理，因此头球是争取时间和空间的主要技术手段。头顶球技术可运用于传球、断球、射门等技术，是进攻、防守中的重要应用技术，其触击球部位为前额部，额骨较为平坦，能够有效地控制方向。

1. 头顶球的技术动作分析

头顶球是一个自下而上全身协调发力的动作过程，其动作结构主要包括以下4个环节：判断与选位、力量的运用与控制、头触球、顶球后身体重心的控制。

1）判断与选位

头顶球是在球的运动轨迹变化的情况下进行抢点的技术，重点是触击球瞬间的时空特征，也就是说头球技术选择的时间点和空间位置应与触击球时，球的空间位置恰好重合，因此需要在判断球的空间位置、速度等性质后，进行合理的选位。选位的过程首先要时刻注意球的运行轨迹，同时结合自己预计的触球高度进行相应的移动，使自己处于最合理的位置，保证既能够最大限度地触击到球，又能够保证触球的效果。

2）力量的运用与控制

选位结束后，就要为触击球做好发力准备，包括支撑身体或身体腾空的发力、头球的发力、重心控制的用力等。

①支撑身体或身体腾空的发力。地面头顶球(指双脚不离开地面,下同),主要用双腿支撑身体,一般采用两脚开立前后略分开的方式,使重心稳定;在触击球过程中,双脚要同时快速用力蹬地使身体腾空。

②头顶球的发力。地面头顶球从蹬地开始,从展腹到收腹的运动过程协调传递力量,同时身体由后向前移动;如侧向面对来球时,可进行"蹬地—侧展—侧收"的动作过程完成发力。在身体腾空过程中,借蹬地力完成展腹和收腹动作,或者完成侧展侧收动作。由此可见,头顶球的发力主要依靠腰腹力量,力从腿到腰腹再到头部的传导过程,是通过超等长收缩实现的,因此要强调腰腹收缩能力和协调性的发展。腰腹摆幅越大,力量越大。大摆幅头球适用于射门、解围等情况;小摆幅头球主要通过颈部发力,主要适用于传球或角度射门。

在发力过程中,对重心的有效控制,能够提升力的传导效果。地面头球时,重心由后向前,或由侧方向反侧移动,因此要通过双腿的连续蹬地和核心力量进行控制;腾空头顶球时,主要通过核心力量控制身体的方向和形态,保证发力过程的正常完成。另外,身体腾空与移动之前,双脚要用力蹬地并控制身体在空中移动的姿态,如鱼跃冲顶。

3)头触球

头触球是在发力最后通过头部触击球的方式改变球的运动轨迹并增加力量的表现环节。这一环节决定了头球技术运用的最终效果,与发力结合构成了头顶球的主要环节。头触球这一动作过程的重点包括击球时机、击球部位和击球刹那的颈部发力动作等。

(1)击球时机。

击球时机反映头与球接触时球相对于身体的位置。从理论上讲,脊椎关节对身体后展幅度影响较为有限,而对前收幅度影响却非常大,因此击球的最佳时机应是球运动到头上方及前方30厘米范围内。如果超过此范围,将会影响触击球的力量。

(2)击球部位。

击球部位是指顶球时头与球的对应部位,包括头的触球部位和击球点,其直接影响顶球的准确性和力量。因此,应根据来球的路线、出球的方向来确定击球部位,以保证球能按预定的路线运行。

(3)颈部发力动作。

颈部发力动作是整个头触球过程的最后阶段。由于颈关节比较灵活,因此这个动作相对来说比较灵活,可短促有力,可固定、可转动,它能够决定头顶球的最终力量和最终方向(包括向前、向下、向高处、向侧、向后)。

4)顶球后身体重心的控制

顶球后身体重心的控制是为了执行下一步的技战术,也是为了缓冲保护。地面头顶球后,迅速控制重心前移,进行转向、继续前进或向别的方向运动。在腾空顶球后,落地过程中身体要继续保持合适的姿势,若身体失去平衡应迅速调整姿势,做好落地缓冲准备。

2. 头顶球的技术动作要领

头顶球按照顶球的部位划分,可分成前额正面头顶球和前额侧面头顶球两种。

1)前额正面头顶球

(1)特点。前额正面头顶球是用额骨正面部位去触击球的顶球方法。它是头顶球技术中最常用的技术，由于前额骨较硬、触击面积较大、触击部位平坦，展腹－收腹发力动作较为顺畅，所以该动作出球有力，易于控制方向和轨迹。

(2)动作要领。

①原地顶球。

身体正对来球方向，眼睛注视来球，两脚左右或前后开立，膝关节微屈，重心位于两腿之间，展胸展腹，双臂自然张开；当球运行到击球点前，两脚用力蹬地，上体以髋关节为轴迅速前摆，下颌微收；用前额正面击球的中后部。

②跳起头顶球。

跳起头顶球是身体完全处于空中，在无实质支撑的状态下进行的头顶球方式，一般可分为原地起跳头顶球、跑动起跳头顶球和鱼跃冲顶三种。无论何种跳起方式，首先要选好起跳位置。在原地起跳头顶球时，两腿弯曲，重心落于两腿之间，根据来球轨迹和时机，双脚蹬地起跳，两臂弯曲向上摆动，以加强跳起力量并在空中维持身体平衡；起跳后，挺胸展腹，形成背弓，触击球的过程中，迅速收腹发力顶球；顶球后两腿着地后弯曲缓冲。跑动跳起头顶球时，通过助跑单腿起跳，依据来球的时空特征，选择起跳位置，起跳前一步稍大些借助其速度在合适的时间起跳，另一条腿屈膝上摆，在触球瞬间颈部微爆发式振摆；击球后上体随球继续前摆；触击球方法、位置、时机和落地缓冲参考原地起跳头顶球的要领。鱼跃冲顶时，根据来球的运行轨迹和速度选好击球点，在跑动中降低重心；以单脚或双脚用力蹬地，使身体接近水平向前跃出，以前额正面顶球；顶球后，双手先着地，手指向前，然后胸、腹、大腿依次着地。

(3)教学训练过程中的注意事项。

在正面头顶球的过程中需要强调颈关节的固定和落地缓冲，这是“竞技需要和健康保障”辩证原则的重要体现，在教学过程中，要强调以下问题。

①触击球的过程中颈关节不固定，下意识进行颈关节的屈伸，不仅影响发力，还容易造成运动损伤。

②落地无缓冲习惯，容易造成运动损伤。

③触击球的时机过晚，发力不充分，甚至是被动顶球。

依据问题给予相应的解决措施如下。

①熟练进行无球技术模仿，强调颈部固定，而后进行固定球练习，即一人手托球，另一人头顶球练习，再进行近距离手抛球加头顶球练习，循序渐进，保证安全。

②进行无球缓冲落地专项练习，养成缓冲习惯。

③出现击球过晚主要是意识错误，因此进行手托球固定距离头球练习，增加学生展腹和收腹触击球的过程感觉。

(4)教学训练程序示例。

在技术讲解和示范完成后，首先进行无球技术动作模仿练习，由原地顶球到跳起顶球；

其次进行固定球练习，感受发力过程和触球部位；再次进行手抛球加头顶球练习，从自抛自顶到互抛互顶，由近及远，强调控制触击球的部位、力量和方向；最后结合脚背内侧长传球进行练习。当原地头顶球、原地跳起头顶球、跑动跳起头顶球熟练掌握后，再按照此顺序进行鱼跃冲顶球的学习和练习。

2）前额侧面头顶球

（1）特点。前额侧面头顶球是面对直线来球，完成向不同的侧方进行头顶球目标的方式，其触击球的部位是额骨的边缘位置，击球动作敏捷，防守队员难以预判出球方向，因此在实际比赛中经常运用。侧面头顶球的技术动作及发力环节较难控制，不易掌握。

（2）动作要领。

①原地头顶球。

依据来球的运动轨迹、运动速度，面对来球及时移动到合理位置，准备发力顶球。事先预判好出球方向，向出球的反方向转动身体，两腿前后开立，一般出球方向的异侧脚位于后方较好，形成支撑发力，身体侧后展腹，面对来球，支撑腿蹬地并向触球方向转动身体、收腹，触击来球侧中部，击球后支撑蹬地腿前移缓冲。触击球的过程中，颈关节随身体转动而摆动，用前额侧部触击球的中后部。

②跳起头顶球。

跳起头顶球分为原地跳起和跑动跳起两种方式。原地跳起侧面头顶球过程中，身体向出球方向异侧展腹，身体向出球方向转动，空中保持重心的稳定，面对来球向出球方向快速侧摆触击球，颈部旋转甩头，触击球的侧中部，落地缓冲保持平衡。跑动跳起侧面头顶球与原地跳起侧面头顶球的技术基本相似，但击球时机相对来说要早一些，因为身体在空中有向前移动的过程，因此起跳点及时机的选择尤为关键，要注重提前起跳。

（3）教学训练过程中的注意事项。

前额侧面头顶球技术较难掌握，动作细节和时机把握是训练中的重点，在训练过程中常见易犯错误如下。

①起跳点离球过近，忽视身体向前移动过程，触击球的时机过晚，无法正常发力或是转向不足。

②前额正面顶球的习惯造成颈关节过于僵硬，触击球的部位常出现错误。

③腰腹展收不够，常靠甩头发力，力量小、速度慢。

依据问题给予相应的解决措施如下。

①通过固定球跳起前额侧面头顶球练习，体会身体在空中移动过程，再结合不同来球速度进行强化训练。

②无球技术动作模仿练习，从原地到移动跳起，循序渐进地进行练习，时刻强调转头动作。

③侧展侧收专项练习，结合跳起展收练习，强化动作习惯。

（4）教学训练程序示。

示范讲解技术要点后进行无球模仿动作练习，从原地跳起到跑动跳起，循序渐进；而后进行固定球和抛顶（自抛或对抛）练习，最后结合实际传球进行练习。整个过程要注意颈关节转向和头球时机。

（六）抢截球

抢截球技术是在规则允许的范围内，防守队员用合理的身体部位及准确的时机将对手控制的足球抢夺过来或破坏掉，或截断对手的传球的技术。从范围来说，抢截球分为抢球、断球和破坏球。抢截球技术是破坏对方进攻、本方由守转攻的重要环节，对比赛的控制有着举足轻重的作用。

1. 抢截球的技术动作分析

抢截球技术的动作结构由合理选位、抢截动作的实施以及抢截球后的技术衔接 3 个环节构成。

1）合理选位

抢截球的实施是在对方及球的运动中进行的，因此需要对位置有精准的判断，选择最合理的位置，以待抢截球技术动作的实施。合理选位的重点是观察与判断，要对对方控制球的情况、接应位置、传球意图、运动方向做出精准的观察与判断，使自己及时移动到合理的位置。选择合理位置时要考虑对手在场上的位置、对手的朝向、与对手的相对位置、球与控球人的距离、对方其他队员的跑动路线等方面。一般而言，在本方半场内，防守的站位是在控球人与本方球门的直线上。当对手面对球门时，应保持 2 米左右的距离，并随对手移动而移动；当对手背对球门时，应迅速紧贴对手背部。另外，足球的抢截技术并不是由一个人完成的，在抢截的过程中，协防队员也要站在本方队员身后 3 米处，并重点关注其他跑位对手的移动路线，以保证在本方队员抢截失败后能够迅速担起抢截任务。在球门范围（本方罚球区附近），则应尽量进行贴身抢断。在截断传球的过程中，主要依靠预判能力，在传球前即移动到合理区域，当对方传球后，快速移动到传球路线上进行截断。

2）抢截动作的实施

抢截动作的实施的重点是把握时机。在实施抢截动作过程中，时机是最重要的因素，是抢截动作开始的关键。由于动作速率越快、动作时间越短、动作轨迹越直接，时机的选择就越容易，因此有的运动员会依靠动作的速率来弥补时机选择的不足。抢截球技术一般是在对手触碰球的一瞬间实施的，最好的时机应是其触碰球后球距其身体 2 米左右的时候，或在其触碰球的瞬间。但有时对手触碰球的力量很小，球仍在其控制范围内，这时应避免随意出脚截球。在断对方传球的过程中，抢截的时机则是其传球的一瞬间。

抢截动作一般可分为断球、正面上抢、合理选位及冲撞抢球、贴身逼抢和铲球。断球用于对方的传球过程；正面上抢多用于对手面向球门的运球过程；合理选位及冲撞抢球一般用于对手运球突然启动、变向等突破过程；贴身逼抢一般在对手背身接球时使用；铲球一般在对手和球离自身较远时使用。抢截动作强调快速与突然，避免对手依据抢截动作变向、启动、运球过人。抢截球过程中，可选择除手臂之外的所有部位，依据动作速率，哪个部位最快就用哪个部位，如脚尖、头顶等。

抢截动作是由移动和抢截动作两部分构成，其需要具备的主要素质包括反应速度、移动速度、动作速度、灵敏素质；其需要具备的动作要素关键在于动作速率和动作轨迹。因此抢截动作的训练应将素质和技术练习紧密结合。

3)抢截球后的技术衔接

抢截球并不是防守的结束，因为抢截球的动作方式和抢截后的技术衔接决定着比赛的走向，因此抢截球后的技术衔接也同样重要。在实施抢截的过程中，就要考虑如果抢截成功应该如何做；如果抢截失败应该如何做。因此抢截球与下一技术的衔接是实际比赛中的关键。

2. 抢截球的技术动作要领

1)断球

(1)特点。断球是破坏或截断对方传球形成由守转攻的重要技术。在断球过程中依据所处位置和球的运行时空特征，选择破坏或控制。一般而言，断球破坏采用身体末肢触击球，如脚尖、头顶；而断球控制则需使用接球技术。断球的重点是时机的选择，应快速准确判断对方传球的线路、力量、时间、空间位置，同时依靠快速的移动和精准的部位完成技术动作的实施 。

(2)动作要领。

①移动时机及位置的把握：在对方传球前判断对方传球的方向及路线，在传球一瞬间开始移动，过早移动会引起对方传球队员的注意，改变传球的时间或路线。

②快速移动：依据球的路线、速度，尽量移动到离球近的位置。

③断球动作的实施：离球较近，则采用接球技术将对方传球控制住；离球较远，则用身体末肢改变球的运行路线。

④断球后快速改变体位，为下一技术动作的实施奠定基础。

(3)教学训练过程中的注意事项。

断球实施过程中，常出现以下问题。

①反应慢、启动慢，即使预判正确，也无法及时断球。

②断球过程中以破坏为主，即使离球较近也无法实施断球控制。

解决措施如下。

①通过信号刺激法结合变换路线，提升反应速度。如开展听口令选择跑练习，当喊“1”时向左启动跑；喊“2”时向右启动跑；喊 3 时向后转身启动跑……此练习可结合慢跑进行。

②采用大范围跑动接球练习，提升快速移动中的接球能力。

(4)教学训练程序示例。

先讲解断球的实用性及技术实施的重点，而后进行固定路线的断球练习，即让学生在知道传球路线的基础上，练习移动和断球控制(断球破坏)，最后进行实战演练。另外在练习过程中要结合专项灵敏素质和反应速度素质训练等内容。

2)正面上抢

(1)特点。正面上抢是抢球者从正对面来的进攻队员脚下抢下、控制或破坏足球。正面上抢一般是在合适时机进行的跨步堵截或抢断。抢球者应正对来球并与进攻队员保持好距离，选择时机进行抢断。

（2）动作要领。

两脚前后开立，面对运球的进攻队员并与其保持 2~3 米距离，膝关节微屈，准备过程中重心时刻位于两腿之间，随球的运动轨迹进行后侧滑步，重心平稳过渡，杜绝高低起伏，时刻关注对手运球路线及触击力量情况。

对方触球后立即进行上抢，后支撑脚迅速用力蹬地，并变为抢断球用腿，同时重心前移，用脚内侧去堵截球、拨球或用脚尖破坏球。

堵截球是向球的运行反方向用力触击球，一般在抢截时机稍晚时运用，当对手也堵截时，球会夹于抢球者脚内侧和对手脚内侧之间，这时需要在不脱离球的状态下上拉。拨球是指在时机恰到好处，抢球者完全领先对手时，用脚内侧拨球改变运行方向，同时身体随波动方向移动，进行控制。若时机过晚，可通过脚尖破坏的方式进行抢截，这个过程不再强调重心控制，而要尽量将抢截脚前伸，用脚尖用力抢在对方触球前破坏球的正常运行路线。

（3）教学训练过程中的注意事项。

正面上抢训练过程中常出现以下易犯错误。

①抢截球瞬间重心转换慢，不利于抢截及后续动作衔接。

②抢截球中触球部位及触击方法选择不当。

解决措施如下。

①进行无球重心转换结合信号刺激法进行练习，体会重心由后向前突然转移的感觉。

②先进行固定球技术动作练习，而后进行消极对抗练习，重复练习进行巩固。

（4）教学训练程序示例。

讲解示范技术要领及重点，循序渐进地进行固定球技术动作练习—消极对抗练习—1 对 1 攻守对抗练习。紧密结合反应速度和动作速度素质训练进行练习。

3）合理选位及冲撞抢球

（1）特点。当对手运球路线不从正面而来，或对手运球过人时，即可采用合理选位及冲撞的方式进行抢截球。合理选位是指快速占据控制球位置；合理冲撞是与对手都具有控球位置时，通过力量素质获得独自控制位置的方法。无论是合理选位还是合理冲撞，关键点是要与球同方向运动，否则就会造成冲撞犯规或阻挡犯规。

（2）动作要领。

防守者在与运球队员向同一方向运动过程中，当与对手肩部平行时可以进行合理冲撞，身体重心要尽量降低，靠近对手一侧身体要绷紧，上臂贴紧身体，重心由外向内，外侧腿支撑发力，用上臂部位对抗对手相同部位，占据合理位置控制球。当遇到对手运球过人且自己处于球与对手之间时，要快速转身启动，并注意以移动的球为半径，依据对手的跑动路线进行跑动，并护住球。

（3）教学训练过程中的注意事项。

合理选位及冲撞抢球训练过程中常出现以下问题。

①对抗冲撞重心不稳，支撑腿发力错误。

②转身启动慢。

解决措施如下。

①核心力量训练、无球对抗冲撞启动练习。

②转身启动专项跑练习、折返跑练习。

（4）教学训练程序示例。

讲解示范技术要领及重点，先在无对抗条件下进行转身追球练习，强调转身速度和跑动路线；而后运用减难法进行对抗训练，练习选位和冲撞，即进行消极对抗练习；最后进行实战演练。在训练过程中，可单独安排选位练习，如以固定球为圆心，进行阻挡运动路线练习。

4）贴身逼抢

（1）特点。当对方背向进攻方向接球时，比接球人更接近球门线的防守队员应快速上前紧贴其背部，距离越小越好，控制其转身和向两侧移动的能力，并进行抢截球。贴身逼抢控制力较强，能够迫使对方回传或实现直接抢断。

（2）动作要领。

在接球人接球一瞬间迅速上前，以手臂支撑对方背部，或直接架起双臂贴身防守，控制其运动范围，贴身逼抢的同时用脚尖或其他部位破坏球。贴身过程中重心要进行自我控制，时刻关注对方的身体移动以及球的位置，借机破坏对方控制的足球。

（3）教学训练过程中的注意事项。

在贴身逼抢中，手臂及身体只能作为支撑，不可发力，依靠感觉和视觉判断其个人及球的运动方向，可采用感觉刺激法进行练习。例如，两人前后同向站立并贴紧，前边的人随机做转身动作，后边的人依据其转身方向进行启动练习。

（4）教学训练程序示例。

常与背身接球转身突破结合练习。

5）铲球

若球距离自己较远，又要及时破坏，可以用铲球技术抢先破坏来球。铲球技术要求其铲球脚紧贴地面，同时铲球目标仅为足球，不可有多余动作。铲球可依靠自身运动惯性，延长动作距离，达到抢先触球的目的。因铲球常利用身体惯性，速度快、控制性差，易造成对方运动损伤，因此在大众足球健身领域及学校体育范围内，并不提倡铲球技术的应用，教学只进行基本技术动作的讲解。

（七）掷界外球

当球的整体越过边线后，运动员通过重新发球，即掷界外球的方式使比赛继续进行。掷界外球是通过双手持球经过头顶连续发力完成的技术动作，球离开手前双脚不可离地。

1. 掷界外球的技术动作分析

（1）掷界外球的技术动作是一个以脚固定协调发力的快速力量和精准度的结合，因此双脚要稳固支撑发力。

（2）出球角度直接影响掷球高度及距离。

（3）掷球力量主要取决于腰腹收缩和出手速度，但力量是由下肢传导至腰腹及上肢的。

（4）充分利用助跑，将球掷得更远。

（5）现代足球运动中，掷界外球并不一定追求力量和距离，而应更重视掷球的角度、落点及精准度，如掷给接应同伴，最好的位置是膝部以下，使其能够更好地控制球。

2. 掷界外球的动作要领

准备姿势为两脚前后开立，面对出球方向，膝关节弯曲，上体后仰背弓。双手持球屈肘置于头后。发球时，后腿快速蹬地，重心由后向前移动，借助重心移动迅速收腹并向前摆臂将球掷出，后腿随即与前腿并立或抬起脚跟，出手时两腿均不得离地。

练习过程中可结合胸部和脚内侧等接球技术练习其掷球的力量和精准度，对于发力不协调，可先进行徒手动作模仿练习。

第三节　足球运动的战术训练

足球战术是指在比赛中为战胜对手或按预期表现所采取的行动。足球战术是运动员的无球跑位、基本技术、意识及体能的综合应用。

足球运动是一项技战能主导类同场对抗类项群运动。从项群理论看，其技术和战术起着主导作用，仅仅依靠足球基本技术是不够的，要想在比赛中具有控制力，还需要将所掌握的基本技术合理地运用于比赛之中，并与同伴相互联系、有效呼应。这种结合技术、跑位、意识及体能的配合和行动，即是足球战术配合的体现。足球战术可分为个人战术、局部战术和全队战术。同时教练员要依据本方队员的体能、技术特点，针对对手的相应特点，安排本方队员在场上的位置和具体责任，即比赛阵型。此外，现今比赛中定位球也不再是直接射门单一形式，也出现了经典的配合，因此定位球战术也越来越受到各个队伍的重视。综上所述，足球战术可分为进攻战术、防守战术和阵型。其中，进攻战术和防守战术又同样包括不同形式的个人战术、局部战术、全队战术和定位球战术。

足球比赛战术需要从总体对攻防的客观规律进行高度概括，以形成战胜对手的行动准则，这种原则即足球比赛的战术原则。战术原则可分为进攻战术原则、防守战术原则和比赛运用原则。其中，进攻战术原则包括制造纵深、拉开宽度、渗透突破和随机应变；防守战术原则包括防守延缓、平衡防守、收缩防守和立体控制；应用原则包括攻守平衡、控制节奏、选择阵型、安全与冒险和随机应变。

一、个人战术训练

个人战术活动是足球比赛中最常用的战术类别，其既是实战技术的具体应用，又是个人战术的具体表现。无论进攻还是防守，都要求运动员合理运用自己的技术动作。例如无球技术中跑位、选位的实际应用，实战技术的运球过人、跑动中传球、抢球与断球、抢点射门等都属于个人战术活动。个人战术训练与基本技术训练密切相关，是基本技术多元结构变异组合的表现形式。如果只进行足球基本技术训练，运动员就不能在比赛中发挥作用。

个人战术训练应遵循循序渐进的原则，教练在讲授动作和示范后，应允许队员进行简单练习，如原地固定球、缓慢节奏、消极对抗等，然后再进行有对抗、强对抗练习。个人战术分为个人进攻战术和个人防守战术。个人战术训练的重点在于技术的合理应用，而不强调基本技术的动作要领，有时甚至要改变正规的动作结构，以实现个人战术的实施。

（一）个人进攻战术

个人进攻战术是指在比赛中为了战胜对手而采取的符合整体进攻目的的个人行动。

1. 无球跑动

在比赛中无球跑动的主要目的有三个，一是通过跑动移动到合理位置有效地接应球；二是通过跑动甩开防守队员获得有利位置；三是通过跑动创造第二、甚至第三空当。无球跑动的特点是快速启动、移动、变向、急停，目的是能够快速移动到位、摆脱对手，因此其跑动方向是不固定的，要根据场上时空特征瞬时选择。针对无球跑动可以进行单独练习，如转身起跑、短距离折返跑；更应该进行与反应速度结合的练习，如听到不同信号进行不同形式、方向的跑位；最后要结合实战对抗进行强化练习。

2. 射门

射门是比赛过程中一次进攻的终极目标，是进攻战术的重要组成。现代足球强调高速拼抢和高速对抗，对射门提出了更高的要求，包括精准度、力量、时机、抢点等，因此个人进攻战术中射门练习尤为重要，是由基本技术向实战技术转变的重要过程。常见的射门练习如下。

（1）在足球墙上画若干个正方形（或圆圈）。队员在10~12米处踢定位球，要求队员达到一定目标。

（2）在足球墙上画一标准球门，队员练习射门，要求达到教练布置的射门次数。

（3）在场上安置一个小球门。队员距离球门35~40米，将从不同方向滚过来的球射向球门。

（4）同伴给队员传递不同距离、不同方向的低空球，队员进行不调整射门练习。

（5）队员站在小球门之外14~16米处，练习用脚背内侧和脚背外侧踢弧线球射门。

（6）队员利用曲线运球绕过一定的障碍物后进行射门。

（7）同伴与队员分别距球门30米和16~20米，同伴给队员传球，队员等球做跑动射门练习。

（8）在罚球区前一宽2米、长8米的长廊地带，然后进行射门。

（9）队员距球门10~12米背向球门站立，同伴给队员掷球，队员用脚停球之后进行转身射门。

（10）队员距球门10~12米站立，同伴从侧面给他传球，队员迅速凌空射门。

（11）队员距罚球区线7~8米，同伴位于其后2米左右位置。队员向前快速运球，然后射门。同伴跟随其后，尽量追赶干扰其射门。

（12）距球门16米设一立杆，队员使球从立杆右侧（或左侧）穿过，而自己从另一侧跑过，进行射门。

（13）队员背向站在罚球区线上，前面6~7米放一球，听到教练的口令后，队员快速冲上去控制球，然后转身运球至罚球区前射门。

（14）从罚球区线前 5 米至中圈，每隔 3 米设置一个立杆，共设置 4 个。延长罚球区的侧线至中线，构成一个长廊地带。同伴站在长廊地带，队员从中圈开始运球，至第一立杆前，将球传给同伴，队员做曲线跑绕过 4 个立杆之后接同伴的传球，进行射门。

（15）两队员站在球门前 6~7 米处。同伴站在球门线上，向两队员头上掷球。两队员争顶射门。

（16）在球门前画一 12 米 ×12 米的正方形，正方形的一边可以利用罚球区线。在正方形内，三名进攻队员力争突破两名防守队员，完成射门。

3. 运球过人

运球过人是指运动员根据战术需要以及对手的防守位置和重心变化情况，利用速度、方向或动作变化，越过防守队员的技术动作。通过运球过人可以获得时间和空间位置以及局部上的人数优势，从而突破对方防线，取得比赛主动。运球和过人是紧密联系的两项个人战术配合。熟练地运用速度和假动作进行运球突破，能创造良好射门机会，同时也为同伴的穿插跑动、站位，创造有利的条件。当然，在比赛中要牢记，不应过多地采用运球过人，否则会影响进攻速度，一旦有良好的时机，就要迅速果断地给队友传球。运球和过人的练习可采用如下方法。

（1）运球和过人练习，运球接力赛。将队员分为 2~3 个纵队，分别站在起跑线上（起跑线外 5 米画一平行线为传球线，两线之间为传球区，距起跑线 20 米处立一木杆）。听到教练信号，各队排头向前直线运球到立杆处返回，将球运到传球线上时，传给本队第二人。依次下去，看哪个队先完毕。

（2）一对一练习。一人运球，通过有对手防守的一段地区，对手力争阻止其通过防守区。

（3）从中圈开始每隔 3~4 米立一木杆，至 11 米处，球员从中圈做绕杆之后射门。

（4）在 11 米 ×11 米的场地内进行二对二练习。两人相互采用传球或个人突破。尽量不要被对方把球抢去。

（二）个人防守战术

1. 站位

站位是防守队员的一项个人战术活动，目的在于抢占有利的位置，阻止对手占据进攻位置，或者接球。站位形式多种多样，但基本形式是不变的，那就是永远要站在对手与自己球门之间。对手越靠近球门，防守队员就要越靠近对手。正确的站位，将使对手无法向处于有利位置的队友传球，强迫他运球或向远处的队友传球。这就大大消除了进攻的危胁性。站位练习如下。

（1）在一定范围的场地上，3 名进攻队员对抗一名防守者，进攻队员 B 控制球，站在队友 A 和 C 之间，并担任进攻的组织者，然后给 A 传球，并跑向 A 的一侧。此时队员移动另一侧有利位置，防守队员尽量阻挠对方的传球。

（2）一对二练习。在 12 米 ×12 米的场地中，一名防守队员力争防守两名进攻队员的攻门(门可用立杆代替)。防守队员应占据有利的位置,阻挠控球队员把球传给同伴,练习一定时间交换攻守位置。

(3)二对二练习。在一定范围的场地内,两名防守队员阻止两名进攻队员进攻。其中一名防守队员的任务是占据有利位置,阻挠控球队员传球、运球,另一名防守队员紧盯无球队员,阻止他向有利位置穿插和接球。

(4)场上分布 4 名进攻队员和 4 名防守队员,防守队员占据球门附近的区域。听到教练信号后,进攻队员运球或向同伴传球,防守者力争抢球或者延缓他们的运球、传球。练习一定时间,双方交换攻守位置。

2. 抢截球

抢截球是一项破坏对手运球和假动作的战术活动。本队在失去控球权后,应立即把抢截球作为主要战术目的,对手进行传球的时候是抢截球最适宜的时机。抢截球的练习方法如下。

(1)用两根立杆设置一个 2 米宽的球门,同伴向球门运球逼近,队员在球门附近,利用合理的抢截动作抢球,阻止其射门。

(2)同伴站在足球墙 6~7 米处,向足球墙踢球;队员站在同伴身体侧后方 2 米处,等球反弹回来后,立即冲上前抢球。

(3)一人向同伴头上方掷球,同伴身后两侧站有三名队员,他们力争用头顶球动作将球抢夺下来。

(4)在场上画一大圆圈,中间站有 5~6 名队员相互传球,另有 2~3 人进行抢球,如将球踢出圈外即为获胜,练习一定时间,交换位置练习。

(5)教练向不同方向传球,两名队员争抢球。

(6)甲、乙二人运球向丙进攻,如果丙从甲脚下抢到球,丙和乙变为进攻者,甲为防守者,依此类推进行练习。

二、局部战术

局部战术是各线队员进行配合,完成一定战术任务的活动,主要是利用合理传球、抢截球等手段达到战术目的。小组战术训练中应结合个人战术活动,从最简单的两人配合战术开始,然后逐渐增加配合的人数和内容。

(一)传切配合

传切配合是一项结合个人战术的小组战术活动。同伴之间默契地传球,对进攻、射门会产生极大的效果。传球按距离分为长传、中传、短传;按高度分为高空传、中空传和低空传;按线路分为横传、直传和斜传。教授传球时,最主要的是要求学生注意传球的方向、力量、时机以及同伴的跑动路线,完成协调一致的传球配合。先学习二过一战术配合,再进行三过二的或更多人数的传球配合。相关能力应通过各种形式的练习和比赛得以提高。

(二)保护

保护是小组防守战术,多用在球门附近。当对方突破了队友的防守时,其他队友要及时进行补位,以保证门前区域的安全。相互保护的关键是队友的相互理解和动作的协调一致。如果对方前锋突破了本方左边后卫的防守,那么中后卫就应及时地占据左边后卫的防守位置,阻止对方前锋的深入。此时,被突破了的左边后卫不能只停在原来位置,他应快速地返回保护中后卫。进行小组保护战术时,先进行 2 对 1 的练习(2 个后卫, 1 个前锋),然后进行 3 对 2 的练习(3 个后卫, 2 个前锋)、2 对 2 的练习(2 个后卫, 2 个前锋)、3 对 3 的练习(3 个后卫, 3 个前锋)、4 对 4 的练习(4 个后卫, 4 个前锋)。保护战术有了一定提高后,再进行 3 对 4 的练习(3 个后卫,4 个前锋)。

(三)战术配合形式

一个队在比赛中通过全体队员的相互配合,可以构成多种多样的战术活动。战术是为了完成一定比赛任务而进行的配合活动,少则包括几个人,多则涉及全队队员。战术配合的效率取决于队员的技术水平、身体训练程度、战术意识以及队员的顽强意志。全队战术分为进攻战术(本队控制球时)、防守战术(对方控制球时)以及定位球战术(包括中圈开球、球门球、角球、点球、任意球、掷界外球等)。防守战术配合的目的就是迫使对方进攻失误,自己由防守转为进攻。进攻战术配合的目的是通过灵活而突然的交叉换位,快速而准确地传球和射门。

战术训练时,首先要学会小组或一条线上队员协调一致地配合行动,先学习 2 人配合,逐步进行 3 人的、各组的、各线的配合练习。练习中,一定要安排具体的战术任务。例如:在边长为 30 米的正方形场地内进行 3 对 3 的对抗练习,规定在一定时间内,以射进球的多者为胜,运用"墙式"二过一的配合的一方如果将球攻进了球门,该队可得 4 分。

三、全队战术行动

全队战术是全体队员按照比赛情况、攻守任务和位置分工,投入多数人员的配合活动。训练中,队员必须在掌握了一定的技术动作、战术理论知识以及简单的双人配合或多人配合之后,才能逐渐进入全队的战术训练。

初期训练中,教练应根据队员不同的特点确定其比赛位置,位置确定之后,教练可以安排以组、线为基础的全队训练。训练应广泛应用各种比赛形式来提高队员的战术意识。比赛之前,教练要提出具体的目标,并组织队员进行座谈讨论。比赛中, 教练对参赛队员可进行适当调换,也可以暂停比赛指出或者要求队员注意某些配合中的错误。队员通过一些比赛能进一步巩固和提高所学的战术配合。比赛是对全队配合和每个队员战术能力的实践和考验。只有通过比赛才能真正地反映出战术训练中的问题,便于今后进行有针对性的改进。

进攻战术一般有两种形式:快速反击进攻和阵地式进攻。快速反击进攻是在对方进攻失误后尚未组织起有效的防守时而采用的一种进攻战术。快速反击进攻的打法是通过向前场处于有利位置的同伴做长传,或者做 2~3 次的快速短传来实现的。例如,当守门员得球后,边后卫很快地拉到边线一侧,边后卫、边锋发起快速反击。总之,快速反击多是在对方的进攻受到阻击失球后而快速发动的。反击有时也是预先制定的。例如,当对方进攻时,本队虽处于防守态势,但个别突破能力强的队员会埋伏在前场,后卫一旦得球,可直接把球传给该队员,该队员做快速的突破。

阵地式进攻是利用缓慢的、有把握的运球、传球向前推进,从而为寻找空当完成射门创造机会。这种进攻经常利用队员的交叉换位、“墙式”二过一和后卫的插上助攻来完成。

防守战术有盯人防守、区域防守及混合防守。

盯人防守主要阻止进攻队员利用运球、传球向前逼进球门或者射门。盯人防守主要在本方罚球区,或者在本方半场,甚至在全场运用。每个队员要紧跟自己的对手。这种防守的优点在于能合理地分配队员的力量,其不足是在相互保护上可能会出现脱节,有时门前会出现漏洞,造成对方攻门的直接危险。因此这种防守最好只用于盯对方重点队员。区域防守是防守队员在一定区域的防守配合。每个队员不是紧盯固定的进攻者,而是阻止任何对手进入防守区域。这种防守的优点在于对方在任何区域进攻都受到阻挠,为防守向进攻的转换创造了有利的条件。区域防守的缺点是对方可以根据某一防守区域的弱点,制造人数上的优势攻击这一区域。混合防守是盯人防守与区域防守相结合的一种防守形式。时而把盯人防守应用到区域防守上,时而又把区域防守应用到盯人防守上。现代足球运动中运用最多的是混合防守,它体现了防守的最大稳定性。例如:三个后卫利用盯人防守紧盯对方三个前锋,第四个后卫则位居三个后卫之后起保护作用,随时弥补三个后卫出现的漏洞,故第四个后卫被称为“清道夫”;一个突前中卫负责防守对方中锋,两个边后卫紧盯对方的两个边锋。另外,对对方控球的队员和他附近以及进入危险区的对手采取紧逼盯人。

四、定位球战术

定位球战术包括球门球、角球、任意球和罚球点球等。定位球战术在比赛中极为重要,中国国家男子足球队在 2002 年世界杯亚洲区预选赛的“十强赛”中,攻进 13 粒进球,其中 6 粒进球是利用定位球战术攻进的,定位球战术的重要性可见一斑。

一般而言,定位球战术包括直接射门、传切配合射门、一拨一射、接传球抢点射门。合理设计战术套路、加强直接射门、提升头球射门的能力是定位球练习的重点,因此定位球训练形式示例如下。

(1)直接射门。直接射门包括弧线球射门、大力射门、角度射门。前期练习过程中应有针对性地单独进行训练,避免一切形式的射门混合练习,借此训练找到个人特点,再按照个人特点选择不同的射门方式进行练习。

(2)传切配合。应设计不同形式的多套战术套路,反复练习,提升个人跑位接应、传球接球、接球射门的能力。

(3)接传球抢点射门。在抢点射门中应先进行无防守抢点练习,继而进行消极对抗,最后进行真实对抗练习。在此过程中,要区分前点、中点和后点,抢点射门熟练后,结合点位设计战术套路进行练习。

(4)一拨一射。进行一拨一射的目的是提升面对来球直接射门能力,即不停球射门练习。

五、比赛阵型

比赛阵型是根据主客观的情况，结合本队的特点，有针对性地安排场上的比赛位置和职务。比赛阵型从足球运动产生之日起，就在不断地变化和改进，这是教练员不断探索以及队员进攻和防守能力不断提高的结果。如果一个队员掌握了多种比赛阵型，并敢于在比赛中充分应用，那么他将是一个最危险的对手。但是必须肯定，任何比赛阵型仅仅是一个总的纲领和大体的布局，要靠每个队员创造性地应用和发展。比赛中，创造性和灵活性地应用比赛阵型是取胜的决定因素，下面介绍几种比赛阵型。

（一）“WM”阵型

它的实质在于队员比较平均地分布在场地上，其中有3名后卫、2名前卫和5名前锋。前锋中有2名内锋稍拖后，中锋和边锋突前进攻。“WM”阵型的主要战术配合是中场四边形的活动（即2名内锋和2名前卫）。这个四边形根据场上的形势时而放大助攻，时而收缩防守，构成了各线的平均负责制。每个队员都有固定的防守对象：边后卫防守对方边锋，中后卫防守对方中锋，前卫防守对方内锋。后来有的队采取前锋交叉换位的战术，这样大大削弱了对方的防守效果，因而极大地活跃了进攻队的战术配合活动。此阵型在20世纪三四十年代被世界各国广为采用。

（二）“424”阵型

这是巴西人在第六届世界杯足球赛上运用过的比赛阵型，并取得了极佳的效果，因而得以在全世界广泛推广。该阵型的特点在于以2个中后卫为核心，形成人数较多的密集防守线，同时又组成了2个中锋2个边锋的进攻线，因而进攻线也得到了加强。除此之外，由于边后卫频繁地插上助攻，更加重了对方防守的难度。这里着重提的是2个前卫要担负起组织中场进攻和防守的艰巨任务。

（三）“433”阵型

该阵型中有4个后卫、3个前卫，在防守中可以形成多种形式的战术配合；3个前锋担负进攻的任务。特别是中场的3个前卫能够密切地与前锋和后卫协同配合，进行交叉换位。因而这种阵型具有极大的进攻突然性。有时拖后的前卫会突然出现在前锋位置上，给对方防守线上出其不意的打击。这种比赛阵型的关键是要求每个队员都能够机动灵活地交叉换位。

（四）“442”阵型

这种比赛阵型的最大特点是牢固地控制了中场的主动权。极大地增强了防守线的力量。同时，由于中场队员和边后卫进行大范围的穿插配合，为进攻创造了有利条件。这种比赛阵型适于那些技术战术全面的队员，特别是掌握了灵活换位的队员。

近几年，世界足球还出现了4条线，或者5条线，甚至更多条战线的比赛阵型，如“4231”、“圣诞树（4321）”阵型等。

第四节　足球运动的心理能力训练

运动员心理能力即指运动员与训练竞赛有关的个性心理特征,以及依训练竞赛的需要把握和调整心理过程的能力,是运动员竞技能力的重要组成部分。心理能力实际上是指大脑对人的各种活动的组织、协调与控制能力。从足球专项来看,其体、技、战、心、智一同构成了现代足球竞技能力的基本内容,它体现了现代足球的“高度竞技性”,也体现了足球运动所需的全面的基本素质,从大众健身角度提供了有效的运动支撑。在足球运动的过程中,运动员不仅需要承受体能上的大负荷,如跑动、冲刺、跳跃、冲撞、转身变向等,同时也需要承受大量的心理负荷。在以往的足球比赛中,紧张、压力大等因素经常会导致比赛失利,这充分说明了心理能力在比赛中的重要意义。中国国家男子足球队于 2002 年首次冲出亚洲参加世界杯决赛阶段的比赛,在亚洲区预选赛的比赛中,队员们敢于拼搏,敢于适时做出如运球过人等技术动作,在比赛落后及形势不利的情况下能够保持良好心态,心理能力得到明显的体现。据了解,当时的主教练进行了多种心理训练,如网式足球,教育队员享受足球等,最终中国队在比赛中依靠极其成熟的心理,加之合理的体能及技战术的运用,提前两轮晋级世界杯决赛阶段的比赛。

足球比赛中场上情况瞬息万变,无论在处理球、控制球的过程中,还是在实施攻守战术过程中,运动员都要具备良好的球感、时间感、空间感、节奏感,要有敏锐的观察力、高度的注意力、丰富的战术想象力,能审时度势,及时、快速而又准确地做出判断并采取适时、合理、果断的行动。因此,运动员应具备良好的认知能力,即感知能力、记忆能力、想象和运动表象能力以及思维能力等,应具备足球运动所必需的自信心、进取心、意志力等心理品质,还应具有适应比赛变化、克服极端困难条件的心理适应能力和情绪的稳定性、心理状况的自我调控能力,这样运动员才能完成比赛任务。所有这一切都需要经过长期的、有计划的心理训练才能获得。

一、心理能力概述

(一)足球运动员心理训练的内容

足球专项心理训练是以发展运动员的心理能力,为训练和比赛做好心理准备为其主要目的和任务的。系统的心理训练可以分为两大部分:一是基础心理训练,亦称一般心理训练,旨在发展运动员参加训练和比赛所需的基本心理素质,目的包括培养良好的个性品质,发展专项心理素质,掌握各种心理技能等;二是有针对性的心理训练,亦称专门心理训练,旨在为某个具体比赛做好心理准备,内容包括赛前心理动员、赛后心理调整,以及针对某些心理障碍进行的心理训练等。这两大部分各自又包括不同的内容和方法。

基础心理训练主要包括掌握各种心理技能、发展足球专项心理素质和培养良好的个性品质。其中,心理技能主要包含目标设置、想象、放松、注意集中等技能;培养良好的个性品质则主要包含树立强烈的成就动机,培养坚定的自信心和顽强的意志品质。足球专项心理素质主要包括专门化知觉能力,如球感、脚感、位置感等。另外,运动员需要具备强烈的专项意识,如射门意识、拼抢意识等。有针对性地调整心理状态主要包括消除心理障碍、做好赛前准备。心理障碍是长期形成的、干扰比赛的意识,如“恐韩症”等,可以通过行为强化及基础心理训练进行改善;赛前心理准备需要进行的是模拟训练、心理动员等。

依据与训练和比赛的关系,心理训练还可分为比赛期心理训练及日常心理训练两大类。依据特定比赛的需要所进行的有针对性的心理训练叫作比赛期心理训练,包括赛前的心理准备、赛中的心理控制以及赛后的心理调整。通常,比赛期心理训练集中于调整运动员的心理过程,而日常心理训练则相对偏重于发展各种心理技能,改善运动员的个性心理特征。

一般来说,赛前运动员的体能、技能及战术能力均相对稳定,而其心理活动却非常活跃。心理状态的变化常常会对运动员最终参赛的结果产生巨大的影响。因此在比赛之前,激发运动员强烈的求胜欲望,增强其参赛信心,建立稳定而又灵活的参赛思维程序及参赛行为程序,对于运动员成功地参加比赛,都是非常重要而有益的。

在比赛过程中,比赛环境的不断变化会给运动员的情绪以强烈的影响。因此,保持良好的稳定情绪就成为运动员充分发挥其体能、技战术水平的关键。它既直接影响着比赛的结果,也是对运动员心理能力的一种高强度的训练。

竞赛结束后的心理调节,同样是心理训练的重要组成部分。对于比赛的胜利者,应充分肯定他们在比赛中积极的情绪体验,同时亦应注意消除被胜利掩盖的消极情绪体验,以及由于不能正确对待胜利而产生的自满、松懈等不良的情绪体验。对于比赛失败者,则要力求消除因失败而带来的消极情绪体验,并应寻找和发扬其在比赛过程中局部的积极的心理体验,以激发其再战求胜的强烈欲望。

日常训练过程中的心理训练偏重于改善运动员的个性心理特征。教练应根据运动员的年龄、训练年限以及所处的训练阶段,安排不同比例的一般与专项心理训练。对于处于基础训练阶段的少年选手,应以改善一般的个性心理特征为主,随着专项训练任务的加重,与其专项训练和竞技相适应的个性心理特征训练的比重则应逐渐加大。

(二)运动员心理能力的影响因素

运动员心理能力的影响因素主要包括个性特征、竞赛情绪、注意特征、感知觉能力、比赛动机水平、意志品质、自信水平和中枢神经疲劳等。

(1)个性特征,包括能力、气质、性格。

(2)竞赛情绪,包括情绪、焦虑。

(3)注意特征,包括注意的分配、广度、稳定性和转移。

(4)感知觉能力,包括球感、位置感、速度感、时间感。

(5)比赛动机水平,包括比赛动机水平及变化趋势。

(6)意志品质,包括自觉性、果断性、坚持性、自制性。

(7)自信水平,包括能力自信、状态自信、决心。

(8)中枢神经疲劳,主要指最大限度地激活肌肉的能力下降。

二、常用的心理训练方法

常用的心理训练方法包括心理技能训练方法和意志品质训练方法，如目标设置技能、想象技能、放松技能、注意集中技能等。

（一）目标设置技能

目标设置和努力实现这些目标的系统计划是强化运动员的自信心、提高运动员竞技能力的有效手段。目标设置一直是心理学研究的一项重要内容，是帮助运动员掌握身体和心理技能最常用的方法之一。

科学的目标设置计划可以从多个方面改进运动员的表现。目标使运动员的注意和行为指向需要练习的任务，如提升运球过人能力，提升任意球水平，提升全场跑动距离，等等；目标可以促进运动员积极努力训练，提升竞技能力；目标还能够使运动员坚持系统的训练。

目标设置应考虑以下因素。

1. 表现的目标与结果的目标

重视表现目标，忽视结果目标。无论在训练过程中还是比赛中，从技术能力、战术能力、体能三个方面教育运动员要重视其表现目标。例如，在传接球训练过程中，要求运动员首先注意自己的技术动作的准确性，其次再去追求其他指标。尤其在初始学习中，通常技术动作标准后，自然能够达到准确的目标。在比赛中，要求运动员追求技战术执行力，而非关注比赛的最终结果。简而言之，不是根据输赢来评价自己，而是根据自己所做的最大努力。表现的目标不是结果的目标，这是目标设置计划中最基本的原则。

2. 挑战性的目标与轻而易举的目标

显而易见，无论是教练员还是运动员，在训练、比赛中都应设置挑战性的目标而不是轻而易举的目标。挑战性目标的设置强度是有效性的决定因素，设置的目标强度过大，就会引起运动员意志力及坚持性降低；目标强度过小，便会形成轻而易举目标，无法进行目标导向，激发运动员的意志力。挑战性目标的设计不是一蹴而就的，而应该循序渐进地增加强度。

3. 现实的目标与非现实的目标

运动员应该设置表现的目标，而不是结果的目标。但是，当我们置身于激烈的运动竞赛中，且竞赛结果又十分重要时，我们就会发现自己主要集中于取胜，而不集中于竞技表现上。运动员出于某种原因，也总是喜欢设置一些非现实的目标。

确定现实的目标的关键是让运动员知道自己的真实水平，不要把自己的真实水平与希望自己应该具有的水平混为一谈。有效的目标设置需要建立在运动员与教练员之间相互信任的基础上，教练和运动员有时还需要对目标进行适当的调整，为实现运动员的长远目标而共同努力。

4. 具体的目标与笼统的目标

过去人们总是建议设置“尽你的最大努力”这样的目标，似乎这是一个最完美的目标。运动员从来就没有超越过这个目标，因为没有人确切知道，他的“最大努力”究竟有多大。它同样也是一个保险的目标，运动员也不会失败，因为他们总是可以说自己已经尽了最大的努力。最大努力是既难定义又难否定的目标,这种模糊的目标,恰恰是目标设置中的一个缺陷。实际上,它根本就不是一个目标,而是一个追求,是一种运动员可以不断为之努力的追求。具体的目标才有实效,因为它们可以通过限定成功的标准,更准确地指导运动员的行为。其结果是,它们给运动员设定的是非常明确的期望。具体的目标应该是数量化的,是限制在一个特定的时间或特定的事件中的。例如,在足球专项中,具体的目标可以是基本技术表现稳定程度百分比,跑动距离,传接球成功率,等等。

5. 短期的目标与长期的目标

设置目标时,长期目标与短期目标相结合也是确定挑战性的、现实的和具体的目标的一部分。只有达到一系列的短期目标,才有可能追求长期的目标。虽说运动员具有一个指向未来一年、二年甚至更长期的目标是有意义的,但是确定的目标不宜超过一个月,甚至几节教学训练课程都应设置明确。例如,在教学过程中,脚内侧传球通过 4 节课进行掌握,超过这个期限的目标就可能导致学生忽略其技术的掌握,导致基本功的不扎实。

(二)想象技能

想象技能是指运动员利用头脑中已形成的运动表象进行训练的一种技能。在足球专项运动中,想象的作用主要表现在以下三个方面:帮助运动员获得和练习基本技术、实战技术,演练足球比赛场景中技战术的运用,以及获得其他的心理技能。想象训练也称念动训练或意念训练。

1. 发展想象技能的三个阶段

第一阶段:感觉意识。运动员在足球运动中运用的想象是从他们的经验中形成的。运动员的目标就是采用这些贮存在记忆中的经验,来创造出他自己能够组织和控制的形象。改善运动员的想象技能,起初最重要的一步就是使运动员更清晰地意识到他们完成动作时的全部感觉。运动员需要注意自己身体的位置、脚步移动、时间节律、动作的连贯、方向的变化等。当然,他们还应该清晰地意识到自己完成动作时的视觉、动觉和听觉。例如,想象自己从中路向边路传球后,在向前跑动中迅速前插前点,接边路队员传球后,用脚内侧搓球的技术将球射进球门。在这个想象训练中,可以想象身体的位置是在中路开始向前点直插;脚步移动是突然启动前插;时间节律是缓慢跑动到突然起动;动作的连贯是前插接球不停球直接用脚内侧搓球;方向的变化是斜线直插前点,搓球后球向后侧部运动。此即构成了一个部分完整的想象训练。在比赛中可能遇到此情形,就会熟练地进行传球、跑位、接球、射门等技战术的运用。

第二阶段:鲜明生动性。这是指所有感觉的鲜明生动的形象。例如,在进行第一阶段想象案例中,最后的前插前点射门是关键关节,除了想象自己的运动外,对整个场上形势及关键技术细节也进行生动的想象。例如,想象在前插过程中,通过节奏的变化甩开防守队员向空当位跑动,在接球过程中有补位队员来对抗抢断,自己需要在失去重心的同时摆动小腿用脚内侧前部触球,并进行踝关节内旋,向后搓射。通过此想象练习,进一步明确了在特殊时刻及状态下完成技战术的运用,增加了相应的强度,能够形成更加有效的想象训练效果。

第三阶段:控制性。控制性练习主要是学习操纵想象的形象,以产生所需要的结果。例如，按照一般防守站位在运动员面前设置若干障碍物，使运动员必须依据障碍物进行想象运球路线的练习。此练习是在一定的框架内进行想象练习，避免了想象的不切实际，更加接近实战。

2. 想象训练的准备条件

想象研究的结果已经说明，对于鲜明生动性和控制性，在下列条件下训练，可以收到最好的效果。

（1）场景。想象技能的实施必须与比赛的条件、场景相结合，想象训练中应从低强度到高强度，逐渐上升。初期训练中，运动员可以在静止状态下进行想象训练，随着技术水平的提升，想象训练应逐步从静止过渡到各种场景状态下，如接球前想象该用什么技术接球，准备传到哪里，力量应该是多少，可能出现的特殊情况。想象技能的练习要结合场景进行，杜绝出现“空想”状态。

（2）注意放松的状态。在每一次想象练习之前，运动员都需要做到完全放松，但不是放松到进入睡眠状态。他们需要使心理和肌肉平静下来，但同时又能注意到要做的事情，即一种注意放松的状态。

（3）想象提示物。有些运动员运用一些称之为触发器的东西。1976 年奥运会田径十项全能冠军布鲁斯·杰纳尔总是在他的客厅里放着一个栏架。别人问他为什么这样做时，他说每当他躺在沙发上时，他就可以在心理上演练自己轻松地跨越这个栏架。因此，足球专项可以采用足球比赛挂图、实物等方式进行准备。

3. 想象技能评价

对想象技能的评价包括以下几个方面。

（1）想象中图像的清晰度。

（2）想象中图像的颜色。

（3）想象的情境中有无声音。

（4）想象中图像的连贯性与活动性。

（5）想象中自我的肌肉运动感觉。

（6）想象中自我的情绪体验深度。

（7）想象能否按照自己的意愿进行。

有一点需要说明，想象并不仅仅是获得视觉形象，它是一个多种感觉的综合体验。通过想象，动员的感觉通道越多，其形象就越鲜明或越强烈。运动员想象激发的感觉和情绪的意识越清晰，其有效运用想象的能力就越强。例如，在一些对抗抢点的想象练习中，不仅仅靠头脑的想象，还应结合肌肉的收缩、骨骼的屈伸甚至是呼吸的长短等各项身体实际练习，以达到更为逼真的效果，提升想象训练的质量。

（三）放松技能

在参加体育活动时，人们经常遇到的一个问题就是肌肉紧张。肌肉紧张带来的后果就是常常难以完成所要求的技能动作，甚至连一些最简单的动作也做得不够自如。此外，肌肉紧张还会导致情绪和心理紧张，从而不必要地消耗身体和心理能量，长期处于紧张状态，会有损于身心健康。

学会放松肌肉是保持身心健康的有效手段。下面介绍三种放松肌肉的方法。

1. 想象放松法

这种放松程序就是想象自己身处某种非常放松和舒适的外部环境或场所之中。例如，想象自己躺在深山茅屋之中，呼吸新鲜的空气，倾听鸟语风声，等等。

在做想象放松练习时，可先找一个舒适的位置（地板上、草地上或其他地方），自然地躺下，手臂放在身体两侧，两腿自然伸直，闭上双眼。

接下来，想象自己最中意的放松的地方，即自己总是觉得舒适和安全的地方；然后，使自己尽可能地放松，深深地吸气，缓慢地呼气；随后，在视觉上展现自己在这个地方的图像；并尽可能使图像生动、逼真，而且不仅仅是图像，还要"感觉"到自己确实身临其境。

2. 逐渐放松法

逐渐放松法是杰克布森在 20 世纪 30 年代提出的一种精心设计的放松程序，这些年来已被人们做过了相当大的修改。它的基本原理就是先学习、体会肌肉中的紧张，然后学习如何逐渐消除这种紧张；其程序是从身体的某一个局部开始，逐渐达到全身放松。

例如，平卧举起双腿，按腹直肌、竖脊肌、臀大肌、股四头肌、股二头肌的顺序逐步紧张肌肉，保持 5 秒后，一步一步地放松。如果能体会到紧张正在离开肌肉的感觉，身体就是逐渐放松了。

逐渐放松训练就是基于这种神经 - 肌肉放松的原理。首先，学会如何让身体各个部位不同的肌群产生紧张，然后逐渐使它们达到深度放松。然后，通过练习，再学会把这些肌群整合起来，开始时可以合成为 7 个肌群，之后合成 4 个；最后，一次性地将整个身体整合在一起。在一般的情况下，如果每周练习 3~4 次，需要花 4~6 周的时间学会逐渐放松技能。使自己身体完全放松的时间也会随这种放松方法的熟练而逐步缩短，甚至能够在几秒钟的时间内，使身体达到完全放松。

3. 自我引导放松法

这种方法是逐渐放松训练的一种简化形式，也很容易运用。在进行这种练习时，一边缓慢地、轻松地呼吸，一边通过自我引导在视觉上展现紧张流出体外的形象，逐渐放松身体的各个肌群。

自我引导放松的目的就是要逐渐减少使整个身体完全放松所需的时间。在开始的时候，运动员可能要花 10 分钟的时间来执行这些指令，经过练习之后，所需的时间会越来越少，而放松的程度则会越来越高。在放松每一个肌群时，运动员应该用较少的自我引导语，并把有些肌群联合起来，这样实际上只需几秒钟的时间就能使身体完全放松。

有人发现将想象放松和自我引导放松结合起来效果更好。例如，一个人可能在视觉上展示一个小人儿用一把小扫帚将紧张从相应的肌群中清扫出去了；另一个人则可能在视觉上展现出紧张就像是秋天的落叶，而每一次呼吸则如强劲的秋风将肌肉中的紧张一扫而光。此外，还有一些其他放松肌肉的方法，如借助仪器的生物反馈放松方法、由他人引导的催眠放松法等，可以根据不同的需要而采用。

（四）注意技能

注意是指人的心理活动对一定对象的指向和集中。注意是成功地完成技术动作和体验竞赛乐趣的另一个至关重要的心理技能。超级的竞赛表现只有在运动员处于最佳能量区域时才有可能出现，其特点就是注意完全集中在完成动作技能的过程而不是别的任何事物。契克森特米哈依（1975）指出，只有当注意完全集中在完成技能的适宜因素上时，才可能出现情绪饱满自如的状态。

1. 注意的指向性

注意的核心技能之一就是选择适宜的刺激或线索的能力，运动员应该将自己的注意从数不胜数的无关刺激和对抗性的刺激中指向适宜的刺激或线索。足球的中场运动员能够从后卫得球后，迅速观察到对方形成的堵截，确定预先计划的空当是否已打开，看到对方所有的阻挡队员，始终将球置于自己的保护之下，运用所有正确的策略“冲出重围”，就是注意选择技能中一个非常突出的技巧。

帮助运动员将他们的注意指向适宜的线索，应考虑以下要领。

（1）与运动员一起分析足球比赛中每一种特殊技能对注意的要求，确定这种注意究竟是内在的还是外在的，应该广阔到何种程度或狭窄到何种程度。

（2）注意集中于外部，要让运动员明白注意应该以何种次序指向何种线索，要尽可能地减少注意的线索和尽可能地使其明了。注意集中于内部，要指向积极的、建设性的思维，而不是消极的思维。

（3）在实际完成某一种技能时，注意要指向当前正在完成的动作和即将完成的动作，而不是指向已经过去的比赛情况。

（4）注意应集中在与任务有关的因素上，例如动作的结构和战术的实施，而不是集中在得分或悬而未决的结果上。运动员在同一时间内不可能将注意集中于两个不同的事物上。如果运动员将注意集中在目标上，他就不可能集中在方法上。换句话说，如果运动员正在考虑获胜，他也就不可能同时考虑如何去应对随之而来的不定场景，如如何把球射进球门。

（5）帮助运动员形成关于何种线索应该注意和何种线索应该过滤掉的心理定式和期望，然后让他们学会对这些线索的适宜反应。

（6）在帮助运动员形成心理定式的同时，让运动员掌握那些可以帮助他们预测某些反应的线索，然后帮他们分析何时适宜做出预测反应。

（7）在学习运动技能的时候，要让运动员的注意指向完成这些技能时他们肌肉内部的感觉和体会上。注意集中于这些运动线索可以提高运动员学习这些技能的速率，想象也是传授运动知觉的一种极好的方法。

（8）在训练过程中，要在训练开始的时候趁运动员的心理能量还处在高水平时做那些需要注意的教学活动。

（9）在训练过程中，运动员在初学技术或战术套路时，要尽量减少分心因素，但是，稍后则要引进模拟竞赛的分心因素，这样才能训练运动员的注意技能。

（10）当外部环境中有大量的不确定性因素时，特别是那些运动员可能觉得对他们的自我价值是一种威胁的不确定性因素时，这种情况就会使他们产生紧张应激，也会增加他们分心的可能性。

2. 注意的集中

注意和集中在体育运动的语言中通常是作为同义语使用的，但事实上不应如此。注意的集中一直被定义为“注意范围的缩小，使注意固定在某些刺激上”和“使注意维持在所选择的刺激上”。为了改进我们在描述注意技能时用语的精确性，注意的集中应该被限制在后面的一种意义上，即在一定的时间内将注意维持在所选择的刺激上的能力，我们通常用注意的持续时间来反映。

发展注意的集中是一种自相矛盾的努力。我们知道紧张的注意集中需要大量的心理能量，因为当我们集中于某一对象时，无论时间的长短，都会感到心理上的疲劳，以及警觉性的降低。因此，当我们力求改进注意集中的技能时，我们就面临着一种需要做出巨大心理努力的任务。但是，正是这种努力导致注意的集中离我们而去。

改进注意的集中，应考虑以下几个方面。

（1）由于注意的集中是一个被动的过程，这种技能的改进有些要通过让心理活动准备集中注意来实现，如摆脱紧张应激、沉醉于注意的目标等。关于控制心理能量、紧张应激的一些要领，特别是关于达到情绪饱满自如状态的一些建议对改进注意的集中将会有巨大的帮助。

（2）提高注意集中水平的另一个有效的途径是运用临赛前程序，如前所述其可以降低不确定性，减少出现分心的潜在可能。

（3）改进注意的集中还可以采用动作触发器，即一些可以提醒运动员集中注意的词语和动作。

（4）注意的集中可以通过练习迅速得到提升。运动员在训练课中应该花一些时间像实际比赛所需要的那样保持自己注意的高度集中。

（5）在训练和竞赛中保持心理上的警觉性和控制心理能量不仅可以帮助运动员高度集中注意，而且还能获得更好的注意选择和转换技能。

（五）意志品质训练

意志品质是能使我们去完成那些几乎不愿意承担的任务，甚至可能是讨厌的任务的一种品质。例如，在足球比赛的中后期，当我们疲劳或者承受乳酸聚积引起的酸痛时，仍然坚持到底，这就是意志品质的作用。

实践经验表明，那些具有最顽强的意志力的人，即那些能迫使自己克服不利情况（诸如疲乏）而完成任务的人，往往是最能够发掘自己潜能的人。运动竞赛实际上是斗智斗勇的过程，斗智是指技战术水平的交锋，而斗勇则是意志品质的较量。“两强相逢勇者胜”，在其他条件相同的情况下，胜利者将是具有顽强意志品质的人。

取得比赛胜利首先需要的是毅力，其次是进取心和拼搏精神。尽管比赛的过程非常艰苦，处于主动进攻心理状态的人是不会轻易放弃努力的。放弃努力就意味着失败！

比赛中的表现实际上是平时训练的反映。因此，在训练中，运动员首先要培养永不放弃的精神。运动员在紧张的情况下比赛常常会反映他平时训练中的习得行为，如果平时训练时是消极被动和马马虎虎的,那么在比赛中也可能表现出同样的态度。所以,意志品质更需要平时的训练和培养。

所有训练都是一种对负荷的适应,对运动员意志品质的训练也是如此。苏联运动心理学家鲁吉克提出过一些关于如何培养意志品质的建议,主要有以下几点。

(1)从小问题着手,即使是琐碎的问题,在意志品质训练中也有重要意义。

(2)自己本身必须有解决问题的渴望。

(3)学会运用积极思维使自己进入进攻状态,当面临比较困难的任务时,首先要有克服困难的勇气。

(4)将训练当作比赛,始终处于进攻状态,对所有培养意志品质的练习都必须全力以赴。慢慢腾腾、敷衍了事只会产生消极的作用。

(5)要将全部注意力集中指向当前的任务。

(6)对毅力这种意志品质的训练并不需要进行得过于频繁。但是,这种训练应该提高运动员在较长时间内承受心理负荷的能力。

(7)培养意志品质的练习和任务必须在心理上有一个明确的目标。一种意志品质的努力如果没有实现某个目标,常常会带来消极影响。既要不怕失败,同时还要力争取胜!

三、足球比赛的心理状态

足球比赛的心理状态干预及心理指导工作包括赛前的心理准备、赛中的心理控制和赛后的心理调整。

(一)赛前的心理准备

临近比赛时,运动员的技战术和体能一般不会有太大变化,参与比赛的动机与态度往往表现为多种多样或大起大落。因此,要了解运动员的赛前心理状态,及时做好赛前的心理准备。研究资料表明,比赛中运动员技术水平发挥欠佳的案例中,由于心理准备不足造成的约占 70%;由于训练水平、技术准备不足的约占 20%。因此,赛前心理状态的稳定对运动员来说十分重要。

运动员的赛前心理状态大致有四类:过分激动状态、赛前淡漠状态、赛前盲目自信状态和最佳战斗状态。前三类都需要用适当的方法进行心理调整。

(1)明确比赛任务,确立适宜的比赛目标。目标既要有利于充分动员运动员的潜力,又要为运动员所接受,不致形成思想包袱。

(2)激发良好的比赛动机。调动运动员渴望参加比赛的内驱力。但须注意动机过于强烈或注意力过分集中于比赛,往往会导致精神紧张,影响技术水平的正常发挥。

(3)增强运动员取胜的信心。自信心是成功的基石,要使运动员对比赛可能遇到的挫折和不利因素有足够的思想准备,通过认知训练帮助运动员正确评估彼我双方的力量,看到自己的优势,使运动员敢于竞争,敢于拼搏,以良好的心理状态投入比赛。

(4)调整运动员的情绪。针对各种不利于比赛的情绪,运用心理调节训练的手段进行调节,使运动员的情绪趋于最佳状态。

（5）进行赛中行动和思维程序的表象演示，帮助运动员熟悉战术实施要求，分析可能遇到的困难及对策。

赛前心理准备最重要的是两项工作：一是做好赛前心理准备的重要环节——赛前激活水平的最佳控制，二是对几种不良的赛前心理状态采取调控对策。

1. 赛前激活水平的最佳控制

为参加比赛，运动员必须调动全身各有关器官系统和心理机能进入比赛状态，发挥机体最大潜能。这种动员称为激活。通常出现的问题：最佳的激活水平出现过早，消耗了过多的能量，而比赛当天却力不从心，兴奋不起来；临近比赛，还未到达激活水平，运动员兴奋不起来。因此，应将最佳激活水平调整至比赛日。

2. 几种不良赛前心理状态的调控对策

（1）赛前过度兴奋，是由于运动员比赛经验不足，自控能力和适应能力差，或比赛动机过强，期望水平过高而刺激了大脑的兴奋性过高的结果。对这种状态的调控对策是控制适宜的动机和期望水平，培养运动员的自我控制能力，可采用转移注意力、安慰疗法、放松训练、催眠暗示等方法。

（2）赛前淡漠，表现为情绪低落、意志消沉、缺乏信心、不想比赛、乏力、反应迟钝。赛前淡漠一般是由运动员过度疲劳、伤病未愈、比赛任务过重、困难过多和意志力较差等引起的。调控对策是采取激励、动员、积极的语言暗示，以及进行模拟训练、赛前热身、临赛前提前做准备活动，使激活水平提高，调动参赛的积极性。

（3）盲目自信，表现为表面兴奋、内心空虚，往往对比赛的困难和复杂性估计不足，过高估计自己力量。一旦比赛失利，情绪一落千丈，急躁、烦恼，以致恶性循环，连连失利。调控对策是加强运动员的思想教育和作风培养，认真做好赛前准备，准确评价双方实力和彼此的优劣，以清醒的头脑参加比赛。

（二）赛中的心理控制

运动员在比赛过程中的情绪体验最为深刻，情绪波动也较大。主观的和外部环境的各种刺激都会影响运动员的心理稳定性。担心失败、害怕对手会使运动员产生焦虑情绪，观众的不同态度会使其产生激励或焦躁的情绪，裁判员的误判、漏判又会使其不满或愤怒。教练员的激励、安慰能给运动员鼓舞，同伴的积极行动会激起其斗志，任何情况下有良好的心理稳定性是比赛成功的基本保证。情绪和情感与机体的生理、生化机制有密切关联，受环境影响（刺激因素）、生理状态（生理因素）、认知过程（认知因素）所制约，其中认知因素起关键作用。

1. 刺激因素的影响和控制

环境直接或间接地通过感官刺激运动员。比赛环境、气候条件、观众、气温、教练员的语言、同伴的行动、对手的表现等，这些因素直接影响运动员的情绪。为提高运动员在比赛中的心理稳定性，克服环境刺激因素的不良影响，要从根本上提高运动员的适应能力，降低他们对外界刺激的感受性，使他们的注意力集中在技战术运用上。赛前的适应性比赛、比赛中的语言提示，都可降低刺激的影响力。此外，也可以回避的态度减少感受刺激的机会，或利用无关刺激来转移不良刺激的影响。

2. 生理因素的影响和控制

生理因素的影响指在大强度竞技活动中，机体内部的生理活动状态，如植物性神经系统的机能水平、内环境的平衡、骨骼肌的紧张度以及疲劳、伤病、女子月经前期等，引起的情绪波动。为了控制生理内部的刺激压力，可采取心理调节手段，如精神放松法、呼吸吐纳调整手段等都可以缓解生理因素对情绪的干扰影响。此外，平时应加强对运动员意志力的训练和培养，训练后即使遇到生理活动有些失调或疲劳和伤痛，他们也可正确对待和保持相对稳定的情绪。

3. 认知因素的影响和控制

认知因素一般来自大脑的各种中枢信息，尤其是对过去经验的回忆。如受失败阴影的笼罩产生联想导致怕输、怕失利的不良情绪。一旦在比赛关键时刻，只要有担心失败的意识，情绪即表现为焦虑和急躁的倾向。对待这种因素的影响，必须以积极的想象抵御消极的想象，采取自我暗示、自我安慰、语言鼓励等达到控制情绪的效果。运动员在日常训练和比赛中应重视建立正确的思维定式，把握正确的认知过程，可以防止和消除不良的情绪波动。

临场遇到情绪波动甚至恶化时，一般可采用以下简易方法。

(1)呼吸吐纳调整法。加深呼吸的深度，调整呼吸的均匀度，使呼吸进入一个悠、缓、深、细、沉的境界，尤其强化腹式呼吸，效果更明显。

(2)语言暗示法。自我暗示或同伴、教练员指示皆可。如“镇静、放松、现在感觉很好”等。同时，闭目、静观、调整呼吸，效果则更佳。

(3)转移注意法。暂时不想失利的过程，转而思考其他愉快的体验，使紧张的情绪得到暂时的宽松和调整，也有利于情绪的稳定。

(4)自我训练法。发现过度紧张时，可通过常用的身体活动来缓解，如做扩胸运动，轻微活动膝、腿、脚踝，配合深呼吸，能有效缓解紧张情绪。

(5)闭目静坐法。在中场休息时，闭目静坐，听自己的呼吸声，暂时排除脑中繁杂的念头。继而体会自己身体内部的感觉，经脉畅通，如甘露由上洒下，遍身清凉透彻。既可排除各种因素的干扰，也可迅速使情绪平静下来。

(6)肌肉松弛法。采取按摩使肌肉放松，尤其肩、颈、背的放松，有助于消除心理紧张。临场可因地制宜、灵活应用适宜的方法，有时 2~3 种方法同时应用更好。

(三)赛后的心理调整

赛后的胜负结果会使运动员产生各种心理活动，这种心理活动有积极的，也有消极的。因此，教练员必须和运动员一起对比赛后的心理状态进行分析，根据存在的问题，采取必要的措施加以调整，化消极因素为积极因素。

1. 运动员在赛后心理状态的表现

(1)比赛成功者会有鲜明而深刻的情绪体验，然而这种体验会产生两种不同的情绪。积极的情绪：对成绩的获得有一种满足感、振奋感，精神受到很大鼓舞，信心更强，希望在以后的比赛中再接再厉，取得更优异的成绩。消极的情绪：骄傲自满，目中无人，对自己估计太高，看不到缺点与不足，对以后比赛产生盲目自信，妄想轻易得胜。

（2）比赛的失败者会因失利或没有发挥出水平而遗憾，也会引起两种情绪。积极的情绪：从比赛中发现了缺点与不足，分析失败的原因，决心有针对性地去克服；失败并未使自己消沉反而更激起斗志，在以后的比赛中积极争取胜利。消极的情绪：经不起失败的挫折和打击，意志消沉、怨天尤人、丧失信心，把比赛失利更多地归于客观原因，或认为自己无能，一蹶不振，不想再参加比赛。

2. 比赛后的心理调整

（1）针对不同的状态进行心理咨询，帮助他们端正态度，提高认识，总结经验与教训。化解消极因素，鼓励积极情绪，无论失败者、成功者，都要防止自我形象的骤然变化，应始终保持积极进取的稳定情绪。

（2）赛后应安排积极性的休息。消除生理疲劳和心理疲劳一般采取转移注意力的活动，调节精神状态，如文娱活动等。整个赛期结束后应有 1~2 周的调整期，以轻松愉快的、丰富多彩的活动进行积极的心理调整。这项工作不仅有利于以后的训练和比赛，更重要的是有利于身心健康。

（四）主客场制赛事的心理状态及调整

当今，国内外的竞赛较为频繁，职业足球俱乐部的年度比赛已采用主客场制，一般人的想法是主队占据天时、地利、人和优势，胜率应该大于客队。然而，从心理因素影响技战术发挥的效能观点看，事实上未必如此。国外心理学家以此观点为假设，采用个案历史法，研究搜集 1924—1982 年 59 届美国棒球全国大赛的记录，分析输赢次数和当时主客队的关系。又以同样方法搜集和分析 1967—1982 年 16 届美国篮球协会举办的全国大赛记录。研究结果发现：在初赛阶段主队赢球机会大，复赛阶段主队输多赢少，而决赛阶段主队处境更为不利。总体上主队胜率低于 50%，原因是，本来有利的地缘、人缘关系，变成了心理压力，观众的过度期望加重了球员的心理负担，以致表现失常影响成绩。当然主队在天时、地利、人和方面优势是不言而喻的，尤其是观众的支持及观众压力下裁判员的执法等因素均有利于主队。

综上分析，第一，主队更重要的是克服想赢怕输的心理压力，尤其是在迎战势均力敌的对手、关键的场次时，运动员应正确评估双方的实力，摆正自己的位置，多考虑具体技战术的准备，少考虑比赛的结果，把困难想象得多些，以积极的心理定式投入比赛，同时要处理好劳逸关系，注意封闭式的管理，减少家人、熟人的干扰，集中精力投入比赛。第二，客队要克服观众的干扰和可能出现的裁判员失误带来的影响，调整好地区差异带来的生活或生理的不适应，安排好生活，尽快消除旅途疲劳，以充沛的体力、饱满的精神、稳定的情绪投入比赛。

第五节　足球运动知识能力的积蓄

一、运动员知识能力概述

（一）运动员知识能力释义

运动员知识能力是运动员竞技能力的重要组成部分。它是指运动员掌握和运用运动知识,提高竞技运动水平的能力。掌握运动知识是运用运动知识的前提;运用运动知识,提高竞技运动水平是掌握运动知识的目的。

以下从三个方面来理解运动员知识能力。

第一,从人类运动知识本身的特点来看,运动知识是人们在实践中获得的与运动相关的认识和经验。既有一般知识,是基础,也有足球专项知识,是维度更窄却更精确的知识。一般足球运动员所掌握的运动知识是指运动员所知道的、有助于提高足球体能、技战术、心理能力并在比赛中创造优异成绩的相关知识。同一内容的知识,既有感性成分,也有理性成分。

第二,从运动知识的获得途径来看,运动员个体的知识结构需要不断完善。运动员获得运动知识的途径有多种,既可以来自训练和比赛等运动实践,也可以来自书本和教练员等的传授。作为与肌肉活动相联系的运动知识的操作部分,足球运动知识的获得途径必然是在足球运动实践当中。

第三,从运动知识产生作用的方式来看,知识本身不会产生力量,只有合理运用知识才会获得知识的价值。运动知识的运用是指运动员利用所获得的运动知识提高其竞技能力和在比赛中取得更好的成绩。

(二)运动员知识能力的构成

知识结构是指由各类知识形成的知识框架和各类知识的比重。依不同的分类标准可把"知识"分为自然科学知识和社会科学知识,普通知识和特殊知识,基础知识和专业知识,传统知识和现代知识等。运动员需要掌握的是与取得优异成绩相关的合理、优化的知识,其中既包括精深的专门知识,又包括广博的一般知识。

现代运动训练已经进入更加理性化、科学化的时代。运动员在比赛中的竞技表现涉及多元的因素,包括体能、知识、心理、技术、战术及许多社会因素。涉及人体形态学、运动遗传学、运动解剖学、运动生理学、运动生物化学、运动生物力学、运动营养学、运动医学、运动心理学、体育教育学、体育管理学、体育信息学等几十门学科。运动训练全面吸收和应用信息科学、材料科学、生物科学等学科的最新研究成果。

最初的运动训练活动是建立在实践经验基础上的。当人们从各自母学科的角度来认识训练过程时,与运动训练有关的各个分支学科便逐渐形成了。一个运动员的成长所涉及的学科领域包括人体生物科学、心理和教育科学、人文社会科学、自然科学等方面。

1. 运动人体生物科学

与运动员体能和技能的发展紧密相连的是人体生物学领域的相关学科,包括运动生理学、运动医学、运动生物化学、运动生物力学、人体动作技能学、运动解剖学、运动营养学等。它揭示了人体形态结构、身体机能、运动素质在运动训练和比赛中发生变化的规律,阐明了运动训练过程的生物学原理,为指导不同年龄、性别、不同运动项目和不同训练水平的运动员的训练实践提供了重要的理论依据。

比如,利用测试数据可以监控和调整运动员的运动负荷,有效防止运动损伤和过度疲劳,提高训练质量:用心率、血乳酸、尿蛋白等指标可以评定负荷强度; 用血糖、血氨、尿酮体等指标可以判断运动员身体的疲劳程度;用心率、血尿素、血清肌酸激酶活性等指标可以判断运动员对负荷强度的适应情况等。

2. 运动心理学和体育教育学

与运动员心理能力发展有关的是运动心理学和体育教育学,包括运动员认知方式、情绪控制、心态调整、人格修炼、文化素质、运动专项文化熏陶。运动心理学的研究范围十分广泛,如技能学习、竞赛心理、运动对人的意义、从事运动的动机,以及运动员之间、教练员和运动员之间、运动员和观众之间的相互关系,心理训练和运动心理治疗方法等。20 世纪初期,该方面研究的问题多集中在技能学习上,包括学习的分配、保持和迁移等,而后深入运动行为的理论方面。比如,运动员在训练和比赛中的认知方式、情绪调节、行为控制,以及运动员的心理辅导、心理咨询和心理健康教育。

3. 体育人文社会科学

与运动员个体在团体中行为方式发展紧密相连的是社会科学,它揭示运动员的价值观、人际关系、个体社会化的形成、运动员个体与群体行为在运动训练中的变化规律,是开发运动员竞技能力的理论基础之一。对人文社会科学研究成果的运用有助于改善群体结构、放大系统功能、控制矛盾冲突、维护队伍秩序、加强群体互动。

4. 其他科学领域

运动器械、运动环境等与运动成绩有关的科学领域有:材料学、气象学、计算机科学等。

目前,应努力把这些分支学科的研究成果运用到运动训练中。在运动训练全过程中的每一个环节,即运动员状态的诊断、训练目标的建立、训练计划的制订、训练活动的组织实施、训练效果的检查评定、训练状况的反馈调控,直至训练目标的最终实现,无不广泛地应用着现代科技知识。不仅对于运动负荷的组织实施与监控,而且对于负荷后的恢复过程;不仅对训练课上各种训练方法和训练手段的选择和实施,而且对于训练课外多种合法强力手段的设计和采用;不仅对于运动训练的过程自身,而且对于竞技体育活动的其他重要环节(如运动员选材、运动竞赛和竞技体育管理),现代科技知识也都已广泛地参与其中,取得了巨大的成效,有力地支持和引导着竞技体育的快速发展。

(三)运动知识的分类

知识的层面有:描述性的说明“是什么”,解释性的说明“为什么”,操作性的说明“怎样做”,限定性的说明“是谁的”和时间等条件。

可以从 4 个层面来看知识所解决的不同问题:

①关于事实的知识,即解决“是什么”的知识;

②自然原理和规律方面的科学理论知识,即解释“为什么”的知识;

③关于技能和诀窍方面的知识,即指导“怎么做”的知识;

④谁知道某种信息的知识,即指明“是谁的”知识。

对于运动员来说,第三类知识很重要,即完善的体能、完美的技术、灵活机动的战术、优良的心理素质。但是,一个高水平的运动员不仅要拥有第三类知识,而且还要拥有第一、二、四类知识,要能够对体能、技术、战术心理进行深入的认识和分析,理解其规律和原理,才能从顺利进入优异成绩的保持阶段，并延长自己的运动寿命。

4个层面的知识之间相辅相成，运动员既要具备体能、技术、战术、心理调适本身的知识，还要知道相关联的事情、原理，以及了解它们之间的相互关系等。以跨栏动作练习为例，我们可以从一帧一帧连续的照片上来看运动员跨栏动作的各个环节的，从照片上看到运动员的腿在摆动，运动员对照照片练习腿的摆动。

1.程序性运动知识和陈述性运动知识

从教育心理学角度，以动态和静态为标准分为动态操作形式的程序性知识和静态概念形式的陈述性知识。程序性运动知识主要靠动作进行表达，即"示范"效应；陈述性运动知识则主要靠语言表达，即讲解效应。

1)程序性运动知识

程序性运动知识是关于怎样做的知识，涉及操作步骤和过程，这类知识主要用来解决"做什么"和"如何做"的问题，如通过动作表达出来的是技术、战术本身。

由一系列动作操作构成的运动技能就是一种程序性运动知识。运动员学习和掌握运动技能的过程包括：通过观摩他人的示范动作建立视觉表象，通过反复练习，建立和巩固动觉表象，最后达到动作自动化的程度。经过训练，运动员可以完成这些动作的各个环节，表现出各环节动作在一定时间、空间和力量上的特点，或者说各个环节中身体的位置、动作力量、幅度、方向和速度等。这种动态的程序性运动知识，相当于我们所说的技术或战术中的动态部分。以足球脚内侧传球动作为例，运动员能够做出这个动作，就说明他具备这个动作的程序性运动知识。

2)陈述性运动知识

陈述性运动知识是描述客观事物的特点及关系的知识，包括通过文字符号表达的，描述体能、技战术特点，说明其原理和相互间关系的知识，包括要领、细节、重难点、原因、应用等。

陈述性运动知识是关于"是什么""为什么""怎么样"的知识，涉及描述客观事物的特点及关系，用于区别、辨别事物。这类运动知识主要以文字或符号为载体，说明概念和概念间的关系。

比如，"脚内侧传球"的陈述性知识表达为"用脚内侧传出的、准确性高的球。"

(1)动作概念。脚内侧传球由助跑、支撑脚站位、摆动腿摆动、踢球、随前动作组成。

(2)动作方法。

①助跑：在触球之前给自己一个跑动的空间，用途主要是便于发力，分为直线助跑和其他线路助跑。

②支撑脚站位：支撑脚站位于球旁侧向20厘米左右；脚尖略过球的中心线；支撑脚脚尖指向传球方向；支撑腿弯曲，重心落在支撑腿上，为摆动腿的摆动，留出判断时间；要注意的是，脚内侧传球的助跑方向，在练习时是与目标成直线的。

③摆动腿摆动：摆动腿摆动是在支撑脚着地后，触球腿的大腿带动小腿由后向前摆动，需要注意的是，大腿在摆动过程中髋关节及踝关节应外展。

④踢球：触球腿由后向前摆动到接近球时，小腿迅速向前击球，触球时脚底与地面平行，

踢球脚与支撑脚成 90°，脚尖向外略上翘，用脚弓踢球的中部。

⑤随前动作：踢球后摆动腿自然向前继续摆动至停止状态。

（3）动作的重难点：判断来球位置，准确选择接球点，主动迎球后撤时间的掌握。

（4）技术分析：脚内侧传球是由髋关节外旋，大腿由后向前从屈到伸并带动小腿快速摆动，踝关节外旋使脚内侧接触球等动作组成的。因关节外旋状态下的摆动无法充分收缩股四、股二头肌和小腿三头肌，因此传球速度受到限制；但同时关节的外旋使脚内侧的大部分面积对准球，使接触球的面积达到最大，因此传球准确性最高。

此外，脚内侧传球的重要作用是什么，如何应用，其他的形式是什么，等等，都属于陈述性运动知识。

2. 显性运动知识和隐性运动知识

英国学者波兰尼于 1958 年指出："人类有两种知识，通常所说的知识是用书面文字或地图、数学公式来表述的，这只是知识的一种形式；还有一种知识是不能系统表述的，例如我们有关自己行为的某种知识。如果我们将前一种知识称为显性知识的话，那么我们就可以将后一种知识称为隐性知识。"

新知识观认为，根据知识能否被清晰地表述和有效地转移，可以把知识分为显性知识和隐性知识。传统意义上的知识是指那些能够说出来的知识。

在竞技体育中，隐性运动知识则是运动员完成动作的实践经验，显性运动知识是对动作的语言描述。

1. 隐性运动知识

隐性运动知识的特点之一是与肌肉活动相联系，有大量的具体动作，而不是抽象的概念。在运动员的竞技能力中，能够做出来的事情，不一定能够用语言表达出来，有些动作本身就很难再现。例如，运动员可以很好地完成技术动作、战术动作和心理调适过程本身，准确地观察、判断场上情况，迅速决策，但很难用语言来表述它们，这些属于隐性运动知识。例如，意大利知名足球运动员因扎吉，他总是能快人一步到达最佳位置得球射门，其这种抢点意识和反越位意识如何训练强化，无法具体表述，是一种以特点为基础综合的表现，即为隐性运动知识。

正如英国哲学家波兰尼用以说明隐性知识的例子：我们可以在成千上万张脸中把一个自己认识的人辨认出来，但是通常我们却说不出我们是如何认出的。在竞技运动中，我们也经常看到这种现象：运动员的动作非常规范、完美，但是动作过程很难描述。有时可以说出动作的各个环节、身体姿势、动作轨迹，但是却说不清楚各环节的动作力量和动作节奏。

运动员通常所说的"凭感觉""看发挥"，以及那些情境性很强的、个体的经验，虽然缺少文字的表述，但它们也是知识的组成部分。

2. 显性运动知识

那些可以用语言或图像、数学公式来表述的运动知识属于显性知识，如通过文字语言形式表达的各个专项独立的、项群的，或涵盖各个专项的训练和比赛的过程特点。例如，脚内侧传球的陈述性运动知识，即是显性运动知识的一种。

二、运动员知识能力的获得与提高

就人类知识体系的扩展而言，传统知识观认为知识源于实践，实践知识经过总结，上升为理论知识。波兰尼提出的隐性知识突破了传统认识论过多关注理论知识的局限，美国心理学家斯腾伯格认为："没有一种知识没有缄默的成分，没有一种缄默知识没有显性的成分。"

足球运动员在训练和比赛场上做出的传球技术选择、传球的方向、传球的力度以及传球的路线，事后很难用语言叙述清楚当时的动作过程和成因。运动员有很多感受，但似乎总有无法用语言表达的一部分。这表明，运动员的技战术能力很多是以隐性运动知识的形式存在的。所以，当我们说运动知识的时候，既包括难以用语言准确表达的隐性运动知识，也包括能够用语言表达的显性运动知识。这也意味着，运动员个体运动知识的增长也包含隐性运动知识增长和显性运动知识增长两个部分。

（一）从教学训练过程中获得知识能力

1. 示范过程

运动训练及教学的本身就是在教练员或教师的指导下专门组织的有计划的活动。教练员及教师自始至终在向运动员传授知识。

因为很多动作不便通过语言描述传递给他人，或者说是为了能够给受训者更加直观的印象感觉，所以运动技能学习过程的起点是动作示范。这个示范动作就是隐性运动知识的表现。这种以直观方式直接展现，使受训者能够直接建立印象的传授形式，传授知识的内容更多是体能、技战术、心理调适本身，而不是它们的特征、原理及相互之间的关系。受训者通过观察、模仿和练习等形式，从教练员或教师的示范中，得到关于怎么做动作的知识，从而获得了教师及教练员的隐性运动知识。受训者模仿和练习教练员动作本身也是运用教练员所展现的隐性运动知识的过程。

2. 讲解过程

在示范动作的同时，一些教练员或教师不仅能够做出示范动作，而且还能用语言描述动作的特点，向运动员准确传授动作的要领。提示动作的语言就是教练员显性运动知识的表现。通过这种口头的方式，教练员及教师传授关于动作特征、动作各环节之间联系的知识。教练员及教师可能还会向受训者传授有关动作的生物力学原理、运动生理学、运动心理学机制等更深入的知识。受训者通过聆听、分析、实践等形式，把从教练员、教师那里得到的关于技能和诀窍方面的知识，运用到自己的实际练习中，从而提高自己的技术动作水平。

另外，训练环境中许多知识的来源，如其他教师、教练员、运动员的经验、各种比赛等，也可以为受训者提供获得运动知识的机会。

（二）从生活、学习环境中获得知识能力

1. 来自生活环境

人们在生活环境中，会有意无意地接触到大量信息，从中获得一些经验。其中不乏与个体竞技能力发展相关的内容，特别是社会环境对心理发展有较大影响。知识的普及、知识载

体的多元化，使人们得以从更多的渠道获得知识，如电视、广播、报刊、网站等媒体。

人们从生活环境中得到的知识不仅和环境本身有关，还与个体自身的兴趣，学习的积极性、主动性有关。

2. 来自学校教育和书本知识

大量的书面形式的显性知识，也就是通常所说的理论知识，主要来自在校的系统学习。与一般社会生活环境中的教育不同，学校教育是由专职教育者根据受教育者的身心发展特点，有目的、有计划、有系统的影响过程。学校教育使运动员、学生在短时间内掌握较多的知识和技能，形成社会所要求的观点、信念和道德行为习惯。

仅就运动员的知识和能力的形成而言，在小学教育中，语文学习不仅仅是识文断字，更重要的是使运动员、学生获得基本的表达能力，对事物的观察、概括能力，这为运动员及学生在训练和比赛中表达、观察、概括、提炼自己的运动经验打下了基础。数学学习不仅仅是计算事物的数量关系，更重要的是培养运动员和学生的逻辑思维、分析问题和推理的能力，为运动员和学生在训练中分析自己成败的原因，发展想象力、创造力打下基础。常识课的学习更让运动员和学生开阔眼界，认识环境中不同事物之间的外在和内在的联系，为充分认识多学科在体育运动中的作用打下基础。

中学的物理、化学课已经涉及与体育运动直接有关的常识，如速度、摩擦力、运动轨迹、温度、乳酸、人体的组织、器官和系统等。这些基本知识又为更好地理解教练员及教师的意图，学习、掌握运动技术提供了条件，同时，运动员及学生的观察能力、思维能力、探究兴趣也得到进一步发展。高中的生物课已经涉及机体内稳态与环境的关系。

体育专业学校设有体育专业课程以及与竞技体育相关学科的课程，其中既包括某一运动专项特有的专项知识，也包括某一项群或所有项目都适用的一般基础知识，涉及运动医学、运动生理学、运动生物化学、运动心理学、运动训练学等各个方面。知识从所反映的层面来说，既包括事实描述性的，也包括原理解释性的，如运动中的肌肉酸痛现象，以及运动产生乳酸导致肌肉酸痛的原理。运动员通过系统认识和分析体能、技术、战术、心理的训练规律和原理，将其运用到自身竞技能力的提高和发挥上，对创造运动成绩产生了更直接的效应。

（三）从运动训练实践中获得知识能力

1. 来自实践的隐性运动知识

运动员根据教练员的示范和语言指导来完成动作，就是运用教练员提供的知识来进行的一种实践活动。在这个实践活动中，运动员的技术得到了提高，也获得了相应的隐性运动知识。例如，优秀的乒乓球运动员可以很好地处理各种来球，能够做出各种漂亮、有效的挥拍动作。这些动作也许是不能准确复制的，而是在特定情境中，根据特定的任务、运动员的个人经验而产生的，这体现了隐性运动知识“情境性”和“个体性”的特点。

2. 对自身隐性运动知识的加工

从隐性运动知识到显性运动知识的转化是运动员对隐性运动知识的显性描述，将其转化为别人容易理解的形式。还以上述乒乓球的例子进行说明。运动员获得了各种击球动作的经验后，开始并不能马上用语言清晰地描述做动作的过程。但是，在一次次反复练习的过程中，运动员对自己做出的动作的意识程度逐渐加深，通过比较成功击球和不成功击球动作的特点，可以总结出，当身体重心处于两脚中间时，最容易做出准确的击球动作，进而通过一系列的分析、比较，归纳出步法、重心和击球之间的关系。原来的隐性运动知识从说不清楚变为可以用语言表达的显性运动知识。

（四）通过专业知识学习提高运动员知识水平

学习、掌握专业理论知识与学习其他文化知识，在方法上既有共同的要求，又有各自的特点。

1. 学习文化理论知识的一般方法

阅读自学、教师讲解辅导、小组讨论、完成作业、专题研究等都是文化知识学习经常采用的形式与方法。当然，根据学习者文化层次的不同，学习的组织形式与采用的方法会各有侧重。在这些方面，运动员的专业理论知识学习也多采用相同或相似的形式与方法。

这种学习主要是分享前人的理论知识成果，大多是陈述性知识，其构成主要是反映一类事物共同属性的概念，以及陈述事物间相互关系的命题。此外，也包括叙述技术规则的程序性知识。这些知识可以通过口头传授，以及查阅教科书、参考资料、期刊、专利文献、视听媒体、软件和数据库等方式获取，也可以通过语言、书籍、文字、数据库等编码方式得到。

认知方面也存在隐性知识，包括洞察力、直觉、感悟、价值观、心智模式、团队的默契和组织文化等。

2. 结合训练实践学习体育专业理论知识

运动员学习掌握专业理论知识的特殊要求在于紧密结合运动训练的实践，取得实际效果。科学训练理论应该源于训练实践，高于训练实践，进而有效地指导训练实践。所以学习专业理论知识一定要结合训练实践，特别是结合自己的训练实践来进行。为此，运动员要注意认真理解训练计划，认真记好训练日记，认真进行训练总结，带着训练中发现的问题去学习、思考，学好、学通。运动员在结合自己的训练实践学习理论知识的同时，还应观察和研究自己的同伴、对手、国内外优秀运动员的训练实践，并且对其进行科学的分析、比较，从中发现和理解训练成功的规律。

这是一个将学习的理论概念应用到实践，从而形成新的隐性知识的过程，运动员要把理论与自己的实践经验相结合，将理论知识置于运动实践中，从而领会知识。

3. 广泛学习相关学科的科学知识

科学的运动训练活动要求它的从事者具有丰富的、多领域的科学知识。运动生理学、运动解剖学、运动心理学、体育社会学、体育美学等体育科学学科的知识，都对科学地组织运动训练活动和成功地参加运动竞赛有着重要的意义。因此，运动员不仅要学习本专项运动的理论知识，还必须学习多种科学学科的有关理论知识。

4. 体能、技战术、心理能力的获得

这里所说的是体能、技战术、心理能力的实践部分，也就是程序性知识部分。

这类缄默知识体现出高度个体化、不易言传和模仿的特点，它深植于运动员个人的运动实践和经验之中，包括融于运动中难以明确表达的技能、技巧、经验和诀窍中，并与运动员的个人经验和行为紧密相关，是运动员在长期的训练和比赛中积累和创造的结果。它体现为运动员在训练和比赛时的直觉、灵感、洞察力、信念、价值观和心智模式等，它与运动员的性格、个人经历、修养等因素有着密切的关系。

三、运动员知识能力的运用

（一）提高应用理论知识的自觉性

教练员、运动员应先明确专业理论知识的作用，并主动地、自觉地在自己的训练实践中应用，这是提高其应用水平的重要前提。其应用的具体方法，一是由实践到理论，二是先理论，后实践。根据训练实践的需要，去学习、寻找有关的理论知识，学习、理解、掌握后即用于训练实践，从而提高理论知识运用能力。从运动训练实践的需要出发，学习的目的性强，运用的针对性强，便于解决实际问题，常常会取得令人满意的结果。例如，针对竞技体育范畴内，足球专项的训练重点是技术能力和战术能力，而体能训练作为基础，也需要高强度的练习；针对学校体育而言，其运动的目的是提升身体素质，掌握一项运动技能，为终身体育意识的形成奠定基础，因此教学的重点是技术要领，体能的训练以有氧耐力、快速力量、速度素质、灵敏、柔韧为基础，强度适中，而战术的地位就要相对降低很多；针对大众健身领域，强调技术的兴趣和各个系统机能的发展，因此应以技术与体能结合进行练习。

在系统的理论学习中发现问题，主动地改进训练，是提高理论知识应用水平的另一种重要方法。例如，如何提高射门力量，要利用运动生理学中的供能特点、运动训练学中的训练负荷和方法、运动生物力学中的摆腿角度等理论知识，分析自身的缺点，有针对性地加以提升。

教练员在教学训练中应更多地加入“提问—讨论—讲评”的环节，这种“操作思维引导式”的方法，让运动员更多地观察、分析自己的行为，从被动接受变为主动获取，从而提高自身的技战术水平和观察、分析、判断的能力。

（二）认真做好赛前分析和赛后总结

运动队应当经常开会集体分析技战术，特别是在大赛之前，分析对手的竞技能力特征，赛后还要及时总结比赛成败的原因。科学的总结使对理论的认识更加深刻，对实践的解析更加准确，从而把认识提高到新的层次、新的水平。这也是将个人的隐性运动知识显性化的过程。运动员要以有效的方式表达自己的经验。在这个过程中，事物之间的联系不断被揭示出来，形成新的理论。

经验总结是隐性知识显性化的过程，是一种语言过程，也是一种自我反思的过程。传统知识关注陈述性运动知识，从而形成了接受性的教学和训练。新知识观中隐性运动知识向显性运动知识的转化要求运动员将自己的运动经验总结、提炼出来，因此需要运动员积极反思。

作为一种自我反思的过程，既有运动员自己经验的反思，也有教练员帮助运动员反思，使运动员学会不断地在自己已经产生的观点和想法中总结自己的经验。

从经验的缄默知识到理论的显性知识是经验不断积累的过程，同时也需要使用显性的概念和理论。在训练过程中，运动员与教练员之间的交流是最好的方式。在训练之后，队友之间也要交流，一起分析自己、队友、对手的情况。

只有在交流中，每个人的立场、观点才能伴随具体的见解显现出来，从而既可以为自己也可以为他人所认识和理解。因此，运动员应当多在交流中反思，并在此过程中让缄默知识得以显性化。

（三）在实践运用中提高知识能力

在竞技体育中，周而复始的训练和比赛的过程就是一个学习、实践，再学习、再实践的过程。在这个过程中，运动员不断将所获得的经验、知识运用到训练和比赛中去。

1. 总结应用自身的实践经验

不断总结自己的经验，并应用于其后的训练和比赛中。很多运动队都有赛后要求运动员总结比赛的传统，运动员回视自己的过去经验，分析其积极或消极的作用，并据此对未来提出设想。

2. 学习应用他人的成功经验

将他人的实践经验运用于自己的训练和比赛过程中。比如，运动员将教练员对动作特征、要领的描述用于实际动作当中。在“师徒相传模式”中，运动员把教练员的示范和语言提示的动作要领，应用到自己的实际动作当中，并在大量练习后，可以一气呵成地自动操作，从而成为运动员个人的隐性知识。

3. 学习应用有关科研成果

将专业人员的研究成果运用到运动训练和比赛中。比如，根据营养学知识，一日三餐食物合理搭配，以保障营养补充；根据乳酸生成和消除的原理，采取积极性的放松、按摩、补充碱性食物等，帮助中和机体内的酸，促进身体恢复的措施，保障训练任务的完成；根据人体循环系统的工作原理，认真做好训练前的准备活动和训练后的整理恢复活动。

思考与练习

1. 足球运动专项体能训练的方法有哪些？
2. 试分析足球专项体能与技术、战术、心理和知识能力的相互融合。
3. 论述脚内侧传球、接球、运球、射门的技术要领、训练方法和训练组织安排。
4. 分析足球各基本技术的训练重点。
5. 简述足球战术及其分类。
6. 利用本章所学知识，结合运动训练学理论，制订周足球训练计划。
7. 足球专项练习中，心理能力和知识能力如何发展？
8. 论述足球专项竞技能力的特点及其发展的重点和难点。

第三章　校园足球教学与大众足球训练

第一节　校园足球教学

一、校园足球产生的背景

（一）历史背景

在我国的足球运动发展过程中，青少年足球曾有过三次高潮。第一次是 1964 年 2 月，国家体委、共青团中央、全国总工会和教育部等部门联合召开了全国足球工作会议，出台了《关于大力开展足球运动，迅速提高技术水平的决定》。1979 年 6 月，国务院批准印发《国家体委关于提高我国足球技术水平若干措施的请示》，该文件针对当时我国足球运动的落后情况，提出建议，包括：推广足球运动，重点在青少年中推广普及，侧重重点领域，组建国家青年队等。同年，划定了 16 个国家足球发展重点城市和地区，增设青少年组足球赛事，这些措施对中国足球运动的发展起到推动作用。第二次是 1980 年 1 月，国家体委、团中央、教育部联合发布《关于在全国中小学积极发展足球运动的联合通知》，要求大力开展青少年足球赛事。第三次是 1985 年，我国承办 U16 足球世界锦标赛，这对青年足球产业发展起到正向推动作用。2009 年 4 月 4 日，国家体育总局和教育部联合发布《关于开展全国青少年校园足球活动的通知》。进一步推广校园足球活动，设置青少年四级联赛，培育校园足球文化，为足球事业储备青少年人才，将青少年足球推向另一个高潮。

（二）时代背景

1994 年起，中国足球逐步走向职业化，职业俱乐部逐渐承接了青少年足球的培育重任。但是职业俱乐部管理存在缺失，加上我国足球联赛发展水平有限，使青少年足球发展举步维艰，这一情况也必然对中国足球整体水平产生负面影响。2008 年可谓我国足球运动的“滑铁卢”之年，男足在南非世界杯预选赛和北京奥运会小组赛中落败，女足国家队在世界杯小组赛和奥运会中也“败走麦城”，男足国家队在世界及亚洲排名不断下滑。随着我国综合实力的不断提高，体育事业在北京奥运会后也迎来一个高峰，相比之下足球事业却步履维艰，所以，针对中国足球的整体改革势在必行。

（三）社会背景

改革开放以来，我国经济、政治、文化等快速发展，体育事业也得到快速提高，北京奥运会更是带动了中国全民体育事业的蓬勃发展，可是，我国足球运动的发展却一直步履蹒跚。中国足球事业的惨淡状况，不仅使国民和广大球迷不满，更是引起了党和国家的重视，时任领导曾数次指出要注重足球运动的发展与改革。

2008年底，在国家的高度重视下，体育总局牵头，开始了对足球事业的剖析治理，其措施如下。第一，割除足球发展的毒瘤。假球、黑哨、赌球等乱象在我国足球运动领域长期存在，对足球事业发展的负面影响极大，针对这一情况，体育总局联合公安部成立专案办公室，对足协、足球俱乐部及其领导者、教练、裁判员、球员等开展查处工作，有效促进中国足球运动发展。第二，制定校园足球发展规划。体育总局联合教育部成立全国青少年校园足球工作领导小组，制定了从2009年至2018年的校园足球十年发展规划，目的是进一步推广校园足球活动，并设置青少年四级联赛，培育校园足球文化，为足球事业储备青少年人才，这为我国足球运动打下了人才基础。第三，通过调整全运会足球项目金牌比重，引起地方体育管理部门对足球的重视。全运会足球金牌数由原来的4枚增加到24枚，并在足球项目中增加了低龄段项目。

（四）中国足球改革背景

回顾近10多年中国足球的表现，除2002年韩日世界杯历史性地进入决赛阶段比赛外，中国男子足球队在国际重大赛事中表现欠佳，中国男子足球面临着前所未有的挑战。2008年，凭借东道主身份进入奥运男足决赛阶段比赛的中国国奥队在小组赛中即遭淘汰。在2006年、2010年、2014年连续三届世界杯和2012年伦敦奥运会预选赛上，中国男子足球队表现平平，甚至在第一阶段小组赛就铩羽而归。2013年6月6日，国家男足更是以0比5的比分不敌只上场一半主力的泰国男足。中国足球的现实水平与我国体育大国的地位极不相称。

多年来，我国在足球赛事中的表现令人失望，各个年龄段国家队表现低迷，国内职业联赛水平停滞不前，造成这一局面的主要原因包括：足球运动发展的基础不够扎实，足球氛围、足球文化缺失，青少年足球人才储备不足，等等。2010年，为提振我国足球事业，中国足协颁布了《中国青少年足球“十二五”发展草案（征求意见稿）》（以下简称《草案》）。《草案》指明中国青少年足球发展中存在的青少年足球储备不足和水平不高这两个弊端，提出应着力提高青少年足球储备人才的数量和质量，夯实我国足球运动的人才基础，扭转现存的青少年足球人口不断减少的局面。《草案》确定了两个青少年足球发展的主要任务：第一，做好在青少年中的足球推广普及工作；第二，加大青少年足球人才的培育力度，为足球运动打下人才基础，以促进中国足球运动的可持续发展和良性循环。并且《草案》从青少年足球所面临的形势、指导思想、发展思路、发展目标、工作任务、工作步骤六个维度对青少年足球指出了具体的发展路线。

我国的体育事业整体上正处在努力谋求从一个世界体育大国向世界体育强国转变的过程中。所谓体育大国，是指一个国家已发展的体育项目横向对比世界各国来说，数量较大，是从数量这个维度来评判一个国家的体育事业发展现状，大型赛事中获得奖牌数量是一个重要标准；所谓体育强国的评判标准是一个国家体育事业的整体水平以及国民的身体素质，不再仅以奖牌为标准。不可否认，我国是一个十足的体育大国。在2008年北京奥运会上，中国超越美国获得金牌51枚，在金牌榜上居第一位，同时获得银牌21枚，铜牌

28 枚;在 2012 年伦敦奥运会上,中国体育代表团获金牌 38 枚,体育大国实至名归。但是,我国整体的体育水平及国民参与度、国民身体素质等还有较大提升空间,还不是一个体育强国。

相比于美国,我国的奥运会夺金优势项目主要集中在跳水、体操、射击、乒乓球、羽毛球等,而美国的夺金点主要田径、游泳等基础大项。两国的不同之处是,美国的优势项目在其国内的学校教育能够做到普遍开展,例如在美国中小学生当中,足球、篮球课程普遍开设,并计入学生个人总体成绩,在各州或联邦层面的学生联赛发展成熟,且有较完善的体育人才选拔机制,使得美国的篮球、足球运动不仅能实现人才培养的良性循环,而且可以实现体育事业的持续发展。而我国的很多优势项目在学校体育和群众体育中并未能得到普遍推广与展开,是依靠举国力量培养精英的模式。这一模式在跳水、体操、射击等更加注重技巧的体育项目中,能够发挥其优势并取得较好成绩,但针对足球,这种模式所起到的作用非常有限,因为发展足球这类运动需要拥有坚实的青少年基础和成熟的培养及选拔体制。根据体育界专家的观点,三大球集中代表了一个国家的体育水平,成为体育大国,必须发展包括足球在内的三大球运动,提高其在校园体育教育和国民当中的普及率,提高三大球运动的竞技水平和成绩。三大球中,足球更具代表性,足球不仅被誉为世界第一运动,能从侧面反映一个国家的体育事业发展水平,而且也可以作为国家文化软实力。例如,英国就将其国内的足球文化,作为国家文化输出的重要部分。这是因为一个国家足球水平的提高,是一个具有整体性、系统性、协调性、长期性的庞大工程。足球运动有其自身的发展规律,不仅要有深厚青少年足球基础、完善的体育基础设施、成熟的赛事选拔及配套机制,也需要人民群众对足球甚至对整个体育事业的观念的转变以及足球文化的培养。所以说,中国逐步提高足球运动水平的过程,也是从体育大国向体育强国逐步转变和发展的过程。

在中国足球经历过多次收效甚微的改革之后,我国逐渐认识到足球运动的发展规律及遵循这一规律的重要性,认识到发展青少年足球是提高我国运动水平的必由之路,并以此为中心调整了我国足球的发展路线。2009 年 4 月 14 日,国家体育总局和教育部联合下发了《关于开展全国青少年校园足球活动的通知》及《全国青少年校园足球活动的实施方案》。青岛市成为第一个正式启动这一方案的城市。该方案很快在全国中小学发展开来,自 2009 年起,共有两千多所中小学开展推广校园足球活动,遍布全国 40 多座城市。在广泛开展校园足球活动的同时,我国还建立和完善小学、初中、高中、大学四级足球联赛,在青少年中大力普及足球运动,形成广泛的青少年足球人口,同时在广大中小学中培育足球文化,传递足球运动的社会价值,为中国足球运动保障人才基础。做好人才保障的同时,我国着力做好校园足球的经济保障,体育总局设立专项经费,每年向开展校园足球活动的城市和学校提供资金,以组织学校联赛。在制度保障方面,教育部在政策和制度层面给予了极大支持,使学生在保证完成文化课学习任务的基础上,有足够的时间和精力参与校园足球课程的学习和赛事,真正做到让体育回归教育、让足球回归校园,这一理念也将成为我国足球的基本发展模式。

二、校园足球的作用

(一)对强身健体的作用

校园足球在提高在校学生身体素质上能够起到重要作用。我国教育的目标,不仅要培养能够掌握扎实科学文化素养的人才,更要促进学生德智体美劳全面发展,对学生身体素质的发展与提高,是培养合格人才的不可或缺的环节。在《国家中长期教育改革和发展规划纲要(2010—2020年)》和《中共中央国务院关于深化教育改革全面推进素质教育的决定》中都特别提到,全国中小学的教育工作,要以保障学生的健康成长为前提,健康的身体是青少年学生未来报效祖国的基础。而足球运动在各个方面满足了促进青少年学生健康成长的要求。

首先,足球运动作为一项全身性、综合性运动,能充分够调动参与者各个方面的体能。在足球运动过程中,需要参与者多方面的体能付出,这其中大致包含了人体体能的每个方面,不仅包括身体健康标准方面的体能,如心肺功能、身体柔韧度、肌肉力量与耐力等,也包括身体灵活度方面的体能,如反应速度、灵敏度、身体的协调与平衡能力等。根据FIFA《足球与健康》杂志报道:"足球项目是最好的健康守护者,每周3次,持续时间为1小时的足球活动能够有效促进身心健康。"适当的足球运动,能有效提高身体免疫能力以及降低罹患各类疾病的概率。研究表明,经常参与足球运动能大幅降低人体感染流行性感冒的概率;经常参加足球等体育运动的人患心脑血管疾病、"三高"疾病及中风等疾病的比例明显偏低。青少年时期正是身体快速发育的关键期,踢足球可以促进骨骼生长,对于提高我国人口总体的身高水平起到促进作用。

其次,经常参与足球运动对心理健康的发展起到正向作用。在面对生活和学习压力时,有效地调节自身情绪非常重要,踢足球不仅能帮助学生培养坚毅勇敢、百折不挠的性格与品质,更能通过促进心理健康来进一步提高身体素质。有研究表明,足球运动能促进多巴胺分泌,可以大大降低人们患抑郁症、焦虑症的风险。足球比赛中的激烈竞技过程能够激发参与者拼搏胜利的情绪,培养青年学生积极奋斗、敢于追求、健康向上的品德,使其能更好地适应现代社会的激烈竞争和压力。最后,踢足球能提高青少年社会适应的能力,足球运动是一项集体运动,其本身就能为参与者创造更多与他人交流沟通的机会。足球也是一项需要团结合作的运动,也是因为足球运动的这一特点,无论平时训练还是比赛,球员都要注重相互协作与配合,这能极好地培养青少年学生的集体观念和团队意识;又因为足球运动的竞技性,球队队员必须不断地交流和改变战略战术,这既锻炼了青少年的交流表达能力,又锻炼了其应变能力,为日后走向社会、适应社会提供助力。可以说,校园足球运动的开展不仅为我国足球运动发展提供坚实基础,而且促进青少年学生的全面发展,是一举两得的好举措。

(二)对开展阳光体育的运动作用

阳光体育运动是教育部、国家体育总局、共青团中央于2007年4月29日在全国启动的一项有利于学生健康的活动,目的是吸引广大青少年学生走向操场、走进大自然、走到阳光下，积极参加体育锻炼。阳光体育运动要求以《国家学生体质健康标准》为依据，使85%以上的学生，坚持每天锻炼1小时，在学校体育学习阶段为终身体育打下坚实基础。2006年12月，教育部、国家体育总局、共青团中央联合下发了《关于开展全国亿万学生阳光体育运动的决定》(以下简称《决定》)。《决定》旨在全面贯彻党的教育方针，落实“健康第一”的指导思想，着力改善在广大在校学生的身体素质，在其影响下全国各地中小学校园迎来了开展体育运动的热潮。2007年开始，《国家学生体质健康标准》开始实施，进一步促进了在校学生开展体育锻炼的热情，阳光体育运动在全国范围全面展开。《决定》指出，在全国各地的中小学中，有85%以上能全面实施《国家学生体质健康标准》，使85%以上的学生日均体育运动时长不少于一小时，并且至少能够掌握两项日常煅炼的体育技能，养成每日参加体育锻炼的良好生活习惯，使身体素质能够保持在健康水平。2009年开展的全国青少年校园足球活动与阳光体育运动在基本内涵上是一致的。首先，二者都是全国规模的大型工程，目的都是推动青少年身体素质提高。校园足球活动是一个系统工程，截至2012年6月，全国共布局49个城市，超过3 000所学校，更是一项长期工程，全国校足办制定了为期十年的发展规划，力争将校园足球活动推广到全国的大、中、小学，这与阳光体育运动在规模要求上不谋而合。其次，足球是一项规则相对简单易懂的运动，且足球运动同时参与人数多，场地限制不大，入门门槛较低，这些特点使足球运动更适合也更容易在各级各地校园开展。由于这种参与人数多、场地限制小、入门简单的特点，使得全国中小学在开展阳光体育运动时，更愿意选择足球这一体育项目。最后，足球在各个体育项目中影响力较大，足球堪称世界各国青年中的一种通用语言，影响范围巨大。青少年参与足球运动既能提高身体素质，又能加强团结协作的能力，培养坚毅勇敢、百折不挠的性格。足球的激烈竞技过程能够激发青少年积极奋斗、敢于追求、健康向上的品德。综上所述，校园足球与阳光体育适配性高，优势互补，既能促进青少年足球的发展，又能促进青少年体魄健康发展，二者相互配合，是双赢之举。

(三)对普及足球运动的作用

全国青少年校园足球活动的指导思想是“通过在全国大学、中学和小学广泛开展校园足球活动，在广大青少年学生中普及足球知识和足球技能，创建依托学校培养青少年足球后备人才的新型发展模式”，校园足球对我国足球运动的推广普及具有重要作用。由于各方面影响，足球在我国的普及率相对较低，其中一个重要因素就是足球在我国青少年人口中的普及率低，导致足球的人口基础薄弱，进一步影响到我国足球运动的发展。全国青少年校园足球活动正是通过在全国青少年学生当中推广普及足球运动，来推动全国的足球普及工作。校园足球活动的主体对象是青少年，研究数据显示，截至2004年，全国九年义务教育的人口覆盖率已达93.6%，小学生辍学率为0.59%，初中生辍学率为2.49%。由此可见，我国的青少年主要分布在校内，只有在校园内推广足球活动，才能真正做到对足球项目的普及，而这种普及的价值不仅限于对足球知识和技能的普及，同时为普及后的提高与发展打下坚实的基础。足球知识和技能普及的价值主要体现在知识和技能普及的深度价值和广度价值，深度主要是指人们对足球知识认识的加深、关注程度的提高以及技能普及三方面，广度则是指足球知识和技能覆盖人数、人群的增加，面向城市学校规模的增加。

（四）对培养足球后备人才的作用

体育回归教育，足球回归校园。校园足球活动的开展突破了我国长期以来以体工队为中心的三级足球后备人才培养模式，开创了体教结合培养足球人才的新模式。如果说校园足球活动的基础是普及的话，那么提高就是对足球知识和技能的进一步发展，而提高阶段正反映了足球后备人才培养的本质。国外足球强国的经验告诉我们，只有夯实青少年足球基础才能不断提高一个国家的足球水平。由此可见，足球项目的发展必须遵循足球运动的发展规律和青少年的身心发展规律。足球人才的培养，特别是青少年足球后备人才的培养必须从青少年抓起，其根基是校园。因此，校园足球活动是中国足球痛定思痛后的必然选择，对于我国足球后备人才的培养具有不可估量的价值。足球后备人才的培养价值体现在两个层次和两个方面。两个层次指的是普及和提高，足球知识和技能的普及是校园足球活动的重点和根本出发点，提高则是中国足球发展的必然要求。普及是提高的基石，脱离了普及，提高就无从谈起，这是一个从量变到质变的过程。没有广泛的普及，就不会有根本性的提高，更谈不上青少年足球后备人才的培养。两个方面指的是足球后备人才的培养和青少年足球相关人才的培养。其中，足球后备人才的培养主要体现在青少年足球注册人口显著增加，青少年足球知识极大丰富，足球技能水平显著提高，人才培养体系初步建立这四个方面；青少年足球相关人才主要包括教学、科研、管理等方面的人才，全国青少年校园足球活动对他们进行培养的价值主要体现在使其足球相关知识极大丰富，人数显著增加。

（五）对推进素质教育的作用

素质教育是一种以提高受教育者诸方面素质为目标的教育模式，它重视人的思想道德素质、能力培养、个性发展、身体健康和心理健康教育，与应试教育相对应。校园足球活动是素质教育的重要手段之一。足球活动是集德育、智育、体育美育于一体的一项综合性教育手段，其中不仅蕴含了个性品质价值，还有集体凝聚力价值。足球教育即人生教育。从这个层面上讲，校园足球活动对青少年来说已不仅仅是运动方式的问题，更是一个学习过程的问题，在发展人性和社会价值方面意义非凡。在校园足球活动中，青少年不断发展自己的智商与情商，学会尊重、协作、支持、分享。通过校园足球活动这个载体，培养素质全面发展的合格公民，正是素质教育与校园足球活动的一种完美结合。

目前，我国的校园足球管理部门已经制定了一个力求可持续发展的中长期战略，建立了相应的组织机构，人员和资金基本到位。理念较先进，政策较明确，管理措施基本得当，宣传有声有色。各地在实施过程中，充满热情和责任感，克服困难，创造性地工作，取得了令人瞩目的成绩。但是在肯定成绩的同时，我们也应该正视在校园足球活动开展过程中所出现的问题。诸如对校园足球活动的认识层次不高；教育和体育职能部门对校园足球的职责与分工有待协调；师资薄弱、经费不足、场地设施落后，政策保障体制和评估体系需完善与健全；规范化训练和管理矛盾突出；竞赛体系、注册管理系统不健全等问题还比较突出。

校园足球活动是一项长期而又系统的工程。它改变了体育系统统管青少年足球运动造成的弊端，教育系统的参与焕发了足球运动在青少年人群中的生命活力，点燃了中国青少年足球发展的希望，开创了中国青少年体育运动发展的新模式，将体教结合推到一个新的高度，为教育改革提供了一个新的助推器。在日后的校园足球发展进程中，教育系统将会承担更多的责任，并逐渐发挥作用。我国校园足球活动即将步入前十年的第三个发展阶段。“逐步扩大规模，可持续发展”是第三阶段发展的目标与任务。扩大规模不仅注重数量上的扩大，更应注重发展的质量，在总结改进前两个阶段所存在问题的基础上，实现青少年足球人口在数量和质量上的扩容。可持续发展是指必须建立健全校园足球的运行机制，遵循足球发展的客观规律和青少年足球后备人才培养规律，处理好足球运动普及、提高和竞技三者的辩证关系，真正把校园足球活动作为我国青少年教育的一个重要载体，最终实现足球运动水平的全面提高和青少年的全面发展目标。

三、校园足球开展的基本要求

（一）“普及”与“提高”相结合

足球运动的特殊发展规律决定了提高一个国家的足球综合水平需要以不断夯实青少年足球基础为根本要求。全国青少年校园足球活动明确提出扩大我国足球后备人才培养规模的目标，其重点是“普及”，主体在校内，从而明确了“普及”是开展校园足球活动的第一要务，“提高”是开展校园足球的必然要求。

1.“普及”与“提高”的含义

对“普及”的理解。“普及”具有社会群体性，存在的范围很广泛，具有普遍推广、使其大众化的意思。校园足球的普及价值主要表现在足球运动参与人口的范围、数量比例上的增加。从足球运动竞技层面讲就是指足球后备人才基础的提高。校园足球活动的“普及”体现在两个方面：一是普及足球的知识、技术和技能；二是青少年参与足球规模的扩容。

对“提高”的理解。一直以来，我们对足球运动的理解是基于竞技运动的层面，即足球运动是为最大限度发掘和发挥人体本身在身体能力、心理能力和运动能力等方面的潜力，为获取优异比赛成绩而进行的科学的、系统的训练和比赛。如果我们仅把足球运动理解为竞技层面，而把它直接迁移到校园足球领域，显然违背了校园足球活动的宗旨和内涵。按校园足球的角度理解足球运动，校园足球的参与人群是青少年，活动目的带有健身性与娱乐性，活动主体在校内，不局限于青少年运动水平的高低。这些特点决定了校园足球有别于竞技体育领域的足球运动。因此，对校园足球活动中“提高”的理解也不能与竞技足球运动混为一谈。校园足球的“提高”是基于“普及”基础上的提高，是指足球运动水平在原有程度上有进一步增长。而这种增长体现在足球知识、技术和技能、青少年足球后备人才培养规模以及足球相关专业培养规模的进一步扩大。

2.“普及”与“提高”的关系

校园足球活动的开展应将“普及”与“提高”相结合，即应妥善处理好“普及”与“提高”的辩证关系。国外足球先进国家的经验告诉我们，夯实青少年足球基础，提高青少年足球的

"普及"是提高一个国家足球水平的关键。世界公认的衡量一个国家足球水平的指标有两个,一是国家队在世界排名中的位置;二是拥有的足球人口。而足球人口的数量又与国家队的建设有直接关系。这在另一个层面描述出足球运动的持续发展需要解决融合的问题。显然,这两个指标在我国未能达到作为一个体育大国所应该具备的水平。要实现我国校园足球活动的可持续发展,首先要明确"普及"在校园足球活动中的核心地位。"普及"是校园足球活动的基石,而"提高"则是校园足球活动的必然要求,两者互为条件,是一个从量变到质变的过程。没有青少年足球人口的扩容,"提高"就无从谈起,更谈不上青少年足球后备人才的培养。

我国足球在长期的发展过程中,各级各类国家队无不面临着无人可选、无人可用的尴尬境地,其根源在于我国对青少年足球普及工作的滞后与不作为。当前在全国范围内开展的青少年校园足球活动把"普及"作为核心工作,在"普及"的基础上谈"提高",在"提高"的基础上谈"发展",这正体现了体育、教育主管部门对提高我国足球运动水平的决心,一步一个脚印,坚持科学、可持续发展战略是实现我国足球运动竞技水平的必然路径。校园足球活动的"普及"与"提高"是一个事物的两个方面,两者互为条件、互相渗透,你中有我,我中有你。

(二)要传承足球文化,引导青少年体验足球运动的魅力

足球是一种文化,对于足球文化的传承是我国开展校园足球活动的必然要求。校园足球活动中对足球文化的传承要求不仅有利于校园足球文化建设,同时对于引导更多的青少年体验足球运动的魅力具有显著的作用。校园足球文化以其丰富的内涵、鲜明的特征、特殊的功能,影响和作用于学生们的精神生活和身心健康,成为现代校园文化中不可缺少的内容。校园足球文化是社会文化的一个组成部分,它的生成与发展既受到社会文化的影响,又有它本身特性的表现。青少年学生朝气蓬勃、思维敏捷、富于创造、充满青春活力,是校园足球文化的积极创造者和开拓者。校园足球文化的形成与发展的过程,是培养现代学生综合素质的过程,也是完善校园精神文明建设的过程,更是丰富社会文化内涵的过程。校园足球文化是校园文化、社会文化的有效媒介。足球是一种运动,也是一种文化,只有形成良性的足球文化,足球才能健康发展。足球文化环境是一个国家足球运动健康发展的条件和保障,也是民族精神传承与发展的一个重要载体。各级政府和有关部门要加强足球文化建设,让足球运动所承载的这种精神得到充分拓展和显现。要通过班级、年级、校际丰富多彩的足球活动交往,培养荣誉感,丰富校园文化。校园足球活动的文化价值是中国足球文化价值的重要组成部分。以校园足球活动为媒介,通过与其相关的各种活动来实现其对于校园城市、足球大环境的积极价值,是校园足球活动的重要作用与任务之一。文化建设的价值就是以全国青少年校园足球活动为基本媒介,形成的物质文化和精神文化的价值集合。物质文化建设的价值主要体现在通过校园足球活动,加强定点学校、城市足球设施建设,加大足球相关的师资投入等。

(三)要培养人格健全和全面发展的人

培养人格健全和全面发展的人是校园足球活动的基本要求,如果把足球运动与人的

全面发展的价值割裂开来，那么足球运动将会失去生命和活力，足球运动也无法如现在这样走过 100 多年的风雨历程而风靡全世界。以人为本的足球运动的发展问题是一个大规模的社会系统工程问题，涉及社会的全面变革，不仅触动经济领域，而且触动政治、法律、思想等一系列相关领域，触动民族固有的文化传统。因此，要想发展中国足球运动，就必须立足社会整体观，不仅重视俱乐部、足球市场，即经济领域的变化，而且要关注青少年运动员的全面发展；不仅追求足球经济增长，而且要谋求足球运动的整体进步。中国足球发展所追求的最终目标，不只是运动水平的提高和经济水平的提高，而是人的全面发展。校园足球活动可以作为培养健全人格和全面发展的人的有效载体，其不仅承载着国人对于足球腾飞的中国梦，还承载着教育、培养一代合格社会主义建设者和接班人的重要职责。

（四）安排适度化内容，组织形式多样化

1. 草根足球与校园足球活动理念

“发展足球运动”是国际足联为履行其使命宣言所采取的三条主要途径之一。这一主张通过国际足联的“草根足球计划”得以彰显，即让更多的人发现足球运动的魅力。吸引更多新球员参与这一运动的最佳方式，就是不管其年龄、性别、身体条件、肤色、宗教信仰或种族，充分依托他们自身所处的生活环境，为其提供参与足球运动的便捷渠道。草根足球，是为所有人而开展的足球活动。国际足联草根足球计划的关注对象为学校、社区和俱乐部的 6~12 岁的儿童。通过足球运动把更多的儿童联结在一起，是该计划的核心理念。草根足球计划倡导人生价值的交流与分享，当然也积极宣传参与这项绝妙运动所带来的快乐。对一些人来讲，草根足球是其生活中的一项主要娱乐活动，而对另外一些人来讲，草根足球则成了一项有组织的运动项目，可能依托学校或俱乐部体系，有定期的训练和比赛。当然并不是所有的青少年球员在将来都能成为球星。职业球员所必需的足球技能，他们也不需要全部掌握。因此，高强度的训练课并不适合他们。草根足球的要素是增进友谊、团队精神和快乐。通过足球指导员的专门引导而加以实现的“借助踢球而学”的理念，是针对少儿量身定做的特别方式，是营造出的一条通向未来的有效途径。足球指导员必须充满活力、简单、富有热情，并且要善于激励，要时刻考虑到孩子们的身体、生理和心理特点。校园足球活动的主体是青少年儿童，他们不是成年人也不是专业运动员，因此校园足球活动并不等同于足球专业训练，其内容、形式与发展目标都与专业训练有所区别。国际足联倡导的草根足球“玩中学”的理念，也是我国校园足球活动的宗旨。因此，校园足球活动在内容安排上也要适合不同学段少年儿童的身心特点，在组织上力求游戏化与多样化，把“培养兴趣、促进发展、享受快乐”确定为校园足球活动的总基调。

2. 足球指导员的基本要求

如果把校园足球活动看作一种教育活动，那么校园足球活动就是一种以足球指导员为主导的、以参与活动的儿童为主体的有组织的教育过程。因此，足球指导员的能力直接影响了校园足球活动的质量，足球指导员对于足球基础知识的掌握、活动内容的设置和组织形式

的选择等，是开展校园足球活动的保障。足球指导员所关注的对象是青少年。足球指导员主要的、根本的使命是确保孩子们在体育、社会、心理和教育方面得到全面的发展。足球指导员既要懂足球运动，也要了解队员。足球指导员的任务或者说真正使命，就是与他人分享、奉献，与他人交流和活动并从中享受快乐。足球指导员的基本教育任务是传授知识和社会技巧。为达此目的，足球指导员必须了解孩子，了解他们的特点并考虑他们的年龄和技能水平，足球指导员必须通过激励手段来完成教学工作。

（1）足球指导员的职责。

①运用各种活动来指导和训练儿童；

②针对儿童的水平给予相应的指导；

③帮助青少年逐步成长为成熟的人；

④引导青少年并做出表率；

⑤倾听青少年的心声；

⑥注重比赛的要素，组织大量的小型比赛；

⑦负责安全和急救；

⑧涉及训练的所有方面；

⑨承担起所有的教育职责；

⑩保持和青少年的家庭与学校间的联系。

（2）足球指导员应具备的知识和能力要求。

①了解青少年心理和生理状况，包括生长发育的基本特点；

②了解青少年行为、交流及语言特点；

③掌握足球基础知识，包括组织小型比赛、训练比赛，教授技术动作；

④具备教学组织技能，包括掌握教学方法、足球训练课的组织、锦标赛的组织以及足球节的组织。

3. 小型足球锦标赛的组织与参赛要求

当组织比赛时，要注意竞争和比赛结果不是最重要的方面，要始终强调积极参与和享受足球的快乐。因此，组织比赛的足球指导员要考虑以下因素。

①根据队员水平平衡队伍的实力。

②每名队员有相同的参与时间。

③根据队员人数决定比赛时间。

④根据上一场比赛结果，决定下场比赛对手的水平。

⑤场内场外均应秉承公平竞赛的原则。

⑥根据队员的年龄特点，对竞赛规则进行修改，低年龄组取消越位等复杂规则的约束。

⑦组织形式多样化，对于不具备竞赛条件的队员，对竞赛方式进行修改，通过各种游戏形式达到竞赛目的。

⑧足球指导员应掌握一般足球竞赛组织与编排的方法。

⑨足球指导员应确保队员在足球竞赛中的安全。

⑩文明参赛：做好赛前准备会；适时（按时）到赛场报到；进入赛场，队员保持队形，队员运动服装整洁统一；不乱扔杂物，赛后要主动清理场地；赛前做好准备活动，参加比赛应在裁判员带领下排队入场，并与对手相互握手以示友好。比赛结束后应列队向对手和观众致意；比赛中要尊重观众，尊重裁判，尊重对手。不蓄意伤害对手，对无意冲撞倒地的对手要主动扶起，并示以歉意；比赛中要发扬团队拼搏精神，替补队员要在规定区域有序就座观战，并与场上比赛互动喝彩。个别观众有事离场必须征得主教练的同意；欢迎亲属好友前来赛场观摩助威，但必须符合赛会制度要求，不得干扰裁判执法和教练员指挥，要文明观战。

4. 校园足球节的组织要求

校园足球节是基于国际足联草根足球理念而孕育出的一种有组织的校园足球活动形式。活动对象以6~12岁的儿童为主，无论这些青少年有无足球基础，校园足球节都是他们体验足球运动、享受足球乐趣、收获运动快乐的良好平台。校园足球节的活动以足球游戏为主，游戏形式的足球活动更能拉近足球运动与儿童之间的距离。在游戏中他们不仅能体验到足球运动的运球、控球、踢球、跑动等基本技术，还能体会到足球活动中所蕴含的友谊、团结精神与运动快乐。校园足球节从儿童兴趣出发，以快乐足球为活动宗旨，试图吸引更多的儿童喜欢上足球运动，进而将足球运动作为自身身体、社会和心理发展的有效学习途径。此外，从夯实青少年足球基础的角度看，校园足球节对于足球运动在校园的普及，吸引更多儿童参加足球运动，培养儿童足球兴趣等方面具有突出的价值。

（1）足球节的前期准备。

制订总体计划。

场地：足球节开展的场地情况。

时间：举办时间和活动的总时间。

设备：足球节中所需要的设备和器材。

内容主题：明确足球节上的活动内容性质。

学生人数：参与足球节的学生人数。

医疗与后勤：医疗器材与医务人员的各项职责以及工作人员对整个活动的后勤保障。

（2）安排具体内容。

分组：根据学生参与的总人数分成若干小组，组数为双数。

分站：根据分组情况确定足球游戏站的个数。

游戏设置：制定各个游戏站的内容与规则。

器材准备：准备各游戏站所需的器材，要列出器材清单。

时间分配：整队时间、热身活动时间、单个游戏时间、休息轮转时间、放松总结时间。

场地布置：场地的设置与各游戏站的分布。

（3）工作人员配备。

根据学生人数和活动内容配备相应的工作人员。

四、校园足球训练计划的制订

（一）制订青少年校园足球计划的原则

1. 教育第一原则

讲求公平、公正，培养行为规范，启蒙职业教育。青少年在学校的首要任务还是学习，足球作为世界第一运动，有着其他项目不可比拟的教育作用，如培养青少年遵纪守法的观念、勤学苦练的精神、公平竞争的意识等，同时还能对青少年进行挫折教育，使其在获得进步或胜利时建立自信心，培养责任心、事业心，进而启蒙职业教育，树立职业意识。

2. 快乐至上原则

让青少年在足球训练中享受足球带来的快乐，培养兴趣。足球是人类发明的一项游戏活动，让青少年回归游戏的真谛，去享受足球带来的快乐，在游戏中感受足球的真正魅力，激发青少年对足球的兴趣，把孩子从教室里、游戏机前吸引到绿茵场上，享受阳光，享受快乐。这就提醒教练员，对于初次参加足球训练的青少年不要过分强调规则和空间。

3. 身心健康原则

强调青少年个体的全面发展，而不是比赛第一的训练思想。青少年的身体还没有发育成熟，因此青少年的体育锻炼和运动训练只有根据其生理特点科学地安排，才能促进他们身体的健康发展，提高运动水平。同时，青少年处于心理成长的关键时期，在生活、训练中会产生各种心理问题，如学习倦怠、比赛焦虑、自卑感、挫折感、嫉妒等。教练员在训练过程中通过鼓励，引导孩子们克服困难，建立自信，逐步解决问题，提高能力及运动水平。让孩子们明白个人的提高比球队整体的获胜更重要。

4. 崇尚技术原则

足球运动是一项强调身体、技术、配合的集体性项目。良好的身体素质和身体条件是基础，扎实的足球技术和高超的足球技巧是保障，娴熟的整体配合是球队取得胜利的法宝。世界优秀的职业足球运动员在比赛中往往表现出快速、合理和规范的技术动作以及娴熟的控球技术和超强的身体对抗技术。教练员应根据青少年自身的身体条件，结合位置要求，注重发现和培养个人的运动技能特长，并使特点更加鲜明，放大其优点，培养出球队的明星队员。

5. 足球规律原则

现代足球运动发展至今，既讲求攻守平衡，也讲求本方阵形根据场上情况不断调整变化，对各位置球员的能力要求越来越高，需要锋线队员能防守时退回半场参与防守，需要后卫队员进攻时能压上参与进攻，追求局部的人数优势。高水平的比赛中呈现出速度、压迫、控制、效率等特征，教练员应与时俱进，把握时代脉搏，设计出符合比赛特征的训练情境，以赛代练，在实战中练习身体对抗的技战术。

（二）制订青少年足球训练计划的基本要求

掌握队员个体和全队的竞技能力表现及状态，现有的训练条件及设施；根据球队相关信息，制定合理的训练目标；根据目标，制订详细的训练计划，包括训练的阶段及时间，训练的任务及内容，训练的方法及手段；根据划分的阶段，设定每一个阶段目标，具体到每堂训练课并实施;通过比赛检验训练效果,并根据比赛场上出现的情况调整训练计划。

(三)青少年训练计划的类型

根据不同的标准,可以对训练计划进行不同的分类。例如,按训练计划的时间跨度长短,按训练对象的人数,按训练的不同任务,按训练所处不同阶段或不同的训练内容,等等。在训练实践中,训练计划通常按时间跨度的长短分为以下四种。

1. 多年训练计划

为了使训练工作有比较长期的打算,应当制定多年的规划,多年训练计划的年限一般在两年以上。多年训练计划的内容主要有:本年度训练的目的和任务;根据竞赛制度将多年训练计划分为几个阶段,并提出各阶段的训练任务和重点;通过多年训练,准备培养本队形成的风格和主要战术;技术战术、身体训练总的要求,足球理论讲述的重点;各阶段、各时期训练内容纲要和所占比重与时间。

2. 全年训练计划

全年训练计划根据多年训练计划的目的、任务、内容并结合当年的具体情况、任务、要求和队员情况而制订。全年训练计划的主要内容有本年度训练的目的、任务与指标;身体、技术战术训练的方法与要求;理论讲授课题目与内容;各时期的划分,各时期的训练任务、内容、重点、比重。

3. 阶段训练计划

阶段训练计划是根据全年训练计划周期划分制订的阶段训练计划。学校足球训练的周期一般以一学期为一周期,每个周期就是一个完整的训练阶段,内容基本上与全年训练计划一致。

4. 周训练计划

周训练计划是根据阶段训练计划制订的,它把阶段训练计划更具体地落实。周训练计划是制定课时计划的主要依据。

五、校园足球不同年龄段的训练目标

(一)U9 年龄段

1. 技术

(1)培养兴趣,并能初步掌握以下肢为主要部位的多种形式的控颠球技术和能力。

(2)学习和基本掌握以脚背内外侧、脚背正面、脚内侧、脚掌拖球的运控球和运球变向的技术能力。

(3)学习和基本掌握在原地和较慢运动状态下的脚部、大腿、胸部接控球的能力。

(4)学习并能基本掌握脚内侧、脚背正面、脚背内侧的传球和射门技术,包括原地头顶球技术。

(5)正、侧面防守抢截的基本身体站位姿势与抢球方法。

(6)注意训练方法的变换,并以多球、多颜色、多选择等练习形式来增强队员的注意力和实战比赛中观察能力。

2. 战术

(1)通过小型比赛体验足球乐趣,了解简单的规则和战术。

(2)练习在非对抗下两人间的配合方法,如斜线二过一、直线二过一等。

(3)培养技术运用能力和团队协作意识。

3. 身体素质

(1)注重发展灵敏、速度素质和身体的柔韧性。

(2)养成正确的跑动姿势和方法,掌握如何快速启动、急停、变向(反向)、弧线变速跑等。

(3)利用多种辅助训练器材进行加快反应速度,强化平衡、协调、节奏感的身体动作练习。

4. 心理

(1)养成健康规范的训练习惯。

(2)积极引导、鼓励、表扬队员,增强公平竞争、团队协作的品质。

(二)U11 年龄段

1. 技术

(1)进一步发展和强化身体多部位运控球和颠控球的技术能力。

(2)在非对抗和对抗下的传、接、运、射及头顶球技术能力。

(3)基本掌握推球、拨球、拖拉球、扣球、挑球、假动作等运球变向、变速和转身过人的技术动作,并在对抗中提高完成动作合理性与实效性的能力。

(4)提高射门的准确性和在多种运动状态下的射门技术。

(5)基本掌握盯人及正面侧面抢截动作的要领和方法。

2. 战术

(1)了解比赛规则,增强整体攻防队形意识和各自区域的比赛战术职能。

(2)培养非对抗向对抗转移下的二人间和三人间的战术配合,特别是踢墙式、交叉式掩护和间接二过一等。

(3)基本掌握防守时的选位、压迫、盯人、协防和紧逼的原则和方法。

3. 素质

(1)以发展队员平衡、协调性、灵敏性为主,采取多种徒手操基本动作和垫上滚翻动作等练习。

(2)以发展速度素质(位移速度)为主,同时注重发展队员的平衡能力、协调能力、节奏感。采取不同姿势、不同步幅、不同节奏、不同方向的跑动练习。

4. 战术

(1)了解比赛规则,增强整体攻防队形意识和各自区域的比赛战术职能。

(2)培养非对抗向对抗转移下的二人间和三人间的战术配合,特别是墙式、交叉式掩护和间接二过一等。

5. 心理

采用形式多样、方法新颖的趣味性有球活动，激发队员团队合作，增强争胜的态度和自信心，积极表扬与奖励认真完成学习与训练任务的队员。

（三）U13 年龄段

1. 技术

（1）进一步发展队员在训练比赛中的控球能力，即能利用身体各个部位准确并较为熟练地控制各种空中球、反弹球和地面球。

（2）进一步提高队员在比赛中运用进攻和防守技术动作的合理性、规范性和实效性。

（3）提高多种个人运球和突破过人技术动作的准确率和传接球的准确率和合理性。

（4）基本掌握各种射门脚法和技巧。

（5）学习掌握多种防守技能，如捅球、封堵、断球、铲球、合理冲撞和紧逼盯人等。

2. 战术

（1）学习个人有球进攻战术，如快慢节奏的变化、虚假传射等，并要注意培养连续突破的进攻意识和能力。

（2）了解和掌握个人无球时的跑位方法和作用。

（3）学习掌握防守对方持球队员和无球队员的基本原则和动作方法。

（4）增强在不同人数的对抗防守比赛中的判断和抉择能力。

（5）学习并初步掌握二人以上的协同防守，如选位、压迫与盯人、保护与补位、围抢夹击防守等方法。

（6）学习掌握二人间的配合，如墙式、交叉掩护回传反切等，并在不同区域内进行组合练习，以此提高区域位置的战术能力。

（7）采用多球门形式的小型比赛，培养提高灵活多变的整体攻防能力。

3. 素质

（1）结合球、小栏架、标志桶、绳梯等辅助器材，提高运动员的步幅步频、灵敏协调能力和不同方向的跑动能力。

（2）多进行发展队员反应速度、动作速度为主的多种结合球的练习，并以竞争游戏的方式促进队员的启动跑以及快速反应和快速有效处理球的能力。

4. 心理

（1）采用分组比赛的方式，培养团队合作和集体主义精神。

（2）注意训练方法的变换，并以多球、多颜色、多选择等练习形式来增强队员的注意力和实战比赛中的观察能力。

（3）赛练结合，创造竞争气氛，体验成功与失败，培养应对压力和控制自我心态的意识。

（四）U15 年龄段

1. 技术

（1）在技术的运用过程中要注意抬头观察、选择果断和快慢节奏的变化。

（2）在对抗的条件下能较准确规范地运用个人防守技术。

（3）在掌握各种足球技术的基础上注意队员个性和特长的发挥与培养。

（4）在比赛训练的过程中更加讲究队员对球处理的合理性和实效性。

（5）在技术上要努力达到灵活、掌控、细腻、完美。

2. 战术

（1）要逐渐形成自身球队的比赛风格和战术特点并加以强化。

（2）要懂得观察比赛、学会比赛、掌控比赛，使比赛打法、重点、任务和职责更加明确。

（3）要培养队员自觉遵守赛场纪律、裁判纪律和战术纪律的好习惯。

（4）比赛中，整体进攻队形基本合理，防守阵型及距离合理，攻防转换意图较明确，把握时机准确合理。

（5）各区域组合战术配合较灵活和明晰，能力得以增强。

（6）转移进攻方向，包抄、抢点射门，角球和定位球的进攻战术要开始逐渐显现。

3. 素质

（1）专项速度有所提高（动作、反应、位移）。

（2）有氧耐力有所增强。

（3）身体各部位灵活性与柔韧性进一步得到提高。

（4）加入高速、强对抗、快节奏比赛情境模拟，进一步强化球员实战能力。

4. 心理

（1）通过设置训练难度和干扰因素，培养胜不骄、败不馁的精神，提高队员承受挫折和失败的能力以及自我控制的意识。

（2）通过模拟实战的各种形式的练习和比赛，增强队员的集体荣誉感和责任感，提高沟通交流意识。

第二节　大众足球运动的训练

一、大众足球运动领域概述

2019 年 7 月 15 日，党中央、国务院发布了《“健康中国 2030”规划纲要》，把全民健康上升到国家战略层面。健康是促进人的全面发展的必然要求，是经济社会发展的基础条件，是民族昌盛和国家富强的重要标志，也是广大人民群众的共同追求。推进健康中国建设，是全面建成小康社会、基本实现社会主义现代化的重要基础，是全面提升中华民族健康素质、实现人民健康与经济社会协调发展的国家战略，是实现中华民族伟大复兴“中国梦”的重要组成部分。

体育锻炼可以促进人的身体健康，提高生命质量，减少医疗开支，是实现全民健康最积极、最有效、最经济的手段。足球作为世界第一大运动，有着其无与伦比的魅力，在社会上有良好的群众基础。足球是一项全身性、综合性的集体运动项目，具有很好的健身价值，经常参加足球运动,可以提高力量、速度、灵敏、耐力、柔韧等身体素质,增强人体心血管系统、呼吸系统等的代谢能力。

(一)大众足球的概念

近些年来,学界对"大众体育""业余体育""群众体育""休闲体育""闲暇体育""余暇体育"等多个概念进行了讨论,总结起来,大众体育就是指人民大众在闲暇时间里,自愿参与的、适合自己兴趣和促进自身身体健康的体育活动。我们可以把大众体育称为业余体育、群众体育、休闲体育、闲暇体育、余暇体育等。

随着国民经济的快速发展,人民生活水平不断提高,余暇时间增多,人们的业余文化生活方式呈现出多元化的特点,但体力劳动减少、饮食方式发生改变、工作压力和竞争较大等原因,导致"亚健康"的出现,人们越来越意识到体育锻炼的重要性。足球运动具有广泛的社会影响,深受广大群众喜爱。发展和振兴足球运动,对提高国民身体素质、丰富文化生活、弘扬爱国主义和集体主义精神、培育体育文化、发展体育产业、实现体育强国梦具有重要意义,对社会经济、文化建设也具有积极促进作用。因此,从体育锻炼的视角去定义大众足球的概念,大众足球就是为了娱乐身心、增强体质、防治疾病和培养体育后备人才,在社会上广泛开展的足球活动的总称。

大众体育与竞技体育、学校体育相比,更加具有自由和自选的特性,既包含竞技体育的竞技元素,又包含学校体育培养终身体育意识的元素。2015 年,国务院办公厅发布的《中国足球改革发展总体方案》中提到"社会足球",将它与职业足球和校园足球做了明确的区分。综上,我们接下来所谈起的大众足球就是与职业足球相对应的,把学校和军队中开展的足球运动排除在外的一切在社会其他行业内的足球爱好者利用闲暇时间自发组织的与足球有关的训练、比赛等活动的总称。

(二)大众足球的功能

功能指事物或方法所发挥的有利作用、效能。功能具有二重性,即本质功能和派生功能。大众足球的本质功能可以促进身心健康发展和提高社会适应能力,是我们主要探讨的;派生功能指大众足球的社会功能,即大众足球有促进社会生产、经济、政治、文化发展的功能,不在我们的讨论范围之内。

世界卫生组织将健康定义为不但是身体没有疾病,还要有完整的生理、心理状态和社会适应能力。

1. 增强体质,提高身体素质

足球运动过程中,运动员需要配合使用运球、接球、头顶球、抢球、断球等技术,同时还要完成如启动、跑动、跳跃、转身、急停等动作,这些技术动作可以有效地提高力量、速度、耐力、灵敏、柔韧等身体素质,更能有效提高人体神经系统、心血管系统、呼吸系统等内脏器官系统以及运动系统的功能。此外,在各种环境条件下,身体可以调节体温、促进血液循环、加速新陈代谢、提高造血机能、增强免疫能力,从而提高了对各种病毒、病菌的抵抗力,更好地适应自然环境,增强身体的适应能力。

2. 缓解不良情绪，增强心理素质

经常锻炼身体可以控制体重、降低发生慢性病的风险、缓解压力和抑郁，增加生活的乐趣、提高自尊和自我概念，增进社会化等。现代生活节奏非常快，家庭和工作所带来的压力较大，心理长期处于较高的应激状态，很容易造成身心疲惫、精神压力大、情绪失控等情况，足球运动对缓解压力、抑郁等不良情绪有着积极的作用，经常参加群众足球活动与比赛，能够释放工作压力，提高心理素质，增强自信心，不断提高自我认知水平，进而不断提高生活满意度与幸福感。

3. 提高社会适应能力

个体发展不仅需要有良好的人际关系，还需要扮演不同的社会角色。球队中有管理者与被管理者的角色之分，场上有位置角色之分，比赛中参与者与队友积极配合，队友应该相互理解、相互信任，相互鼓励，争取比赛的胜利。同时，参与者通过与对手、裁判以及观众的接触，增进相互间的交流，促进相互间的友谊，扩大社会交往，提高适应社会的能力。

（三）大众足球的特点

1. 开展条件的便利性

足球运动是跨越国界的，规则是通用的，不同肤色、不同民族、不同性别、不同年龄的人，只要感兴趣，都可以成为大众足球运动的一员。一个足球、一片场地就能开展足球运动。

2. 参与群体的广泛性

大众足球运动参与群体的广泛性体现在年龄段分布上，参与者以中青年为主，但也不乏一些老年人；同时，在参与者的阶层、职业分布上，大众足球具有巨大的包容性，上到政府官员、下到普通百姓，它吸引社会不同群体。

3. 活动形式的多样性

在大众足球比赛开展上，有体育系统组织的规范赛事，有各单位、行业间系统开展的活动，有体育市场中介的赛事经营，也有群众自发组织的各类比赛；形式上既有 3 人制、5 人制、7 人制、8 人制和 11 人制等赛制的比赛，又可以根据不同地域气候环境特点开展“街头足球”“沙滩足球”“笼式足球”等。

4. 价值取向的多元性

大众足球运动的价值取向具有多元性，相对竞技足球而言，大众足球虽然也追求胜负，但在闲暇时间里是一种休闲健身、愉悦身心的生活方式；同时，足球运动是集体项目，社交功能显著，如一些倡导“友谊第一，比赛第二”的快乐足球、交友足球等。

5. 信息交流的时代性

随着科技的快速发展，我们已进入信息时代，手机应用市场中出现了“懂球帝”“直播8”等优秀足球应用程序（APP），中国足球协会与时俱进，推出了“绿茵中国”APP，同时，抖音、快手等短视频平台上的足球博主、足球公众号越来越多，为大众足球爱好者们提供了交流与咨询的平台，不仅拉近了广大足球爱好者间的距离，促进了大众足球的发展，同时也体现了大众足球在信息交流与资讯方式上的时代性特征。

二、大众足球训练理念

1. 健身性原则

大众足球训练可以提高参与者的足球水平，但与职业足球训练不同的是，大众足球运动的主要目的是促进身心健康发展，因此，开展大众足球训练要控制频次和强度。对于参与者来说，参与足球运动会受到家庭、工作等多方面因素的限制，保持满勤训练是不现实的，同时，过高的频次会导致疲劳不易恢复，影响工作和生活，按照我国对体育人口的判定标准“每周身体活动频度 3 次（含 3 次）以上、每次身体活动时间 30 分钟以上、每次身体活动强度中等程度”，保持“每周身体活动频度 3 次（含 3 次）以上”的训练即可；训练强度不宜过大，如果强度过大，超过身体的承受能力，会使身体机能减退，甚至损害身体健康。判断强度的方式主要有心率、血压、血乳酸、尿蛋白、耗氧量等，但由于测定血压、血乳酸、尿蛋白、耗氧量有一定的难度，参与者在训练时的强度测量可采用心率和自己主观判断。用心率来判断运动强度：首先需要计算最大心率，最大心率一般为 220 减去年龄；心率在最大心率的 40%~55% 可以判断为低强度；心率在最大心率的 55%~70% 为中等强度；心率在最大心率的 70%~85% 为高强度。主观判断主要是根据个人的主观感受，可以持续进行，不会感觉特别痛苦的是低强度；可以持续进行，但很难长时间进行为中强度；很难持续进行为高强度。

2. 安全性原则

在确保场地设施、器材安全的情况下，训练前做准备活动、训练后进行拉伸是非常关键的，也是容易被参与者忽视的。准备活动可以提高体温，加快血液流动，增加心脏的供血量，有利于人体在活动的过程中得到充分的氧气。同时，大脑的反应得到更好的提升，大脑皮层一直处于兴奋的状态，可以提高参与者在训练过程中的注意力，也能有效地防止训练过程中出现的紧急事故，另外适量的热身运动，还可以有效地缓解比赛前的紧张情绪。训练后进行拉伸可以帮助参与者缓解肌肉酸痛，促进血液循环，防止乳酸堆积，同时，拉伸可以帮助参与者提高身体恢复能力，提升身体的柔韧性，降低以后在运动中受伤的风险，还可以增强参与者本次训练的效果。

3. 全面性原则

足球运动属于非周期性同场对抗项目，具有竞争激烈、对抗性强、技战术变化复杂、运动持续时间较长、运动强度大、体能消耗多的特点，参与者仅仅具备一定足球技术是远远不够的，还需要在体能、战术、心理等方面加以提高。因此在训练中既要安排技术练习，不仅要练习惯用脚的停、传、运、射，还要注意逆足的练习，还要设置力量、速度、耐力、灵敏、柔韧的专项体能练习，两者缺一不可。

4. 量力而行原则

从健康的角度来看，大众足球训练可以使参与者提高心肺功能，促进血液循环，调节心情等，但任何事都不是绝对的，训练虽好，但每个参与者的体质是不同的，所以，在训练时要做到量力而行。一方面，夏季的气温较高，人体的新陈代谢加快，对氧气和养分需求量随之增加。另一方面，在高温高湿的条件下，空气的含氧量比较低，相应血氧浓度也会降低，从而对心脏、大脑的氧气供应就会减少。因此，在夏天参与足球训练时，首先要充分热身；其次要特别注意补水，但不要喝冷饮；最后，要注意控制运动量，更不要酒后训练。

5. 循序渐进原则

循序渐进是人体适应环境的基本规律。人体对内、外环境变化的适应，是一个缓慢的由量变到质变的过程。只有遵循这个规律，才能取得良好的训练效果。大众足球训练在运动量和难度方面要遵循循序渐进的原则，训练量要由小到大，逐步增加。参与者可以从颠球、慢跑运球开始，待身体逐渐适应后再进行其他练习。需要注意的是，运动量不要一直停留在一个水平上，这样会让刺激越来越小，没有效果；在训练难度方面，不能急于求成，要把握好由简到难、由易到繁，难度一旦过大，很容易出现畏难心理，而且在训练中技术运用不当或不到位，会造成身体某些部位出现损伤，从而影响后面的训练。

6. 个体训练原则

职业足球运动员进行训练是日常工作，而大众足球参与者只能利用余暇进行训练，再加上时间无法统一、个人原因、没有专业教练等的限制，很难组织集体性训练，因此，大众足球训练的开展应以个体训练为主，在足球场、小区空旷地面都可以练习，甚至在家都能完成一些相关训练。随着互联网的快速发展，出现了一些可以网购的足球训练器材，如足球毯、标志盘、绳梯、弹力带等，可以根据需要在购物平台购买。

三、大众足球训练的内容及方法

任何一项体育运动都是从游戏发展起来的，随着参与者人数不断增多、竞技性不断增强，规则也在不断完善，最终成为竞技运动。足球运动也不例外，无论它的规则发生多大的变化，游戏的本质都保留着。只要充分挖掘足球运动的游戏本质，保持它特有的运动形式特点同时淡化竞技成分，也就是简化规则，就能让更多的人参与大众足球运动，使它成为大众健身的有效手段。例如，可在小场地上取消越位规则，将手抛界外球改成用脚踢，降低了难度，方便参与者在有限的空间内自由地奔跑、配合、过人、射门等；也可以通过缩小球门并取消守门员来增大进球的机会，从而增加进球数，这可以让参与者更多地获得进球后的愉悦体验；还可以改变足球运动的形式，如非对抗形式有颠球、对墙传接球、多人传球接力等，对抗形式的有 4 对 1、5 对 2 抢圈等。

大众足球运动的开展是推动我国足球运动进一步普及与可持续发展的重要途径。大众足球是足球运动金字塔的塔基，是给予足球运动发展养分的土壤，是广大爱好者参与足球运动最直接的途径。它的开展能够不断地扩大足球人口规模，提高足球运动的社会化程度，为足球运动的发展奠定坚实的基础。当前，大众足球运动在我国大部分地区尤其是大城市开展得有声有色，带动了全民健身运动。大众足球运动依托业余足球队，通过与其他球队比赛而不断发展，并在一定的区域内形成自发性、规模性的足球比赛活动，而足球运动属于非周期性同场对抗项目，具有竞争激烈、对抗性强、技战术变化复杂、运动持续时间较长、运动强度大、体能消耗多的特点，一场业余足球比赛的水平可能没有职业比赛水平高，但是参与者的取胜欲望是一样的，那就需要在场上每球必争、全力以赴。因此，参与者仅仅具备一定的足球技术是远远不够的，还需要在体能、战术、心理等方面加以提高。

1. 基本技术是基础

足球技术（不含守门员）包括有球技术和无球技术。有球技术包括运球、踢球、接球、头顶球、抢球、断球和掷界外球；无球技术包括启动、快跑、跳跃、急停、转身、步法和假动作。

大众足球参与者的水平参差不齐，很多参与者从未接触过正规训练，在比赛中经常出现球传偏了、将球停出自己的控制范围、坐“球车”等情况。技术是完成战术的基础，只有熟练掌握足球技术，才能在比赛中有目的地采取行动，提高获胜的概率。而球性球感的提升在很大程度上影响着足球技术水平的提高，因此，想要掌握好良好的足球技术，必须从球性球感练习开始。球性球感练习有很多种，如双脚原地交替踩球、左右脚内侧拨球、脚内侧停球接脚背横拨、拉球横拨、左右脚后跟磕球、L 字形拉球、虚晃接脚背拨球等。参与者可以在训练时选取其中 2~3 个动作进行练习，每个动作练习 30 次，完成 2 组。完成后进行颠球，用脚背正面、大腿、头部、脚内侧、脚外侧等部位完成 100 次颠球，提高控制球的能力。能熟练颠球后，可在后续训练时按照脚背正面（左右）—脚内侧（左右）—脚外侧（左右）—大腿（左右）—双肩—头—胸部的顺序进行 12 部位颠球。传、停、运、射是足球中四种最基本的技术，初学者可以选择传、停、运、射的单项练习；有一定足球基础的参与者，可以将传、停、运、射相结合，进行组合练习。有场地条件和队友的参与者，可以互相传球，也可以“抢圈”，这样既强化了技术，又不会让人感觉枯燥。单人在家也能够完成传、停、运的技术训练，既可以进行单项技术练习，又可以进行组合练习。

技能是运动员在正确的时间和位置上根据需要选择使用正确技术的能力，通俗地说就是运用技术的能力。由于足球运动中存在对抗，要具备在复杂多变的情况下处理球的能力，因此，在具有场地条件时，应在技术练习时加入干扰，模拟比赛中可能出现的情况，这可大大提高足球技术的应用能力。

2. 良好的体能是保障

足球运动是一项持续时间较长的运动，在比赛中不仅需要不断跑动，还经常发生身体对抗，对身体各个方面的素质都有较高的要求。体能包括速度、力量、耐力、灵敏、柔韧。在大众足球比赛中，参与者的体能状况存在差异，在同样技术水平的情况下，谁的体能好就决定了比赛场面甚至比赛结果。同时，良好的体能可以保证参与者在激烈对抗中良好地发挥技术，是完成各种技战术动作的前提，是一场足球比赛取得胜利的保障。

1）速度

速度素质一般分为反应速度、位移速度和动作速度。在比赛中，跑位、接应、回防、补位、抢断、突破等都需要参与者具有良好的速度素质。提升速度素质可以从以下三方面入手。

（1）反应速度。

原地小步跑或高抬腿跑或跳跃，听到指令后冲刺跑 10~15 米；结合球的练习可以在运球时通过听指令做急停、转身、变向、跳跃、翻滚等动作，提升反应速度。

（2）位移速度。

可使用15~30米正面、背面、站立位、侧站位、坐姿的开始姿势进行快速冲刺跑的练习，也可采用5次 ×25米折返跑或小步跑、高抬腿跑、负重跑、下坡跑、上坡跑、牵引跑等。

（3）动作速度。

可通过绕杆跑、运球绕杆等练习提升动作速度，也可通过对所要完成的几个技术动作进行反复性练习，如控球、传接球和铲球的单个技术动作练习、断球—传球—接球—运球、抢球—传球—接球、接球—运球—射门等组合技术练习，来提升技术动作之间的衔接速度。

2）力量

力量素质是指人的机体或机体的某一部分肌肉收缩或舒张时克服内外阻力的能力，它是各项素质的基础。在足球比赛中，参与者既要克服自身体重和惯性来完成各种跑、跳、急停、转身等动作，还要在与对手的对抗中完成传球、停球、顶球、运球、射门等技术动作，因此，具备良好的力量素质至关重要。一般来说，根据足球运动的特点，快速力量和力量耐力是力量素质的重要组成部分。

（1）快速力量。

快速力量是指自身完成某个技术动作时，在特定的负荷条件下所表现出来的快节奏的爆发用力。在练习快速力量时，要处理好动作速度和力量的关系。负荷太大，会影响动作速度，也容易受伤；负荷太小，没有形成刺激，无法提升快速力量。非专业训练完全可以通过克服自身体重来进行练习，如深蹲跳、蛙跳、羚羊跳、障碍跳和多级跳等都是很好的训练方式，同时，也可采用负重练习，如负重深蹲、负重提踵、卧推、挺举等。

（2）力量耐力。

力量耐力是自身克服外部阻力时，肌肉能长时间连续工作的能力。训练力量耐力可采用负重深蹲、负重提踵、卧推、侧推等，还可以利用健身器械进行中低强度、高重复次数和组数少的训练来增加力量耐力水平，如用最大力量的40%~60%、重复数次；再用最大力量的15%~25%，练习3组，组间休息45秒。

3）耐力

说到耐力素质，我们需要先说明人体三大供能系统。我们完成日常活动、运动时都需要能量，这种物质叫三磷酸腺苷（ATP），它是人体能量的源泉。人体供能系统有多种表达方式。在本书前面章节已经对其中一种方式进行了介绍，本章介绍另一种表述方式，即将三大供能系统分别称为磷酸原系统、糖酵解系统和有氧氧化系统。

磷酸原系统是人体最快速的供能系统，它供能强大，但持续时间短，只能持续供能6~8秒。该系统在运动起始阶段、短时间做功或者高强度运动时起作用，该系统不需要任何氧气的参与，直接动用肌糖原供能。

糖酵解系统主要依靠糖分分解来促进ATP合成，同样不需要氧气参与，可以持续供能0.5~2分钟，但糖酵解过程中会产生乳酸，当产生乳酸的速度高于消除乳酸的速度时，会引起肌肉暂时性疲劳，导致运动中止。

有氧氧化系统通过有氧途径产生ATP进行供能。有氧氧化系统需要持续不断的氧气，如果没有氧气，则代谢无法完成。碳水化合物和脂肪酸都可以通过有氧途径代谢产生 ATP，我们日常工作生活中大部分的能量供给都来自这个系统。

运动强度越大，持续时间必然越短。当运动强度只能维持十几秒或者不超过 2 分钟时，身体利用的是磷酸原系统和糖酵解系统供能，主要是利用葡萄糖供能，该运动就为无氧运动。随着运动强度增加，乳酸堆积越来越多，超过乳酸消除的能力，从而运动强度下降，大量的氧气进入身体后，有氧氧化系统开始占主导地位，碳水化合物和脂肪酸变成主要的供能燃料来源，这时便是有氧运动。通常来说，瞬间的动作，比如对抗、跳跃等，强度都比较大，主要是由磷酸原与糖酵解系统在进行供能，而如果在球场上慢跑或者在小范围内来回跑位，则有氧氧化系统供能比较多。足球比赛中要求参与者不断地进行传接球、射门、身体对抗、交叉换位、补位、策应、反复冲刺跑，不仅强度大，并且持续时间长，因此参与者不仅要拥有良好的有氧耐力，而且要具有良好的无氧耐力。

有氧耐力是指在氧气供应比较充足的情况下坚持长时间运动的能力，训练可采用 3 000 米、5 000 米、10 000 米等不同距离的定时跑或者越野跑、12 分钟跑等。有氧耐力训练的常用方法有匀速持续跑和变速跑：匀速持续跑的心率控制在 150 次 / 分，持续时间要在 1 小时以上；变速跑的负荷强度从心率 130~145 次 / 分到 170~180 次 / 分交替进行，持续时间在 30 分钟以上。结合球的有氧耐力练习可采用长时间活动中各种传、接球练习，连续跑动运球或者射门练习，各种二过一战术配合连续、反复地练习，同等人数的分组定时攻守练习等。

无氧耐力训练主要以间歇训练法为主，用以提高参与者的无氧代谢供能能力。目前比较流行的是采用高强度、小间歇的练习方法，如：10、30、50 米短距离反复冲刺跑，间歇 30 秒左右，150 米全速跑、间歇 2~4 分钟，5 次 ×25 米折返跑等。结合球的无氧耐力练习可采用快速运球或者冲刺到前场传中、射门，然后快速跑回到中场原位；（15 米 /25 米）×5 次的快速折返运球或接球、快速折返跑动头顶球及射门、快速折返跑动铲球等。

需要注意的是，每周设置 2~3 次的耐力素质训练才能收到良好的效果。另外，耐力素质的训练要尽量结合技、战术一同练习，这样既可以消除单独练习耐力素质的枯燥感，又可以同步提高耐技、战术能力。

4）灵敏

灵敏素质是指在复杂的比赛环境下，参与者随机应变，快速、协调、准确地改变身体位置和方向，以适应比赛的能力。如在比赛中各种虚晃、假动作、突然加速变向的跟进防守或摆脱防守等。灵敏素质的练习应多采用视觉信号，以提高参与者神经系统的快速反应能力和判断力，跑的练习有变向跑、交叉步跑、绕杆跑、后退跑等；也可进行 12 部位颠球练习、带球绕障碍跑练习、1 对 1 或 2 对 2 攻防射门练习、2 人或多人连续不落地颠球练习等。需要注意的是灵敏训练要求有较高的注意力，一般安排在练习的开始部分，练习次数不宜过多，避免出现疲劳，同时，灵敏素质是多种素质的综合表现，训练时可以和其他素质练习相结合，但是练习的要求应着重提高灵敏素质。

5）柔韧

柔韧素质是人体各关节活动的幅度及肌肉和韧带的伸展能力。柔韧素质练习一般采用静力拉伸和动力拉伸。动力拉伸一般在准备活动阶段，如行进间肩绕环、行进间振臂、行进间直腿的外摆摆腿、行进间直腿的里合摆腿、行进间腿高抬外摆摆腿、行进间腿高抬里合摆腿、行进间踢腿等；静力拉伸一般是在训练后的整理放松阶段，如坐姿的体前屈、站姿的体前屈、压腿、弓步压腿、正压腿、臀大肌拉伸、跪地后仰、分腿下压、仰卧股后肌群拉伸、双膝仰卧股前肌群拉伸等。

体能训练应该规范化、科学化，合理的运动量和运动强度才能在保证参与者提高体能的同时达到促进身心健康的最终目的。足球运动有着很强的对抗性，出现生理疲劳与心理疲劳的现象是很正常的，这时就需要劳逸结合、科学补充营养、保证充足的睡眠。在运动后进行热敷、温水浴、蒸汽浴等物理疗法，缓解疲劳、镇静心神的同时还能促进血液循环、消除肌肉酸痛。

3. 合理运用战术是关键

战术是比赛中为了战胜对手，根据主客观的实际情况所采用的个人和集体配合手段的综合体现。足球比赛经常出现以弱胜强的情况，这正是足球的魅力所在；在大众足球比赛中，当双方水平相差无几时，合理运用战术显得尤为关键。

足球战术包括个人战术和集体战术，由于大众足球参与者的训练受到某些因素的限制，在这一部分我们主要谈个人战术。个人战术的发挥直接影响球队的整体表现，因此，我们需要把握以下原则：

①本方控球时候，利用场地宽度，立即拉开，寻求进攻机会；

②传球之后不要留在原地，应多跑动寻找接应位置；

③在对方的罚球区附近时，射门要果断，同时要迅速跟进，寻找补射机会；

④接球时要主动上前，不要在原地等球；

⑤不要过长时间地持球，多将球传给同伴，但在本方罚球区附近时尽量减少横传或回传；

⑥力争将球在第一落点时处理好；

⑦在没有同伴接应时，应控制住球权或进行突破；

⑧一旦丢失球权，应在第一时间限制对手，给对手压迫；

⑨防守时选位要正确，一般的原则是防内切放边路；

⑩避免盲目出脚抢断而被突破。

针对战术的练习，在传接球、运球、射门等技术练习时，应主动培养个人战术意识，比如在传球时需要同时观察同伴的位置，接球时避免原地等球，要主动迎球，运球时注意观察赛场情况，做到该传则传、该突则突、积极跑位；也可以采用 5 对 2 抢圈，能有效提高观察能力和判断能力；再就是进行小场地 3 对 3、5 对 5 比赛或是以多打少的攻防演练。

4. 良好的心理是正常发挥的前提

心理素质训练是足球训练中不可缺少的一部分，很多大众足球参与者没有经过专业训练，比赛的心理承受力和适应能力较弱。在足球比赛中，比分的落后、裁判员的误判、对手的挑衅等因素都会使队员产生各种各样的情绪，而情绪的变化也直接影响比赛时的技术发挥，积极的情绪会使人充分发挥技战术水平，消极的情绪则会抑制技战术的发挥。

心理调节可以有效地提高参与者的心理状态对在任何情境下的比赛都有一定的心理支撑作用。心理调节的方法主要有：第一，呼吸调整法，即通过呼气时肌肉的放松和吸气时肌肉的紧张来交替调整心理状态，从而使紧张的心理情绪得到释放；第二，自我暗示法，通过自我说服对自己心理施加一定的影响；第三，是通过一些放松的运动来调节心理，如训练后的拉伸、听音乐等。

5. 运动知识是核心

理论指导实践，掌握一定的运动知识对于参与者水平的提升起到很大的促进作用，比如掌握运动测量学和运动生理学的知识，可以用身体各项数据监控和调整个人的运动负荷，防止运动损伤和过度疲劳；掌握运动训练学的知识，可以使用科学、合理的训练方法提升体能和技战术能力；掌握运动损伤康复学的知识，可以预防运动损伤和科学、快速地康复；掌握一定的足球知识，可以更好地分析比赛，也可以提升对比赛的阅读能力和决策能力，等等。

随着信息社会的快速发展，获取知识的途径更加多元化。传统获得运动知识的渠道有书籍、电视、广播等，现如今还可以通过抖音、快手等短视频类 APP，或是知乎、微信公众号等。尤其是足球相关的知识可以通过观看足球比赛中解说员的专业评述得到提升，也可以通过“懂球帝”“直播 8”等 APP，与众多的足球爱好者进行互动交流。

四、大众足球的伤病及预防

无论职业足球还是业余足球，身体对抗都很激烈，在运动期间受伤的概率很高。足球运动损伤是指运动员在足球运动过程中身体受到的各种伤害。由于大众足球的参与者大都没有经过专业的训练，运动技术及身体素质相对薄弱，加之缺乏必要的医学常识，运动损伤较其他运动项目更为常见，大众足球参与者都有自己的家庭和工作，一旦受伤无论在生理上还是心理上都会造成巨大的苦痛，甚至影响正常的工作和生活，也失去了通过足球运动促进身心健康的意义。

（一）大众足球运动的常见损伤

（1）参与者之间发生碰撞而产生的运动损伤。足球运动中经常出现身体接触和碰撞，碰撞很可能导致参与者的扭伤、擦伤、摔伤、皮下血肿、肌肉挫伤断裂、韧带撕裂，更严重的还会造成骨折、脑震荡、脑出血等。

（2）参与者技术动作不规范而产生的运动损伤。由于很多参与者未经过专业训练，技术动作不扎实，形成了错误动作模式，会导致参与者头部、腹部、裆部的擦伤或者挫伤和踝关节、髋关节、膝关节的损伤。

（3）运动负荷过大导致的运动损伤。当参与者身体长时间高负荷运动或产生运动疲劳时，肌肉力量、韧带柔韧度、神经系统反应的灵敏度都会大幅度降低，从而导致损伤，如肌肉拉伤、肌肉疼痛、韧带撕裂等。

（4）没有进行充分热身而产生的运动损伤。很多大众足球参与者认为，踢一会儿就能达到热身的效果，这种想法是错误的。没有进行充分的热身准备，身体各个关节没有充分活动开，身体肌肉还处于紧绷状态，加大了足球运动损伤产生的可能性。

（5）客观因素造成的运动损伤。场地设施、运动装备、气候条件等客观因素都是可能会造成参与者运动损伤的因素。

（二）大众足球运动中常见的损伤

1. 擦伤

身体触球或者与对手争抢碰撞时失去平衡倒地与地面摩擦所致，伤口一般比较浅，出血量不多，属于轻度损伤。

2. 下肢肌肉拉伤

常见于准备活动不足致大腿前后侧肌肉突然用力被动拉伸过度造成的损伤，多见于射门、长传、快速启动冲刺、急停变向等动作之中。

3. 下肢骨折

胫骨骨折较为常见，由于胫骨位置比较浅，表面仅有皮肤覆盖，在比赛中激烈的拼抢、铲球及踢到对方小腿都会造成该部位损伤。

4. 踝关节损伤

踝关节损伤常见于腾空后着地、扭转、踢踏和撞击，主要原因为技术动作不合理、准备活动不足、犯规动作、体能下降等。

5. 膝关节损伤

突然用脚内侧、外侧做变向扣球比较容易发生急性半月板损伤。内侧副韧带损伤是在踢球时做过度用力推射，小腿用力外展情况下造成的。外侧副韧带损伤的出现概率较小，主要发生在大力外脚背抽射时。十字韧带撕裂，经常出现在带有膝关节旋转踢球时的一些动作，包含主动动作的回旋及其单足支撑时的踩球旋转，被动旋转的动作，关节受外部碰冲，急停时鞋子抓地力过急，站地不稳摔倒情况下。

6. 闭合性软组织挫伤

常见的闭合性软组织挫伤有脚趾损伤，原因是球鞋不合脚，导致球鞋挤压或碰撞到脚趾；也可能是未正确判断来球方向，用脚尖去触球；还有对手犯规动作过大，鞋底踩到脚趾部位，造成损伤。

腕关节损伤是身体失去平衡倒地引起的，落地时直臂撑地，腕关节受到地面反作用力的直接冲击，造成手腕韧带损伤，严重时可导致手腕、手臂骨折。

7. 足球踝

由于足球运动主要活动关节为脚踝，踝关节易过度活动和扭伤，使得胫骨和距骨骨面及关节软骨受到异常撞击、挤压与磨损，关节囊被反复牵拉受损，使关节囊及韧带钙化。

8. 大小腿肌肉痉挛

大小腿肌肉痉挛指运动过程中精神紧张、过度疲劳等原因所产生的大小腿肌肉抽筋的现象。

（三）大众足球运动损伤的预防

1. 思想上加强自我保护意识

充分了解运动损伤所带来的危害，从思想上真正重视，同时，科学合理地安排训练内容和时间，防止在疲劳状态下进行大运动量训练，并遵循循序渐进的原则。增强自我保护意识，提高机体平衡和自控能力，避免错误技术动作造成的运动损伤。

2. 充分做好热身活动

运动前进行充分的准备活动，使身体发热，减少肌肉的黏滞性，增加肌肉和韧带的伸展性，加大柔韧性，使身体各部位达到较高的应激状态，特别注意对膝关节、踝关节的防护。

3. 加强易伤部位力量和柔韧练习

加强易伤部位的训练，有针对性地加强容易受伤和相对薄弱部位的肌肉力量和伸展性练习，提高它们的功能。

4. 增强心理素质，提高适应环境的能力

提高心理素质，保持心情舒畅、情绪平稳，防止注意力不集中和犹豫导致的运动损伤。同时，提高对寒冷、炎热、潮湿等的适应能力和对各种疾病的抵抗能力。

思考与练习

1. 发展校园足球的主要意义是什么？
2. 教练员在制订青少年足球训练计划时需要考虑的因素有哪些？
3. 校园足球教练员应具备哪些基本素质？
4. 大众足球训练原则包括哪些？
5. 大众足球运动中常见的运动损伤有哪些？如何对其进行应急治疗？

第四章　足球竞赛的组织与策划

第一节　足球赛事的策划组织

一、校园足球的策划与组织

（一）校园足球的概念

“校园足球”是指以学校为“阵地”，将足球运动的各种元素（包括足球文化、足球技能、足球训练等）引入课堂，以培养学生的足球兴趣为核心，让青少年在快乐足球的理念下锻炼身体，磨炼意志品质，保留个性和发挥天赋的同时，培养青少年群体的团队精神和合作意识，同时还要注重培养学生群体顽强拼搏的精神。总体来看，足球进校园的相关活动对当代青少年来说具有十分重要的实际意义，并且与我国足球事业的发展息息相关。

（二）校园足球的现状

近些年，随着足球进校园活动的不断深入，国家政策的扶持和各种政策的保障，各级各类学校对足球运动的开展越来越重视，形成了以足球课和足球社团为主的教学模式、以校队为主的训练竞赛模式，进一步提升了足球运动在学校层面上的开展程度。在体教融合视域下，校园足球管理组织呈现一体化、多元化、科学化的发展态势。

随着鼓励足球发展政策的陆续出台，校园足球普及教育和职业球队建设目标都有了实际的规划。青少年足球培训市场及其周边产业出现新的机会，从足球普及兴趣课程到精英训练，从师资培训到机构管理培训，从传统足球硬件到智能足球设备，以及业务球队管理系统和足球社交等领域，都涌入了资本和创业者。校园足球特色学校数量已达 2 万多所。

我国构建了以特色学校、高校高水平足球运动队、试点县（区）、改革试验区、“满天星”训练营为框架的“五位一体”的校园足球立体推进格局。截至 2019 年 12 月，通过对全国 38 万所中小学进行遴选后，一共认定了“校园足球特色学校” 27 059 所，设立了校园足球改革试验区 38 个，校园足球试点县（区）160 个，在全国布局建设“满天星”训练营 80 个，招收高水平足球运动员的高校 181 所，并且制定了全国校园足球特色学校的基本标准，面向近 2 000 万在校生每周开设 1 节足球课，组织课余训练和校内联赛。

在足球场地方面，截至 2018 年 9 月，全国的各级各类学校共有设立在校园的足球场地 120 960 块。其中，2015—2018 年全国教育系统共新建改扩建校园足球场地 32 432 块，完成了《全国足球场地设施建设规划》规定的 80% 以上的工作任务。此外，教育部与体育总局联合印发了《关于推进学校体育场馆向社会开放的实施意见》。当前，全国绝大多数省份都积极推进校园足球场地等体育场地向社会开放，以提高资源的共享率，把校园足球场地的价值发挥到最大，增加足球人口，并且形成校园到社会的衔接。

（三）校园足球的形式分类

1. 足球课

足球课是校园足球的最基本的形式，足球课程的开设是必须要围绕所在学校体育课程发展的总体目标进行的，学时和内容都需要在国家规定的基础上，各级各类学校要根据学校自身的实际状况进行设置。教学目标为培养学生对于足球运动的基本认知，掌握足球运动的基本技术，同时发展学生的专项体能和综合体能。

根据上述内容可以得出，足球课程是校园足球的基础，是培养兴趣和掌握基本技术的重要形式，属于学生群体的入门阶段。所以，在策划与组织的过程中要严格按照学校体育的目标进行，避免出现与国家对于各个阶段学生群体体育课程目标相悖的状况发生。

2. 足球社团

足球社团是具有足球爱好的学生群体，在学校规定的政策下聚集到一起，以发展足球爱好，培养兴趣，满足足球训练与足球竞赛需求的组织。活动形式主要以自发性为主，自行推选足球社团负责人和教练，定期或不定期组织足球训练和足球竞赛等活动。

由上述内容可以得出，足球社团的水平比足球教学团体的水平更高，一般其成员都是有一定足球基础的人员，所以活动的内容主要以专项水平提高和队内成员的教学对抗赛等为主。

3. 足球校队

足球校队是指在一所学校中，通过技战术、体能等方面的比较，选拔出来的一批校级顶尖人才组成的足球队，代表了一所学校的最高水平。

足球校队的成立和队员选拔主要依托于所在地区的校园足球比赛，所以，足球校队相关策划和组织的内容主要以足球竞赛为依托，在练习基本技术和锻炼体能的基础上，提高技战术水平，端正比赛态度，以取得优异的竞赛成绩为目标。

4. 足球比赛

这里指的足球比赛主要指一所学校的校内比赛。校内的足球比赛主要以增强学生体质、培养学生群体努力拚搏、团结协作的体育精神为宗旨。开展各级别校园足球活动，能够培养全面发展、特长突出的青少年作为我国足球运动的储备人才，在很大程度上能够提高全国学校足球运动的整体水平。

所以，在进行策划和组织的过程中要写明职责分工、活动要求、比赛计划、报名时间、比赛时间、抽签分组和奖项设置等，并且根据要求为学生购买运动意外险，做好比赛现场医疗保障的相关工作，并且要在赛后做好各方面的总结与评价，以便于今后更好地开展。

除此之外，校级足球比赛也是选拔校队的重要机会，所以，可以把校队选拔当成校级足球比赛的重要环节。

5. 校外足球培训

现在青少年足球培训正处于蓬勃发展阶段，具有很大的市场，而且在未来还会有着巨大的发展空间。所以，如果想要开展青少年足球培训需要在多方面进行准备。

（1）确定招生群体。我们必须要对培训机构的培训主体做好规划，这也是前提条件，现在有很多培训机构都采用足球课外承包的方式来拓宽生源，现在有很多中小学都有足球教学的需求，培训机构就可以通过足球课堂来开展校外的培训班。虽然现在互联网技术也在不断发展，但是网络营销终归不是最基本的宣传途径，仍需要积极进行线下宣传。

（2）确定培训场地。足球场地资源是比较稀缺的，更不要说专业的足球场了。只有少数一流的青少年足球训练营拥有自己的训练场地，绝大多数还处于租借场地的阶段，主要是租借中小学的体育场地或者是该地区的公共体育场所。

（3）确定自己的培训方案以及推出相应的培训产品。最好是可以推出具有特色化的，专业水平高的足球培训方案，这样才可以在一众竞争者中一枝独秀，针对不同的年龄阶段，制定不同的培训课程是非常有必要的，还要在培训产品中，突出相应的培训理念，在一开始可以推出公开的体验课，让家长看看具体课程安排如何。

（4）赛事体系。目前来说，能够独立建立赛事体系的培训机构很少。建立赛事体系可以增强培训机构的影响力，在一开始可以放低要求，没有必要非要建立完整的梯队赛事体系，可以在一定范围内举办一些民间性的足球赛事，增加学员的比赛经验。

（5）打造和培养专业的教练队伍。教练的水平决定着一个体育培训机构的教学水平，在很大程度上决定着培训机构的未来，最优秀的足球培训机构不仅仅会吸纳国内最优秀的教练人才，还会聘请国外的优秀教练，也可以对教练进行培训，让具有丰富经验的教练对年轻教练进行培训。

越来越多的青少年参加了或者准备参加足球培训，家长群体对于学生参与足球培训的支持度也很高，所以国内足球培训行业势必还会继续成长，发展前景十分光明。

二、业余足球赛事的策划与组织

（一）业余足球的概念

所谓的业余足球主要是和职业足球相对的，参赛球员为业余足球运动员，形成的联赛就属于业余联赛。随着业余足球联赛的全面开展，中国足球协会对于大型业余足球联赛的要求也越来越多，政策也越来越明朗，已经逐渐成为开展大众体育、丰富大众的精神文化生活的重要途径。

（二）业余足球的现状

现阶段我国的大多数业余足球队都是由足球爱好者自发组织的，主要包括两大类，一类是“以球会友”，主要在闲暇时间通过足球运动强身健体、增加社交等的队伍；另一种是以培养青少年群体足球水平为目的的足球训练队伍。相关调查统计表明，我国的业余足球俱乐部在数量上已经达到了一定规模，不同行业、不同社会层次的爱好者都积极参与这项活动。但是在最近几年，新生代业余足球俱乐部的数量呈连年下降的趋势。

（三）业余足球的组织形式

1. 业余足球联赛

2014 年以前，参加比赛的队伍队基本上是由各个机关、学校、企业、部队、有关行业等单位的人员构成的，并且允许通过自由组合，以足球爱好者俱乐部的形式来参加比赛。但是从 2015 年开始，参加大区赛和总决赛的业余球队开始实行俱乐部制，球队必须在所在地的工商或民政部门进行过登记注册。其中，参加中国足协杯的业余俱乐部需要在工商部门注册。

（1）赛程赛制。

赛制主要包括三个阶段，分别为市级预赛、大区决赛和全国总决赛。

（2）省、市级预赛。

首届联赛仅在全国 17 个重点城市展开，2003 年扩大到 17 个重点城市以外的 15 个已实体化的省级会员协会指定的城市举行，2004 年以后向所有省级会员协会开放。

（3）大区联赛。

大区联赛实行赛会制度，由足协授权会员协会成立大区业余联赛组委会，负责大区业余联赛的组织和管理。该联赛先后多次经历改革，从 2002 年的 4 个赛区到 2003 年的 8 个大区，又到 2005 年合并为 4 个大区，从 2006 年后又合并为南北 2 个大区（北区由西安市足协牵头，南区由江西省足协牵头）。直到 2014 年，又重新划分为 4 个大赛区。

以 2010—2013 年南北赛区划分为例。

南区：江西、武汉、上海、江苏、青岛、湖北、浙江、南京、安徽、广东、深圳、厦门、广州、海南、广西、福建、湖南、贵州、四川、云南、成都、昆明（9 个足球重点城市和 13 个省级会员）。其中，昆明、四川、成都赛区在 2006—2010 年被划分在北区。

北区：西安、重庆、陕西、河南、新疆、北京、天津、辽宁、山东、沈阳、大连、吉林、长春、延边、黑龙江、内蒙古、河北、山西、青海、西藏、宁夏、甘肃（8 个足球重点城市和 14 个省级会员）。

（4）全国总决赛。

全国总决赛主要实行的是赛会制的比赛形式，主要由中国足球协会组织进行全权管理。

2. 社区足球

社区足球是社区文化在新形势下社会主义精神文明建设的重要组成部分，是一种群众性的文化体育活动。开展社区足球运动是社区体育文化活动的新模式，将足球运动作为一种文化向大众推广，让人民群众真正了解足球、热爱足球，通过足球运动加强人与人之间的交流，这也是引领未来社会文化新格局的大势所趋——“你我足球、互动社区”。

所以，社区足球主要的目标是发展社区文化建设，进而创建活力社区。在这种背景下，社区足球的策划与组织，不要把眼光局限于足球比赛，而应该以一种综合性的眼光，把足球相关的游戏和竞赛纳入社区足球活动，让更多人能够在活动中体会足球运动的乐趣。

三、其他足球赛事的策划与组织

其他足球赛事主要包括盲人足球、沙滩足球、桌式足球等，这些形式的足球运动具有一定的特殊性，所以在策划和组织的时候要根据实际情况进行全方位考虑。绝大部分的策划和组织方法可以参考其他类型的常规赛事。

1. 盲人足球

残奥会中的五人制（盲人）足球比赛是专门为视力残疾的运动员设立的项目，它源于 20 世纪 70 年代的德国，这个项目的发展为热爱足球运动的视力残疾者提供了参与此项运动的便利与可能。

1996 年，伴随着国际比赛规则的出炉，这项运动成为国际盲人体育联合会官方竞赛项目。2004 年雅典残奥会首次设立五人制（盲人）足球项目，对于五人制（盲人）足球运动的发展是一个里程碑。五人制（盲人）足球比赛是以攻破对方球门为目的而进行的同场攻守对抗项目。每支球队都有一名引导员在对方球门后以语言协助本队全场进攻。同时教练员与守门员分别是中场与后场的语言引导员。

五人制（盲人）足球是专门为视力残疾的运动员设立的项目。比赛双方各派 5 名运动员出场，除守门员外 4 名选手的视力残疾程度应是 B1 级，即完全丧失视力并无光感；守门员的视力可以是 B2 级或 B3 级，也可以是健全运动员。

比赛时，每支队伍由 5 名场上队员和 5 名替补球员组成，其中包括守门员和替补守门员各 1 名。比赛分上下半时，各 25 分钟，中场休息 10 分钟。在半决赛或决赛中，如果在 50 分钟内未分胜负，则进行 10 分钟的加时赛，若仍未决出胜负，则以点球决胜。

2016 年里约残奥会后，一些比赛规则得到了修订。比赛时间由原来上、下半场各 25 分钟，变更为上下半场各 20 分钟。球出界或场上出现犯规，计时暂停。

1）特殊规则

（1）队员在一场比赛中累计犯规达 5 次将被罚下，由替补队员代替比赛。守门员不能参加罚点球，比赛中离开自己的活动区域将被判犯规。

（2）每队有一名引导员在对方半场后三分之一区域处，以语言协助本队进攻，守门员也是本队的防守引导员。

（3）比赛中没有越位判罚。

（4）一队在半场比赛内犯规次数不超过 3 次时，被判任意球时可排人墙；犯规 4 次以上时，由对方在 9 米线处罚直接任意球，不允许排人墙。

2）场地装备

五人制（盲人）足球使用无遮盖场地，长 32~42 米，宽 18~22 米，硬质地面。球场的边界是约为 1 米高的围栏，以便加快比赛节奏和引导场上队员确定方位。球门高 2 米、宽 3 米，守门员区域长 5 米、宽 2 米，在距两球门立柱间中点 6 米和 9 米处各有一个罚球点。比赛用球的直径约为 20 厘米，质量约为 410 克，内部装有发声系统。除门将外，场上队员必须配戴中间衬有吸水布料的眼罩和头罩。

2016 年里约残奥会后，五人制（盲人）足球比赛的一些比赛规则得到了修订。最重要的是将球门的尺寸从宽 3 米、高 2 米升至曲棍球球门的尺寸（宽 3.66 米、高 2.14 米）。

3）专门规定

（1）每队在比赛中最多进行 3 次换人，加时赛允许换人 1 次。

（2）如果 1 名队员在裁判员发出指令前投出了球，那么此球有效但不计分。

(3)当掷出的球停在球场上而未被防守队员触及,主裁判鸣哨判此球为死球,停止计时,将球交给防守方。

(4)在本队队员之间传球过程中,球出了边线;任何时候球碰到了比赛场上方的物体时;防守队员有意使处于边线上的球出界时,均应判为传球出界。

(5)犯规处罚分个人犯规和全队犯规,这两种犯规都是只有1名队员留在场内防守罚球。

4)观赛礼仪

观看五人制(盲人)足球比赛与我们平时观看足球比赛不同。在比赛中,观众需要保持绝对的安静。因为这些运动员完全是靠听觉进行比赛的,所以在比赛进行时保持安静不仅是对运动员的尊重,而且是保证比赛能够顺利进行的条件。比赛中,5名球员当中只有守门员可以有部分视力,在场上这双眼睛几乎负责全部的防守。一次漂亮的传球,一次精彩的射门,完成动作的只能是一名视力完全丧失、没有一丝光感的盲人球员,所以把球踢偏在比赛中是常有的事。

如果出现这种情况,请不要哄笑或者抱怨,这也是对他们的尊重。

不要因为他们的残疾表现出明显的同情,也不要因为自己的立场而抬高一方贬低另一方,观众要用公平的心态对待每一名残疾运动员。大力配合和理解这个项目所制定出的特殊赛场规则是所有观众的义务。

观看残奥会,观众得到更多的是心灵的震撼,为这些身残志坚的运动员的坚韧和拼搏精神所感动。成绩在此时绝不是关键。所以,当有一次漂亮射门进球时,请不要再保持安静,用你的掌声来为这些残奥会赛场上的强者进行欢呼。

2. 沙滩足球

沙滩足球是一项很有吸引力的休闲运动项目,也是足球运动的重要组成部分。每支球队由5名队员组成,每场比赛有3个小节,每节比赛12分钟,在替换队员方面没有人数限制。其比赛过程基本上都是短兵相接,攻防转换快,战术相对简单,所以,场面更激烈,可以让您尽享休闲运动带来的无穷乐趣。沙滩足球是传统足球的一个重要分支,主要在体质训练方面对传统足球可以起到辅助作用。除了强化肌肉和关节机能外,踢沙滩足球还可以提高运动员的供氧能力。

1)比赛规则

场地尺寸:长为37米,宽为28米。

场地标记:两条较长的边界线称为边线,两条较短(有球门所在)的线为球门线。四周均以标线(宽度不少于5厘米)标明。

罚球区:平行于球门线8米且与两侧边线相交的平行线为罚球线(假设线,两端以场外标志标明),此罚球线与球门线之间的区域为罚球区。

球门:由球门柱和横梁组成,其宽度为5.5米,高度为2.2米,颜色为白色。

罚球点:罚球线的中点为罚球点。

角旗:在场地的四个角上竖立的高度不低于1.5米的小旗。

角球区：以角旗为圆心，半径为 0.5 米的区域。

中线：平行于球门线的，将球场分为相等的两个半场的横线（假设线，以场外标志标明）。

中点：中线的中间点为中点（假设点）。

比赛队员人数：每队 5 人，其中必须有一名守门员；每队在场上比赛队员不得少于 3 人，否则比赛无效（视作对方 3∶0 胜）。

替补队员人数：3 人。换人次数不限，被换出的队员可以重新换入参加比赛。被罚出场的队员不得替补，该队员也不能参加该场余下时间的比赛。

换人程序：替补队员先通知裁判员，经裁判员同意，在比赛暂停时，在边线的中央处先出场后进场。如替补队员未经裁判员许可擅自进入比赛场，将被警告并由对方在中点罚间接任意球。

更换守门员：场上任何队员可与守门员更换位置，但要通知裁判员，并在比赛暂停时进行，同时，更换比赛服装。

3. 桌式足球

桌式足球，是一项风靡欧美的全民健身体育运动，它浓缩了足球的运动技巧。每个“球员”都操控在玩家手里，球队的命运系于操控者一身，操控者既可做优秀的前锋射手，又可做最佳的后卫、守门员；只需双手操纵球杆，脑、眼、手相互配合，就可展现精彩的接球、停球、传球、射门等进攻、防守技能。

第二节　足球竞赛规则

足球比赛的规则是由国际足球协会理事会（IFAB）制定和修改的，是所有正规的足球比赛必须遵守的章程。

一、比赛场地

比赛场地为长方形，边线的长度必须长于球门线的长度，标准如下。

长度：90~120 米。

宽度：45~90 米。

国际比赛标准如下。

长度：100~110 米。

宽度：64~75 米。

世界杯比赛中要求球场的长度是 105 米，宽度是 68 米。

二、比赛用球

比赛用球必须为球体，足球的外壳主要由皮革制成，同时也可以使用其他许可的材料，前提是所有的材料不得存在造成运动员伤害的隐患。

足球的圆周不大于 70 厘米（28 英寸）、不小于 68 厘米（27 英寸）。

比赛开始时，足球的质量不大于 450 克、不小于 410 克。

球内的气压在海平面上应为 0.6~1.1 个大气压。

如果球在比赛过程中破裂或损坏，那么就应该暂停比赛，更换比赛用球。裁判员在球破裂或损坏时所在的地点以坠球的方式重新开始比赛。

如果球在死球时破裂或损坏，就需要按照相应的规定进行换球，然后裁判员组织重新开始比赛。

在比赛中的任何情况下，如果未得到裁判员的许可，则不得换球。

三、比赛画线

比赛场地是用白色的线来标明的，作为场内各个区域的边界线，所有线本身也是包含在各个区域之内的。

两条较长的边界线叫边线，两条较短的线叫球门线（俗称底线或端线）。

线的宽度不应超过 12 厘米。

比赛场地被中线划分为两个半场。

在球场中线的中点处做一个中心标记，并以此点为圆心画出一个半径为 9.15 米（10 码）的圆，这个圆俗称中圈；

场地的四个角上须各竖一根不低于 1.5 米的平顶旗杆，并且在旗杆顶上需要系上一面小旗，俗称角旗。

1. 球门区

球门区在场地的两端，从距球门柱内侧 5.50 米处，画两条垂直于球门线的线。这两条线向比赛场地内延伸 5.50 米，与一条平行于球门线的线相连接，由这些线和球门线组成的区域是球门区。

2. 罚球区

罚球区在场地的两端，从距每个球门柱内侧 16.5 米处，画两条垂直于球门线的线，这两条线向比赛场地内延伸 16.5 米，与一条平行于球门线的线相连接，由这些线和球门线组成的区域是罚球区。

在每个罚球区内距球门柱之间等距离的中点 11 米（12 码）处设置一个罚球点。在罚球区外，以距每个罚球点 9.15 米（10 码）为半径画一段弧。

3. 角球区

在比赛场地内，以各角旗杆为圆心分别画一个半径为 1 米的四分之一圆弧，弧内区域为角球区。

4. 球门

球门必须放置在每条球门线的中央处，不得有误差；

球门是由两根距角旗杆等距离的垂直于地面的球门柱和连接两根球门柱顶部的水平的横梁组成的。

两根球门柱之间的距离为7.32米，从横梁的下沿至地面的距离是2.44米。

两根球门柱和横梁具有不超过12厘米的相同的宽度与厚度；球门线与球门柱和横梁的宽度是相同的；球门网可以系在球门上及球门后面，并且要利用支撑物撑起，以免影响守门员。

所有的球门柱和横梁必须是白色的。

出于安全的考虑，球门必须牢固地固定在地上，任何人不得在比赛中移动球门。

四、队员人数

一场比赛应有两只队伍参加，每队上场队员上限为11名，其中必须有一名守门员。如果出现任何一支队伍少于7人的情况，比赛将不能进行。在由国际足联、洲际联合会或国家协会主办的正式比赛中，每场比赛（不包含加时赛）最多可以使用3名替补队员，如需要进行加时赛的，则可在加时赛期间增加1名替补上场队员。竞赛规程应说明可以有几名替补队员被提名（最多不超过7名。）

其他比赛可依据下列规定使用替补队员：有关参赛队在最多替补人数上达成协议；在比赛前通知裁判员；如果比赛开始前未通知裁判员或各参赛队未达成任何协议，则必须严格按照国际足联的标准执行。

在所有的比赛中，替补队员名单必须在比赛开始前交给裁判员，未被提名的替补队员不得参加比赛。

替补队员时必须遵守以下规定：

①替补前应先通知裁判员；

②替补队员在被替补队员离场，并得到裁判员信号后方可进入比赛场地；

③替补队员只能在比赛停止时从中线处进场；

④当替补队员进入比赛场地时，即完成了替补程序；

⑤从那时起，替补队员成为场上队员，而被替补队员终止为场上队员；

⑥被替补下场的队员不得再次参加该场比赛；

⑦所有替补队员无论上场与否，裁判员均有权对其行使职权。

任何场上队员都可与守门员互换位置，并在互换位置前通知裁判员，以及需在比赛停止时互换位置。

五、队员装备

队员不得使用或佩戴可能危及自身及其他队员的装备或任何物件（包括各种珠宝、饰物）。

队员必需的基本装备有：运动上衣、短裤（如穿紧身内裤，必须与短裤的主色相同）、护袜、护腿板（护腿板必须由护袜全部包住，由适当的材料制成，如橡胶、塑料或其他类似材料，以提供适当程度的保护）、足球鞋。

每名守门员的服装颜色必须有别于其他队员、裁判员和助理裁判员。

六、裁判员

每场比赛由一名裁判员控制,他被任命具有全部权力去执行与比赛有关的竞赛规则。

裁判员权限职责如下。

(1)执行竞赛规则。

(2)与助理裁判员、视频助理裁判及第四官员一起控制比赛。

(3)确保任何比赛用球符合规则。

(4)确保队员的装备符合规则。

(5)记录比赛时间和比赛成绩。

(6)因违反规则停止、推迟或终止比赛。

(7)因外界干扰停止、推迟或终止比赛。

(8)如果他认为队员受伤严重,则停止比赛,并确保将其移出比赛场地。

(9)如果他认为队员只受轻伤,则允许比赛继续进行直到成死球。

(10)确保队员因受伤流血时离开比赛场地。该队员经护理流血停止,在得到裁判员信号后方可重回场地。

(11)当一个队被犯规而根据“有利”条款能获利时,则允许比赛继续进行。如果预期的“有利”在那一时刻没有接着发生,则判罚最初的犯规。

(12)当队员同时出现一种以上的犯规时,则对较严重的犯规进行处罚。

(13)裁判员不必立即向可以被警告和罚令出场的队员进行处罚,但当比赛成死球时必须这样做。

(14)向对自己行为不负责任的球队官员进行处分,并可酌情将其驱逐出比赛场地及其周围地区。

(15)对于自己未看到的情况,可根据助理裁判员的意见进行判罚。

(16)确保未经批准的人员不得进入比赛场地。

(17)比赛停止后重新开始比赛。

(18)将在赛前、赛中或赛后向队员和球队官员进行的纪律处分,及其他事件的情况用比赛报告提交有关部门。

裁判员根据与比赛相关的事实所做出的决定是最终的,只有在比赛未重新开始前,裁判员可以根据自己的判断或助理裁判员的意见而改变确实不正确的决定。

七、助理裁判员

每场比赛应委派两名助理裁判员,他们的职责(由裁判员决定)应为示意:

(1)当球的整体越出比赛场地时;

(2)应由哪一队踢角球、球门球或掷界外球;

(3)可以判罚处于越位位置的队员时;

(4)当要求替换队员时;

(5)当发生裁判员视线外的不正当行为或任何其他事件时;

(6)无论何时,当犯规发生时,助理裁判员比裁判员更接近犯规地点(特别是这种犯规情况发生在罚球区内);

(7)当踢球点球时,在球被踢之前守门员是否向前移动,以及球踢出后是否进门。

助理裁判员还应依据竞赛规则协助裁判员控制比赛。在特殊情况下,助理裁判员可以进入场地协助裁判员控制好9.15米的距离。

助理裁判员如有过分干预或不合适的表现时,裁判员可解除其职责并将报告提交有关部门。

八、比赛时间

比赛分为上、下两个半场,每个半场的时间为45分钟。除特殊情况经裁判员和双方同意另定除外,任何改变比赛时间的协议(如因光线不足每半场时长减少到40分钟)必须在比赛开始之前制定,并要符合竞赛规程。

1. 中场休息

(1)队员有中场休息的权利。

(2)中场休息的时间不得超过15分钟。

(3)竞赛规程必须阐明中场休息时间。

(4)只有经裁判员同意方可改变中场休息时间。

2. 扣除损失时间

在每半场比赛中损失的所有时间应被扣除,根据裁判员的判断扣除损失的时间。产生损失时间的情况如下。

(1)替换队员。

(2)对队员伤势的估计。

(3)将受伤队员移出比赛场地进行治疗。

(4)拖延时间。

(5)其他原因。

3. 罚球点球

如果执行罚球点球或重新执行罚球点球,每半场结束时间可延长至罚球点球结束。

4. 决胜期(加时赛)

竞赛规程可以规定再进行两个半场相等时间的比赛。

5. 中止的比赛

除竞赛规程另有规定外,中止的比赛应重新进行。

九、比赛开始

1. 预备

通过掷币,猜中的队决定上半场比赛的进攻方向,另一队开球开始比赛。猜中的队在下半场开球开始比赛，在下半场比赛中两队交换比赛场地。

2. 开球

开球是比赛开始和重新开始的一种方式，有下列情况必须开球。

（1）比赛开始时。

（2）进球得分后。

（3）下半场比赛开始时。

（4）在决胜期两个半场开始时。

开球可以直接射门得分。

3. 程序

（1）所有队员在本方半场内。

（2）开球队的对方队员，应距球至少 9.15 米（10 码），直到比赛进行。

（3）球应放定在中心标记上。

（4）裁判员发出信号。

（5）当球被踢并向前移动时比赛即为进行。

（6）开球队员在球未经其他队员触及前不得再次触球。

某队进球得分后，由另一队开球。

4. 违规

如果开球队员在其他队员触球前再次触球，由对方队在犯规发生地点踢间接任意球。

5. 坠球

坠球是在比赛进行中因球损坏或竞赛规则未提到的原因而需要暂停比赛之后，重新开始比赛的一种方法。

6. 程序

裁判员在比赛停止时球所在的地点坠球，当球触地比赛即为重新开始。

7. 判罚

重新坠球：

（1）如果球在接触地面前被队员触及；

（2）如果球在接触地面前未经队员触及而离开比赛场地。

8. 特殊情况

（1）判给守方在其球门区内的任意球，可从球门区内的任何地点踢出。

（2）判给攻方在其对方球门区内的间接任意球，从距犯规发生地点最近的、与球门线平行的球门区线上踢出。

（3）比赛暂停之后，在距比赛停止时球所在的球门区内的地点最近的、与球门线平行的球门区线上坠球，重新开始比赛。

十、死球

1. 比赛成死球

下列情况比赛成死球：

（1）当球不论从地面或空中全部越过球门线或边线时；

（2）当比赛已被裁判员停止时。

2. 比赛进行

除死球外，其他所有时间均为比赛进行中，包括：

（1）球从球门柱、横梁或角旗杆弹回场内；

（2）球从比赛场地上的裁判员或助理裁判员身上弹回场内。

十一、计胜方法

1. 进球得分

当球的整体从球门柱间及横梁下越过球门线，而此前未违反竞赛规则，即为进球得分。

2. 获胜的队

在比赛中进球数较多的队为胜者。如两队进球数相等或均未进球，则比赛为平局。

3. 竞赛规程

竞赛规程应说明，若在上、下半场结束后比赛结果为平局，是否采用决胜期或国际足球理事会同意的其他步骤以决定比赛的胜者。

十二、越位

1. 越位位置

队员处于越位位置本身并不是犯规。

2. 队员处于越位位置

攻方队员出球时，其中攻方有队员比对方倒数第二名队员更接近于对方球门线且接球队员处于对方半场内。

3. 队员不处于越位位置

（1）角球和界外球除外。

（2）队员在本方半场内。

（3）队员齐平于倒数第二名对方队员。

（4）队员齐平于最后两名对方队员。

处于越位位置的队员，在同队队员踢或触及球的一瞬间，裁判员认为其就下列情况而言“卷入”了现实比赛中时才被判为越位犯规：

（1）干扰比赛。

（2）干扰对方队员。

（3）利用越位位置获得利益。

4. 没有犯规

如果队员直接从下列情况下接到球，则没有越位犯规：

（1）球门球。

（2）掷界外球。

（3）角球。

5. 违规／判罚

对于任何越位犯规，裁判员应判给对方在犯规发生地点踢间接任意球。

十三、犯规行为

下列情况将被判罚犯规或不正当行为。

1. 直接任意球

裁判员认为，如果队员草率地、鲁莽地或使用过分的力量造成下列七种犯规中的任何一种，将判给对方踢直接任意球。

（1）踢或企图踢对方队员。

（2）绊摔或企图绊摔对方队员。

（3）跳向对方队员。

（4）冲撞对方队员。

（5）打或企图打对方队员。

（6）抢截对方队员。

（7）推对方队员。

如果队员造成下列三种犯规中的任何一种，也判给对方在犯规发生地点踢直接任意球：

（1）拉扯对方队员。

（2）向对方队员吐唾沫。

（3）故意手球（不包括守门员在本方罚球区内）。

2. 罚球点球

在比赛进行中无论球在什么位置，如果队员在本方罚球区内违反了上述十种犯规中的任何一种，应被判罚球点球。

3. 警告犯规

如果队员造成下列七种犯规中的任何一种，将被警告并出示黄牌：

（1）犯有非体育道德行为；

（2）以语言或行动表示异议；

（3）持续违反规则；

（4）延误比赛重新开始；

（5）当以角球或任意球重新开始比赛时，不退出规定的距离；

（6）未得到裁判员许可进入或重新进入比赛场地；

（7）未得到裁判员许可故意离开比赛场地。

4. 罚令出场犯规

如果队员造成下列七种犯规中的任何一种，将被罚令出场并出示红牌：

（1）严重犯规；

（2）暴力行为；

（3）向对方或其他任何人吐唾沫；

（4）故意手球破坏对方的进球或明显的进球得分机会（不包括守门员在本方罚球区内）；

（5）用可判为任意球或点球的犯规破坏对方向本方球门移动着的明显的进球得分机会；

（6）使用无礼的、侮辱的或辱骂性的语言及动作；

（7）在同一场比赛中得到第二次警告。

被罚令出场的队员必须立即离开比赛场地附近和技术区域内。

5. 任意球

任意球分为直接任意球和间接任意球两种。

无论是直接任意球还是间接任意球，踢球时必须将球放定，踢球队员在球未经其他队员触及前，不得再次触球。

1）直接任意球

（1）如果直接任意球直接踢入对方球门，判为得分；

（2）如果直接任意球直接踢入本方球门，判给对方踢角球。

2）间接任意球

当裁判员判间接任意球时，应单臂上举过头，并保持这种姿势直到球踢出后被其他队员触及或成死球为止。

只有当球进门前触及另一名队员才可得分，如果间接任意球直接踢入对方球门，判为球门球；如果间接任意球直接踢入本方球门，判给对方踢角球。

3）任意球的位置

在罚球区内的任意球，属于守方的直接或间接任意球：

（1）所有对方队员距球至少9.15米（10码）；

（2）所有对方队员应站在罚球区外直到比赛进行；

（3）当球被直接踢出罚球区比赛即为进行；

（4）可以在球门区内任何一点踢任意球。

在罚球区内的任意球，属于攻方的间接任意球：

（1）所有对方队员距球至少9.15米（10码）直到比赛进行，除非他们已站在本方球门柱之间的球门线上；

（2）当球被踢并移动时比赛即为进行；

（3）在对方球门区内踢间接任意球时，应在距犯规发生地点最近的、与球门线平行的球门区线上执行。

在罚球区外的任意球：

（1）所有对方队员距球至少9.15米（10码）直到比赛进行；

（2）当球被踢并移动时比赛即为进行；

（3）在犯规发生地点踢任意球。

4）违规/判罚

（1）当踢任意球时，对方队员比规定距离更接近球时，应重踢。

（2）当守方在本方罚球区内踢任意球时，球未被直接踢出罚球区时，应重踢。

（3）由除守门员外的队员踢任意球，如果比赛进行后，踢球队员在其他队员触球前再次触球（用手除外），由对方在犯规发生地点踢间接任意球。

（4）如果比赛进行后，踢球队员在其他队员触球前故意用手触球，由对方在犯规发生地点踢直接任意球；如果犯规发生地点在踢球队员本方罚球区内，将判罚球点球。

5）由守门员踢任意球

守门员将球踢出后，在其他队员触球前再次触球（用手除外）的情况下，由对方在犯规发生地点踢罚间接任意球。

在比赛进行后，发生守门员在其他队员触球前故意用手触球，如果犯规地点发生在守门员本方的罚球区外，则由对方在犯规发生地点踢直接任意球；如果犯规发生地点在守门员本方罚球区内，由对方在犯规发生地点踢罚间接任意球。

十四、罚球点球

当比赛进行中，一个队在本方罚球区内由于违反了可判为直接任意球的十种犯规之一而被判罚的任意球，应执行罚球点球。罚球点球可以直接进球得分。在每半场比赛或决胜期的上、下半场均结束时，应允许延长时间执行完罚球点球。

1. 球和队员

球：放定在罚球点上。

主罚罚球点球的队员：确认由其主罚。

防守方守门员：留在本方球门柱间的球门线上，面对主罚队员，直至球被踢出。

除主罚队员外的队员：应处于比赛场地内、罚球区外、罚球点后、距罚球点至少9.15米（10码）。

2. 裁判员

应在队员处于规则规定的位置上后发出执行罚球点球的信号，做出罚球点球完成后的决定。

3. 程序

（1）主罚队员向前踢出罚球点球。

（2）在其他队员触球前主罚队员不得再次触球。

（3）当球被踢并向前移动时比赛即为进行。

在比赛进行当中，以及在上下半场或全部比赛结束而延长时间内执行或重新执行罚球点球时，如果球在越过球门柱间和横梁下之前遇到下列情况，应判定得分：该球触及任何一个或连续触及两个球门柱、横梁、守门员。

4. 违规 / 判罚

如果裁判员发出执行罚球点球信号后，球进入比赛之前发生下列情况。

1）主罚队员在踢罚球点球时违反竞赛规则

（1）裁判员允许踢出该罚球点球。

（2）如果球进入球门，应重踢。

（3）如果球未进入球门，不应重踢。

2）守门员违反竞赛规则

（1）裁判员允许踢出该罚球点球。

（2）如果球进入球门，得分有效。

（3）如果球未进入球门，应重踢。

3）主罚队员的同队队员进入罚球区，或在罚球点前，或距罚球点少于 9.15 米（10 码）

（1）裁判员允许踢出该罚球点球。

（2）如果球进入球门，应重踢。

（3）如果球未进入球门，不应重踢。

（4）如果该队员触及了从守门员、横梁或门柱弹回的球，裁判员将停止比赛，由防守方以间接任意球重新开始比赛。

4）守门员的同队队员进入罚球区，或在执行罚球点前，或距罚球点少于 9.15 米（10 码）

（1）裁判员允许踢出该罚球点球。

（2）如果球进入球门，得分有效。

（3）如果球未进入球门，应重踢。

5）攻守双方队员都违反竞赛规则

（1）如果在罚球点球踢出之后，主罚队员在其他队员触球前再次触球（用手除外），由对方在犯规发生地点踢间接任意球。

（2）主罚队员在其他队员触球前故意用手触球，由对方在犯规发生地点踢直接任意球。

（3）球被外来因素触及而影响了其向前移动，应重踢。

（4）球从守门员、横梁或球门柱弹回比赛场地内，接着被外来因素触及，裁判员停比赛，在被外来因素触及的地点坠球重新开始比赛。

十五、掷界外球

掷界外球是重新开始比赛的一种方法，掷界外球不能直接进球得分。

1. 判为掷界外球

（1）当球的整体不论从地面或空中越过边线时。

（2）从球越出边线处掷界外球。

(3)判给最后触球队员的对方。

2. 程序

(1)在掷出球的一瞬间,掷球者应:①面向比赛场地;②任何一只脚的部分站在边线上或站在边线外的地上;③使用双手;④将球从头后经头上掷出。

(2)掷球队员在其他队员触球前不得再次触球。

(3)球一进入比赛场地,比赛即为进行。

3. 违规 / 判罚

由除守门员外的队员掷界外球时,如果比赛进行后,掷球队员在其他队员触球前再次触球(用手除外),由对方在犯规发生地点踢间接任意球。

如果比赛进行后,掷球队员在其他队员触球前故意用手触球的话,由对方在犯规发生地点踢直接任意球;如果犯规发生地点在掷球队员本方罚球区内,则判罚点球。

如果由守门员掷界外球,比赛进行后,守门员在其他队员触球前再次触球(用手除外),由对方在犯规发生地点踢间接任意球。

如果比赛进行后,出现守门员在其他队员触球前故意用手触球的情况,如果犯规发生地点在守门员本方罚球区外,由对方在犯规发生地点踢直接任意球;如果犯规发生地点在守门员本方罚球区内,由对方在犯规发生地点踢间接任意球。

如果对方队员不正当地阻碍掷球队员或分散其注意力,他将因非体育道德行为被警告并被出示黄牌。

对于任何其他违反此规则的,由对方掷界外球。

接掷界外球是没有越位犯规的。

十六、球门球

球门球是获得球权一方重新开始比赛的一种方法。

1. 球门球的界定

当球的整体从地面或空中越过了球门线,而最后的触球者为进攻方队员,且不是进球得分时,则判为球门球。

2. 程序

(1)由防守方从球门区内的任何一点踢球。

(2)对方应在罚球区外的区域,直至比赛进行。

(3)踢球队员在其他队员触球前不得再次触球。

3. 违规 / 判罚

守门员外队员踢球门球,如果踢球队员在其他队员触球前再次触球(用手除外)由对方在犯规发生地点踢间接任意球。

如果比赛进行后,踢球队员在其他队员触球前故意用手触球,由对方在犯规发生地点踢直接任意球,如果犯规发生地点在踢球队员本方罚球区内,则判罚球点球。

守门员踢球门球时,如果比赛进行后,守门员在其他队员触球前再次触球(用手除外),

由对方在犯规发生地点踢间接任意球。

如果比赛进行后，守门员在其他队员触球前故意用手触球，如果犯规发生地点在守门员本方罚球区外，由对方在犯规发生地点踢直接任意球；如果犯规发生地点在守门员本方罚球区内，由对方在犯规发生地点踢间接任意球。

对于任何其他违反此规则的，应重踢。

十七、角球

角球是重新开始比赛的一种方法，也是定位球的一种。比赛中的角球可以直接射入球门而得分，但只能是对方球门。

1. 判为角球

当球的整体不论在地面或空中越过球门线，而最后触球者为守方队员，且不是进球得分时。

2. 程序

（1）将球放在离球出界处最近的角旗杆的角球区内。

（2）罚球者不得移动角旗杆。

（3）防守方应在距球至少 9.15 米（10 码）以外，直至比赛进行。

（4）由进攻方队员踢球。

（5）当球被踢出移动时，比赛即为进行。

（6）踢球队员在其他队员触球前不得再次触球。

3. 违规 / 判罚

（1）除守门员外的队员踢角球。

如果比赛进行后，罚球队员在其他队员触球前再次触球（用手除外），由对方在犯规发生地点踢间接任意球。

如果比赛进行后，踢球队员在其他队员触球前故意用手触球，由对方在犯规发生地点踢直接任意球；如果犯规发生地点在踢球队员本方罚球区内，则判罚球点球。

（2）由守门员踢角球。

如果比赛进行后，守门员在其他队员触球前再次触球（用手除外），由对方在犯规发生地点踢间接任意球。

如果比赛进行后，出现守门员在其他队员触球前故意用手触球的情况，如果犯规发生地点在守门员本方罚球区外，由对方在犯规发生地点踢直接任意球；如果犯规发生地点在守门员本方罚球区内，由对方在犯规发生地点踢间接任意球。

（3）对于任何其他犯规，应重踢。

十八、补水暂停

申请补水必须在开始比赛前 30 分钟，且当时气温不能低于 30 摄氏度。

补水暂停要在上半场的 30 分钟，下半场的 75 分钟进行。补水暂停时间为 3 分钟。

补水暂停时间计算在伤停补时里面。

补水暂停要限制在足球比赛的 5 至 9 月份。

当一方球队申请补水，而另一方没有提出补水申请时，裁判有权根据球员身体状况、当时气温条件决定是否给予补水暂停。

第三节　足球裁判法

一、裁判员装备

裁判员的装备包括：裁判员所用的 2~3 件不同颜色的上衣、短裤、足球袜、足球鞋、胸徽、口哨（备用哨）、笔、记录本、红牌和黄牌、手表（备用秒表）、挑边器、手帕、手旗及部分整理服装的用具和化妆用品等。如有条件还可以带上微型打气筒和气压表、气针、弹簧称、小型卷尺等设备。

二、哨声、手势和旗示

在足球比赛中，为了使比赛能够流畅地进行，足球裁判的水平显得非常重要，而足球裁判的哨声、手势和助理裁判员的旗示则是体现一个裁判水平的重要方面。在比赛中，裁判哨声要果断、手势要简单、明了、准确、迅速。所以，此部分内容主要介绍裁判通过哨声、手势和旗示要表达的内容。

1. 哨声

第一，比赛中裁判员在比赛开始、比赛时间终了、判某队胜一球、执行罚球点球、发生犯规或其他情况而暂停比赛时，必须鸣哨。除特殊情况需要鸣哨外，如球出界，发定位球，坠球等一般不鸣哨。

第二，裁判员鸣哨要及时、果断、响亮，通过哨声长短与轻重缓急的变化，使人们易于辨别场上发生的情况。

①比赛开始——一声洪亮长哨。

②一般犯规——短促有力。

③严重犯规——有力洪亮，声音有爆发力。

④胜一球——长音洪亮，带有拖音。

⑤比赛结束——一短一长或两短一长。

⑥制止有可能引发纠纷的行为——连续短声。

2. 手势

裁判员鸣哨判罚后，手势是恢复比赛的信号，要及时、准确、大方，防止手势不明或过分模仿队员犯规动作的情况。

规则规定手势如下。

①直接任意球——单臂前平举或侧平举，指向罚球方向。

②间接任意球——单臂上举，掌心向前，直至球踢出后触及场上另一队员身体或球出

界，才放下手臂。

③有利而不判罚，继续比赛——两臂张开向前挥摆。

④警告或罚令出场——手持牌直臂上举，面向被处分队员，有暂短时间的停顿。

⑤球门球——单臂前平举或侧平举，掌心向下，指向球门区。

⑥角球——单臂斜上举约 60 度，指向执行角球的角球区。

⑦界外球——同于直接任意球手势，指向掷球队员进攻方向。

⑧罚球点球——单臂指向执行罚球点球的罚球点。

3. 旗示

旗示是助理裁判员表示应对场上发生的情况进行某种判罚时与裁判员的联系信号，要及时、准确、舒展。当犯规队员并未取得利益，或助理裁判员对情况一时难以判断时，举旗稍慢，防止贸然举旗。

规则规定旗示如下。

①界外球——单臂执旗斜上举约 45 度，指示掷球方向。

②越位——单臂执旗上举，待裁判员鸣哨判罚后，再下旗呈斜上举（远端越位）、或前平举（中路越位）、或斜下举（近端越位）。

③队员替补——双手持旗杆两端平举过头，将旗在头上展开。

④球门球——单臂执旗前平举，指向球门区。

⑤角球——单臂执旗呈 45 度斜下举，指向近侧角球区，同时向球门线跑动。

⑥犯规——单臂执旗上举，直臂左右摆动，待裁判员鸣哨判罚后，再下落至斜上举，指向罚球方向。

部分手势和旗示可见下图。

直接任意球 间接任意球 替补 掷界外球 越位 黄牌警告

近端越位 红牌警告 中间越位 远端越位 继续比赛

1)直接任意球(左上1)

单臂侧平举,明确批示踢球的方向,这种球可以在不碰到任何球员的情况下直接入网得分。

2)间接任意球(左上2)

单臂上举,掌心向前,此手势应该持续到球踢出后,并被场上其他队员触到或者死球时止。这种球如果没有碰到任何球员就进网的话无效,所以叫间接任意球。

3)换人(左上3)

双手举旗过顶,要求停止比赛并更换队员。

4)掷界外球(左上4)

单臂水平举旗,旗指的方向即是球行进的方向。

5)越位(左上5,左下1、3、4)

单臂举旗,表示越位。也可以根据举旗的高度来明确是具体哪一位置的进攻球员越位。对于多名在越位线附近的球员来说,这样更准确。

6)黄红牌警告(左上6,左下2)

面对犯规球员单臂举起黄色或红色的牌子,以示惩罚。相对黄牌,红牌更加严厉,被判罚球员需要即刻离开场地。

7)继续比赛(左下5)

队员犯规后,裁判运用有利条款而不判罚时,应给以继续比赛的手势,双臂前举,手臂向前稍作连续挥动。

三、裁判制

裁判制是裁判员与助理裁判员在执行工作中的跑位与配合方法,有对角线裁判制和边线裁判制两种。对角线裁判制是国内外普遍采用的裁判方法,裁判员主要沿某一对角线(AB线)活动,助理裁判员沿A1、A2在与裁判员相对应的半场边线外活动。

(1)以两个边裁远端的角旗杆画一条对角线,基本上是主裁的跑动线路。

(2)裁判应尽量保持在与助理裁判相对的一侧,以便观察助理裁判的旗示。

(3)跑动时应沿对角线呈不规则S形行进,以免与球员或球发生接触。

(4)助理裁判的跑动较简单,在自己负责的半场内,保持与球和防守方倒数第二名防守队员中更接近端线的一者平行即可。

(5)如果球和防守方倒数第二名防守队员都不在此半场,助理裁判应站在中线位置上观察进攻方队员是否越位。

四、对角线制度中裁判员、助理裁判员的跑位与配合

根据临场统计,在一场势均力敌的比赛中,裁判员的活动距离一般达到6 000~7 000米。为了提高判罚准确率,裁判员不仅要跑得快、跟得上,还要善于选位,加大观察面。

（一）跑位要点

1. 判距恰当

裁判员活动以球为中心，当双方队员短兵相接时，力求保持距球 10~15 米距离。

2. 速度要决

当某一方控制球，成死球或球在运行中，正是裁判员跟进选位的时机，做到反应快、启动快、跑速快。

3. 选好角度

侧面是裁判员观察双方队员动作的有利位置，避免与队员重叠站位，以免视线被挡。观察角度常常比判距更为重要，当双方已发生接触时，不要盲目抢距离，而要抓观察角度。

4. 人球兼顾

裁判员在观察双方队员争抢时，应先注意球已经被谁或可能被谁先得到，重点注意对方队员的争抢行动，同时又经常将助理裁判员置于自己视野内。在重点观察有球区情况的同时，随时抽空扫视无球区队员的活动，以及第四官员和替补席的情况。

5. 静中观察

双方队员争抢时，裁判员应处于相对静止状态，左右移动，侧身观察，切忌在快速跑动中去观察。

（二）裁判员与助理裁判员的配合方法

1. 赛前准备

裁判员、助理裁判员、第四官员，这四人在赛前要开好准备会，并提前到场（我国中超比赛要求提前 75 分钟到场），检查场地、器材，收上场队员名单，检查队员装备（颜色、号码、护腿板、套袜、鞋钉、佩戴物、指甲、女队员的发夹等），四人同时出席挑边等工作。

2. 开球

裁判员在开球队一方中圈左侧外沿或开球队员左侧 5~6 米。助理裁判员则在与每队倒数第二个防守队员平行处，以便观察越位。

3. 球门球

裁判员在中线附近。助理裁判员则在罚球区线平行处观察球是否出区。

4. 角球

裁判员在罚球区线的左侧区域选择自己便于观察的位置。助理裁判员在角旗后观察球是否出球门线。

5. 掷界外球

裁判员在与球出界地点大致平行处，距掷球点 15~20 米处，重点注意上肢违例。助理裁判员则在掷球人附近，以观察脚下犯规为主。两人均可向队员示意发球地点。

6. 罚球点球

裁判员在守门员与罚球队员之间左侧罚球区内。助理裁判员则在球门线上观察进球。

7. 任意球

（1）前场任意球。裁判员在进攻一方左侧便于观察犯规并能与助理裁判员保持联系的位置。助理裁判员则在与倒数第二个防守队员平行的位置上。如裁判员观察越位，则助理裁判员到球门线协助裁判员观察进球。

（2）中后场任意球。裁判员在左侧前方球可能的落地点附近观察球是否合理发出、是否有犯规等。助理裁判员在与倒数第二名防守队员平行处观察越位。

8. 越位

在有传球进攻时，裁判员应注意看旗，如有越位犯规助理裁判员应在越位平行线处原地不动举旗示意。如有漏旗而进球，应坚持，待裁判员鸣哨后再举旗示意区域的远近。

9. 球出界

球从边线、球门线出界，如是裁判员的近端以裁判员的判决为主，如是助理裁判员的近端以助理裁判员的判决为主。

10. 球进门

（1）无争议时，助理裁判员沿边线向中线处跑一段距离，裁判员鸣进球哨。

（2）混乱中，进球不明显的，裁判员要注意与球门线平行的助理裁判员的旗示。助理裁判员上举旗示意并再指向中圈，裁判员鸣进球哨。

（3）必要时，裁判员应征询助理裁判员的意见再做出最后的判决。

11. 协作区

在此区内背对裁判员的犯规，以助理裁判员的判决为主，此时其先上举旗，裁判员鸣哨后再指向发球方向。

12. 比赛时间

每半场的开球和最后 3 分钟，裁判员应与助理裁判员及第四官员互相提示。

13. 决胜期罚球点球

裁判员与第一助理裁判员的位置同比赛中判决罚球点球时的一样，第二助理裁判员则在中圈处负责管理双方队员。

14. 突发事件

（1）对于裁判员视线外的犯规，助理裁判员应以旗示提醒。

（2）出现围攻裁判员或助理裁判员时，另外两人应快速到出事地点，帮助解围，并记住首先肇事者和参与者的号码。

（3）如有伤号，第一助理裁判员应注意裁判员的信号，决定是否让医生进场并协助第四官员管理好替补席。

（4）出现红牌时，第四官员以及第一助理裁判员负责管理被罚出场的队员，令其退出赛场及替补席。

15. 换人

两个助理裁判员在死球时举旗示意，裁判员鸣哨，第一助理裁判员应在中线附近，协助第四官员换人。

16. 赛后

同入场一样，三人到中圈处同时整齐退场。

（三）比赛进行中的跑位

比赛进行中，裁判员的跑位是衡量一名裁判员工作能力的重要方面，裁判员经常需要运用侧身跑、加速跑、后退跑等方法进行跑动。

（1）对角线是裁判员的基本活动路线（也可以沿相应的另一条对角钱活动），裁判员沿此线呈 S 形活动，斜线区是裁判员的主要活动区域。

（2）球在中路向前发展时，裁判员按基本路线，在球左后方活动。

（3）球在右路向前发展时，不受对角线限制，裁判员向右内切，采取直线推进与平行移动方法，直线跟上球势，保持良好球距并选择有利观察角度。

（4）球在左路向前发展时裁判员取位于球右侧后方，运用侧身跑动观察双方争抢情况。当球向前传时，注意甩头看助理裁判员有无越位旗示；但当球势向中路或罚球区发展时，及时斜插到球的左侧后方，回到基本位置上活动。

（5）快速通过中场，控制罚球区。球队由守转攻进行快速反击时，裁判员应与球路发展方向成一定角度直线跟上，快速通过中场，从侧后方观察双方的争抢。罚球区是双方争夺的焦点区域，每一个判罚都关系重大，裁判员及时到达有效控制位置，才能准确观察射门及队员犯规情况。对在前场的守方队员犯规，裁判员鸣哨后应立即赶到犯规地点，这有利于控制比赛气氛，迅速恢复比赛。

（6）善于让开球路。在比赛过程中，裁判员被球击中或与运动员相撞的事例时有发生，应当尽量避免，使跑位既有利于对比赛情况发展及对助理裁判员旗示的观察，又不影响比赛。

五、犯规与不正当行为的判罚

足球比赛攻守转换快速，球路变化多端，队员争夺激烈，身体接触频繁。裁判员要不断调整与球的位置关系，力争好的判罚距离和观察角度，才能进行准确的判罚，而这又是控制比赛气氛、使比赛得以顺利进行的首要条件。在判罚犯规与不正当行为时，应抓好以下问题。

第一，鼓励勇敢顽强的拼搏精神，区分勇敢与粗野，目的对人的动作一般均属犯规，运动员为了完成某一技术动作甚至奋不顾身的行为是勇敢的表现。

第二，双方争抢时，看谁可能先得到球。先控制球和可能先得到球的队员一般不易犯规，应重点看未控制球和可能后得到球的队员的动作。

第三，掌握有利情况，尤其是当前锋队员突破，防守队员出现犯规但仍有利于进攻队时，不做对犯规队反而有利的判罚。

第四，抓开局。比赛上半时前一段的判罚是一把尺子，掌握好判罚尺度，使比赛既紧张激烈，双方又相互尊重。

第五，抓苗头。某些犯规、报复性行为或突发事件，很可能恶化比赛气氛，应及时制止和处理。

第六，抓罚球区判罚。双方在门前争夺异常激烈，每一次判罚都关系重大，要排除运动员的干扰，在看准情况前提下，果断做出判或不判的决定。

第七，正确运用红、黄牌。一要敢用，二要恰当。对不正当行为、粗野动作、严重犯规，尤其是从身后对人的踢、绊、铲、撞等动作，以及报复性行为、粗言秽语等，要果断出示红、黄牌。

六、裁判技能培养

裁判工作实践性强，在激烈对抗的比赛中，运动员各种技术动作常常与非技术性动作交错在一起，裁判员要在短时间内，根据动作性质、犯规程度及比赛发展形势等，迅速做出判断，是判或是不判，是否应出示红、黄牌，这不仅要求裁判员熟悉规则条文，掌握规则精神，了解双方战术特点，洞察攻防发展趋势，而且要求裁判员具备一定的技能。

（一）裁判员的气质修养

良好的裁判气质对运动员是一种无声的命令，有利于比赛气氛的控制。应从以下几方面加强裁判员的气质修养。

（1）坚信自己对场上情况的观察与判断，处理队员要以事实为依据，以规则条文为准绳，对没有看到的情况不轻易处理。足球规则中所提到的“裁判员认为”是对裁判员判决权的肯定和确定。

（2）自制力强，善于控制自己情绪。对运动员在比赛中某次急躁情绪能体谅，对运动员表现出的对裁判员的不满、不尊重，甚至挑斗、辱骂，理智地给予教育和判罚，不失比赛组织者、教育者身份。

（3）对运动员一视同仁，判罚和处理问题用同一尺度，不感情用事，做到信当、及时、公正、准确。

（4）判罚一经做出，决不被运动员左右，使运动员感到裁判员的判罚是无可争议、必须服从的。

（5）只负责执行规则，不解释规则，防止运动员的纠缠。对运动员的提醒、告诫，用语简练。

（6）信任和尊重助理裁判员，但不盲从，更不推诿责任。

（二）裁判员应具备的技能

裁判员应具备的技能主要有以下几方面。

1. 善于奔跑

具有良好的耐久力和速度耐力，掌握侧身跑、后退跑、加速跑技术。

2. 善于选位

经常处在球左后方的基本位置，又不拘泥于对角线跑动，做到既有利于加大观察面，保持良好判距，又不影响比赛进行。

3. 视野开阔

做到既抓重点，又统观全局，重点注意有球区内双方的争夺，又善于利用间隙全面观察。

4. 熟悉情况

熟悉球场、球队、球员情况，掌握足球运动基本规律，了解双方实力和技战术特点。

5. 掌握有利原则

运用“有利”条款是衡量裁判工作水平的重要方面。如果出现防守方犯规后，进攻队员仍处在有利的进攻位置，则要沉着冷静，不急于鸣哨判罚。因为这时一旦判罚，受益的将是犯规一方，这正是他们希望的。

6. 抓高潮

比赛并不总是顺顺当当、风平浪静的，有时风云突变，比赛气氛顿生紧张，如上、下半场开始、比赛结束前、发生严重犯规和意外事故时，运动员情绪亢奋，裁判员的每一个判罚都要慎重、果断、恰当，控制好运动员情绪。

7. 恰当运用教育手段

及时出示红、黄牌，控制好比赛。

8. 要有稳定的心理素质

现代高水平足球比赛速度快、对抗激烈、外部干扰大，裁判员临场执法需要有稳定的心理素质，一旦场上发生严重犯规和暴力行为，他应该能够排除干扰，并做到头脑冷静、果断处置。

9. 良好的基本功

哨声、手势、旗示对运动员是一种指令，准确响亮的哨声、明确舒展的手势和旗示，会使运动员产生一种敬畏——裁判员是可以依赖和必须服从的。

七、红黄牌的使用

裁判员使用红、黄牌是严格执行规则和整顿比赛纪律，制止非体育道德行为、严重犯规和暴力行为，引导比赛正常进行的一种教育手段。它符合规则的精神实质。

使用红、黄牌，首先需要搞清两个基本问题。

第一，是否该出牌。

第二，该出什么牌。

在实践中要想提高使用红、黄牌的准确性，应注重以下四个要素：一是自信心强，这种信心和魄力源于裁判员稳定的心理状态、准确的观察和判断，以及理解、运用规则的良好能力；二是有理有据，即判罚的依据是运动员违反规则规定的行为；三是掌握时机，即判罚的时机应选择在防止事态扩大与恶化的时刻，能起明显教育效果；四是合乎情理，即善于区别对待，针对不同情况、不同性质的犯规，做出合情合理的判罚。

（一）使用红、黄牌的一般方法与要求

（1）红、黄牌的规格要求是清晰可见，使用方便。通常由薄型塑料卡制成，颜色以鲜红和橘黄为宜，规格一般为 8 厘米 ×11 厘米。

（2）裁判员要根据自己的习惯，将红、黄牌分别置于夹子的两边袋内或裁判服的两个口袋中，避免执行中出现漏带或出示错误的被动局面。

（3）为维护裁判员的尊严和教育队员，出牌时，根据当时情况，可采用令队员走过来或自己主动向前的方法。裁判员与运动员之间距离保持在 2 m 左右为宜。在特殊情况下，裁

判员应避开人群，令被罚的队员单独过来后再予以教育与处罚，让其他人看清处罚谁，也防止队员不满而造成的围哄拉扯裁判员的现象。

（4）凡对运动员出示红、黄牌，尽可能不让他预先发现你的意图。如有教育语言，必须中肯、简短。凡出示红、黄牌后，裁判员无须与处罚对象对话，应尽快恢复比赛。

（5）出示红、黄牌严格沿用国际足联统一规定的手势，裁判员不应采用摸口袋假装出示的做法吓唬运动员。

（6）在同一场比赛中，同一名队员被第 2 次警告时，裁判员应先出示黄牌，紧接着再出示红牌，以示该队员系第二次警告而被罚出场。

（7）出牌后，裁判员应及时记录被罚队员的号码、事实和犯规的时间，以利赛后向主办机构做出书面报告。出牌与记录，所用时间切忌过长。只有在出示红黄牌及记录完毕后，才可以信号指示恢复比赛。

（8）出示红、黄牌的过程中，尽量将球控制在身边，防止队员擅自发球。一旦发现违犯上述规定的情况，裁判员应及时制止，如将球射入球门，则无效。

（9）当罚令队员出场时，裁判员应待被罚出场的队员离场后，再以信号指示恢复比赛。不准被罚出场的队员坐在替补席上。

（二）特殊情况使用红、黄牌的注意事项

1. 出示红、黄牌的时间范围

自裁判员进入比赛场地时起即有行使规则赋予的权力，直至比赛结束。

2. 出示牌的对象是上场队员及列入替补名单中的替补队员

如果球队的教练员、领队、医生及其他非比赛人员有不正当行为或其他恶劣行为，裁判员可对其进行口头警告或责令其离场。

3. 裁判员没有发现队员犯规

裁判员没有发现犯规，但经助理裁判员以信号指示，并经核实后，根据规则与犯规事实，裁判员仍可对犯规队员予以警告或罚令出场。

4. 踢任意球时，守方队员至少距离 9.15 米，包括前后左右

凡经提醒后仍坚持不退出或在球踢动前提早侵入 9.15 米范围内者，裁判员应对其警告。一旦出现几名队员同时犯上述规定时，裁判员应对领头者予以警告，但不能同时对几名队员实行“集体”警告。

5. 裁判员判罚犯规后

队员故意将球踢向远处、进球后队员脱衣服、拔角旗均属于不正当行为，应予警告。

6. 裁判员罚某队员出场

该队员拒绝离场时，裁判员应指令该队队长负起管理本队的责任，否则从裁判员宣布时起，中断比赛超过 5 分钟，即作罢赛论处。

7. 比赛成死球时

队员犯规或犯有不正当及恶劣行为，裁判员在予以警告或罚出场后，恢复比赛的方法不变。

8. 比赛进行中，队员在场外犯规或犯有不正当及恶劣行为

裁判员因此而暂停比赛，在对该队员予以警告或罚出场后，应在比赛暂停时球所在地点以坠球方式恢复比赛。若队员故意离场，则应在比赛暂停时球所在地点，由对方踢间接任意球恢复比赛。

9. 比赛中不存在合法的第 12 名队员。

凡替补队员擅自入场，或者还犯有其他恶劣行为，裁判员因此而暂停比赛，只能给予纪律处分，即予以警告或罚出场，不能给予技术处分，即不能由对方踢任意球或罚球点球恢复比赛。

10. 在裁判员同意换队员后

一旦完成替补程序，替补队员进入场地，就不再是替补队员。此时该队员严重犯规，裁判员将其罚出场，就不准其他替补队员替补，也不准刚替补下场的队员重新参加比赛。

出示红、黄牌后的裁判员书面报告是纪律委员会（或仲裁委员会）对犯规行为及其后果做出处理的基本文件。因此报告书一定要及时真实可靠，简明扼要。

八、运用有利条款应注意的事项

（1）所谓有利条件是指被犯规队存在明显的进攻机会或得分机会。具体表现为当控制球的队员被犯规时，该队员并没有失去控球权，还能够继续比赛，或者该队员虽然已经失去了控球权，但球仍然在同队队员的控制下，还能够继续比赛，并且以上两种情况都具有明显的进攻机会或得分机会。

（2）裁判员在使用有利条款时，还必须要考虑到临场比赛的气氛、队员犯规的严重性及其后果和不同场区等几个因素。裁判员要善于审时度势、因势利导。

（3）规则中明确指出："如果预期的有利在那一时刻没有接着发生，则判罚最初的犯规"。在实际执法时，对"那一时刻"的掌握尺度为 2~3 秒。时间过长，事过境迁，再予补判既不符合规则精神，也令运动员、观众反感，损害裁判员威信。但是随着视频助理裁判规则的加入，目前此条款存在一定的变化。

（4）如裁判员发现犯规，并决定运用有利条款不予判罚时，应以规定的手势示意，令比赛继续进行。

（5）裁判员可以运用有利条款，但并不意味着可以免除对犯规队员的教育与处罚。比赛中，只要裁判员认为有必要，可在适当的时间或者死球时，对犯规队员进行相关教育或处罚。

第四节　足球赛事的运营与管理

一、中国足球职业联赛的发展历史

1994 年，中国开始足球联赛开始职业化，其中甲级 A 组联赛曾是中国足球的顶级联赛，为中国足球超级联赛的前身。中国足球协会超级联赛(简称“中超”或“中超联赛”)是中国大陆地区最高级别的职业足球联赛(中国香港、中国澳门、中国台湾有直属于国际足联与亚足联的足协与联赛),其下级联赛分别是中国足球协会甲级联赛、中国足球协会乙级联赛及中国足球协会会员协会冠军联赛。中超联赛开始于2004年,由中国足球协会组织,中超联赛有限责任公司运营,是全亚洲最具竞争力、平均上座率最高的足球联赛之一,冠军球队将获得火神杯。根据国际足球历史和统计联合会2017年的排名,中超联赛排名世界第36位,亚洲联赛第3位。自2006年开始,中超参赛俱乐部稳定在16支;2020年12月29日,中国足协确定2022赛季中超扩军到18支球队。

二、中国足球联赛的运营与管理

党的十八大以来,以习近平同志为总书记的党中央把振兴足球作为发展体育运动和建设体育强国的重要任务并提上日程。习近平总书记多次指示要下决心把我国足球事业搞上去,并且,李克强总理高度重视足球等体育事业和体育产业工作,国务院多次开展专题研究和部署,我国的足球改革与发展迎来了前所未有的大好机遇。

足球运动是具有广泛的社会影响、深受广大群众喜爱的运动项目。发展和振兴足球运动,对提高国民身体素质、丰富文化生活、弘扬爱国主义精神和集体主义精神、培育体育文化、发展体育产业、实现体育强国梦等具有重要意义,对我国的经济、社会、文化建设具有积极促进作用。我国的足球队伍曾在亚洲取得过良好成绩,从20世纪90年代初期开始全方位探索发展职业足球,多项改革曾一度给足球事业带来活力。但是,由于对足球运动的价值和规律认识存在很多不足,急功近利的思想行为严重,组织管理体制相对落后,各项人才匮乏,监管方面的缺失等,导致了我国足球事业发展的社会基础非常薄弱,行业风气和竞赛秩序混乱,进而各项赛事成绩持续下滑。

2009年以来,通过以打击“假赌黑”为重点的治理整顿,加上发展校园足球等一系列举措,我国的足球事业趋势向好,迎来一个新的高潮。但是,相对于迅速发展的世界足球和亚洲足球,我国足球仍在全方位落后。所以,振兴足球事业是建设体育强国的必然要求,也是人民群众的殷切期盼。在这种情况下,坚定不移地推进足球事业改革、振兴足球,并以此为突破口深化体育管理体制改革,是体育战线贯彻落实党的十八大和十八届二中、三中、四中全会精神,顺应人民群众新期待,提升中国体育大国形象,实现体育强国梦的实际行动。

为贯彻落实党中央、国务院决策部署,有关部门制定了《中国足球改革发展总体方案》。该方案要求加强竞赛体系设计。完善竞赛结构,扩大竞赛规模,增加竞赛种类,逐步形成赛制稳定、等级分明、衔接有序、遍及城乡的竞赛格局。尤其要注重职业联赛、区域等级赛事、青少年等级赛事、校园足球赛事的有机衔接,实现竞赛结构科学化。逐步建立健全青少年联赛体系。积极倡导和组织行业、社区、企业、部队、中老年、五人制、沙滩足球等赛事。调整组建职业联赛理事会。建立具有独立社团法人资格的职业联赛理事会,负责组织和管理职业联赛,合理构建中超、中甲、中乙联赛体系。中国足球协会从基本政策制度、俱乐部准入审查、纪律和仲裁、重大事项决定等方面对理事会进行监管,派代表到理事会任职。理事会派代表到中国足球协会任职，参与有关问题的讨论和决策。完善竞赛奖励制度。制定符合足球项目特点、有别于其他体育项目的奖励标准。维护竞赛秩序。坚持公平竞赛，树立良好赛风。赛事组织机构和体育行政部门会同公安机关加强管理，各司其职，完善安全保障措施。公安机关负责加强对足球赛事安全秩序的监管，组织开展对比赛现场及周边地区的治安秩序管理维护工作，依法打击违法犯罪活动。引导球迷文明观赛，遵纪守法。加强行业管理。完善裁判员公正执法、教练员和运动员遵纪守法的约束机制。严格防范、严厉查处足球行业违规违纪行为，完善纪律处罚、行业救济制度和机制。足球管理部门与公检法等方面加强协作，建立健全违法举报机制和紧密衔接的合作机制，有效防范、及时侦破、坚决打击假赌黑等违法犯罪行为。促进国际赛事交流。推动中国足球积极参加国际足球赛事，增进交流，提高水平。研究并推动申办国际足联男足世界杯相关工作。

三、足球俱乐部的运营与管理

（一）职业体育俱乐部

职业体育俱乐部是一种以经营某一高水平项目训练和竞赛，开发附属产品追求利润最大化的特殊体育企业，主要表现形式为为付费观众提供现场体育表演，即向消费者提供体育比赛并收取一定的费用以满足消费者对体育娱乐方面的兴趣和需求。它具有一般企业的管理经营模式，独立经营，自负盈亏。但组织结构有所不同，职业足球俱乐部主要由运动员和管理团队两部分组成，运动员通过运动场上的表现扩大俱乐部知名度，而管理团队则利用品牌营销、开发附属产品和服务为俱乐部带来经济效益，形成可持续的商业生态平台。体育竞技水平和企业管理是评价俱乐部业绩的重要标准。

因此，依据国内外对职业体育俱乐部的定义，所谓职业足球俱乐部是指以足球产业为基础，为满足人们对足球竞赛表演的观赏需求，将足球竞赛及其相关产品作为商品组织生产经营并追求盈利、自主经营、自负盈亏、具有独立法人资格的体育经济实体。

（二）足球俱乐部运营模式

职业足球俱乐部属于特殊体育企业，俱乐部的业绩并不是看固定资产，而是看球队成绩和球员知名度等无形资产，所以其运营模式自然和一般的企业有所不同，俱乐部以体育赛事为依托，围绕球员赛场表现提供的一系列产品和服务来创造收益，其业务范围主要表现为球员采购、附属产品开发、人力资源管理和门票销售四个方面，而企业在财务报告中通常直接按收入结构进行分类，所以实际中我们常常通过收入和比例来确定俱乐部的营业范围，结合资产负债表以及现金流量表了解公司的收支状况，并根据市场需要进行收支管理。综上所述，足球俱乐部运营模式是职业足球俱乐部为实现利润最大化，对以球票销售、付费转播和商业开发为主的收入和以球员交易、基础设施建设为主的支出进行统筹管理的运营方法。

职业足球俱乐部的营业收入主要分为三部分，门票销售是球迷熟知的盈利手段，也是俱乐部重要的经营基础，联赛的运营需要支付比赛场地的租金、相关人员的薪酬等费用，所以俱乐部会向观看的群体收取一定的费用，门票作为入场的重要凭证，球迷可通过网络申购或现场购买的方式取得。转播权收入指的是电视台播放联赛需要向俱乐部支付的费用，因为比赛场地的限制，观看电视直播仍然是大部分球迷的主要选择，随着版权意识的提高，电视台为提高收视率会选择向俱乐部支付一定的金额负担联赛的运营成本。商业收入指的是俱乐部利用足球产业进行品牌营销和商业推广获得的收入，联赛除了满足观众观赏需求之外，还为足球明星和俱乐部打响了知名度，可以说创造了极为理想的广告效应，俱乐部通过广告赞助、球迷周边产品乃至于其他商业领域的开发，创造了巨大的经济效益。

（三）足球俱乐部的管理模式

俱乐部的营销一般由持股运营的企业负责，企业的特点对于营销的方式和效果有很大的作用，相对于国外的一些俱乐部来说，国内俱乐部在营销方面的内容不够新颖，并且缺乏创新，所以对于俱乐部的经济效益的带动作用有限。

中国的体育在原来都是以政府管理为主，近年来逐渐市场化后得到了前所未有的发展，但是仍然受到原有体制的束缚。还有很多俱乐部存在着政企分割不明确的问题，这样在商业运营中就要受到政府的相关影响，一般就会出现体制比较固化，并且改革中存在比较多的障碍和困难的问题。2016 年印发的《中国足球中长期发展规划（2016—2050 年）》对于足球发展的相关问题做出了方向性的指导，但是具体到俱乐部的发展以及管理方面的规范还需要进一步出台，并对中国职业联赛以及俱乐部的运营管理提出更加明确的要求，促进国内职业足球联盟的发展。比如，应在科学的管理方式、科学兴建专业球场、精细合理的组织结构、明确的部门分工、成熟的管理经验、先进的管理能力、完全职业化的发展思路方面，提出相应的要求。所以，想要管理好足球俱乐部，必须从商业运营模式、运动体系、组织机制、营销制度、体质、文化、法律、政策等多方面进行协调。

思考与练习

1. 足球裁判员的基本素养包括什么？
2. 浅谈如何经营好一支足球俱乐部。
3. 谈谈我国足球联赛发展的问题与对策。

第五章　五人制足球

第一节　五人制足球起源与发展

Futsal 是西班牙和葡萄牙语中的“五人制足球”一词，是“足球”（Futebol）和法语、西班牙语的“室内”（Salon or Sala）的结合，意思就是在大房子里面的足球。1989 年，国际足联把 FutsalL 一词认定为所有室内和五人制足球运动。

与现代足球运动同步诞生的五人制足球，是在人数或场地不够标准的情况下，由足球爱好者发明出来的。他们把球场和球员规模缩小，这就诞生了五人制足球。早在 1831 年，在加拿大就有了各种形式的室内足球的记载。冬季来临，由于天气寒冷，继续在室外运动会影响训练效果，为了保证体能和竞技状态，足球运动员就在体育馆的手球场、篮球场等小场地上练起了足球。这就为以后的五人制足球的发展奠定了基础。

一、国际五人制足球运动的发展

在 1930 年，乌拉圭人胡安·卡罗斯·切里安尼发明了五人制足球比赛。1936 年，一本巴西的体育杂志首次刊载了五人制足球的比赛规则。到了 20 世纪 70 年代，室内足球形成了欧洲、北美和南美三大流派，有五人制，六人制，七人制等，形式很散乱，基本没有统一的管理机构和规则。

室内五人制足球是最为规范的一种，首次室内五人制足球比赛是 1956 年在英国创办的，半个多世纪以来，全球五人制足球的队伍不断发展壮大，至今大约有 1 500 万人参与其中。欧洲各国基本都有专业的五人制足球队伍，其中英国就拥有接近 8 万支。美国和加拿大在 20 世纪 70 年代相继成立了室内足球协会；而在南美洲，五人制足球更是盛行，它是培养足球明星的摇篮。国际室内足球联合会于 1981 年成立，它是最早的国际性室内足球管理机构，总部设在澳大利亚。1988 年 4 月，该会颁布了正式的“室内五人制竞赛规则”。为了推动五人制足球运动的发展，国际足联于 1989 年 1 月 5 日—15 日在荷兰举行了首届世界室内五人制足球锦标赛，有 16 支球队参加了该项比赛，以后每 4 年举办 1 次。比赛名额分配是亚洲 3 个，非洲 1 个，中北美及加勒比海地区 2 个，南美洲 2 个，大洋洲 1 个，欧洲 6 个。

二、中国五人制足球发展概况

（一）中国五人制足球的起步

2002 年前，中国足协还没有室内五人制足球委员会，也没有俱乐部、职业队，但中国足协和地方足协也曾举办过室内五人制足球赛。1985年,广州首次举行了室内五人制足球邀请赛,此后上海、武汉、北京、大连等地相继举行了类似的比赛。1992年4月—1996年3月,我国在江门和上海分别举办了东亚区预选赛,中国队获得冠军。1995年12月我国举办了首届全国室内五人制足球锦标赛,有20支球队参赛,参赛队员来自甲级队各队,上海申花队获得冠军。在中国,室内五人制足球队的组队原则是冠军代表制,大连队、上海申花队曾代表中国参加世界室内五人制足球锦标赛。尽管我国也派队参加五人制世界锦标赛,但他们都是各俱乐部临时组建的队伍,到2002年为止还没有一支专业的室内足球队和属于某个足球俱乐部所有的室内五人制足球场地。

(二)中国五人制足球的发展

中国五人制足球发展相对较晚,但小型足球在很早就出现过正规的比赛。例如,我国早在1983年就举办了首届贝贝杯少儿足球赛,比赛为7人制。到2001年为止,该赛事共举办18届,李金羽、邵佳一等球员都曾参加过此项赛事,后由于资金短缺、受关注程度不够而停办。地方足协所举办的五人制足球更多,特别是在南方地区,如广东佛山市的“征服杯”五人制足球赛至今已举办了4届;株洲“贺岁杯”五人制足球邀请赛也于2008年12月开赛;桂林“五人制足球节”于1999年创办;江西省运会还设置了五人制足球赛。这些都说明五人制足球在我国开展得相当广,商业比赛更是数不胜数,如“宁波晚报杯”“重庆网通杯”等,都是比较正规的比赛,都有自己的比赛网站。

大学生五人制足球开展得如火如荼,最有代表性的当属中国大学生五人制足球联赛,2003年举办首届,规模已越来越大。一个国家的足球水平的提高仅仅依靠职业球队与赞助商的全情参与是远远不够的,中国足球需要着重培养一种足球氛围,让更多喜欢足球运动的青少年参与其中,达到一种由量变到质变的过程.

中国五人制足球也在世界杯的比赛中亮过相,在第2届、第3届世界室内五人制足球赛上,中国代表亚洲参赛,分别列第15位和13位。2003年9月28日,中国足球协会主席会议通过“中国足球协会室内委员会工作规范”,这一会议决定从2003年12月20日起,举办全国室内五人制足球甲级队联赛,首届确定有北京、大连、上海、成都、湖北、广州6支球队参加,比赛分别由这6个城市轮流承办。相关通知中讲:“目前室内五人制足球这项运动正风靡全球,特别是在南美和欧洲,许多国家在较早时期已经进入职业化。国际足联和亚足联也拟将此赛事分别推进奥运会和亚运会。”这说明我国当时发展五人制足球的紧迫性。2003—2004年度室内五人制足球甲级联赛的开展标志着我国的室内五人制足球的发展进入了新的阶段,标志着我们国家拥有了职业队伍、职业队员,符合了国际足联的“必须是职业队员参加世界室内五人制足球锦标赛”的要求,使我国室内五人制足球真正与世界接轨。另外,本项比赛于全国职业联赛结束后开始,于次年联赛开赛前结束,正好填补了我国冬季无足球比赛这一空白。

第二节　五人制足球的特点及其作用

一、五人制足球的特点

五人制足球比赛集娱乐、练习、健身、游戏于一体，适合不同年龄和水平的人参与，它与十一人制足球有着本质区别。由于场地小，技术动作频率需要很快，射门对抗激烈，队员必须有扎实的基本功。据统计，五人制足球攻守转换快，射门次数几乎是十一人制足球的2~3倍。由于娱乐性强，参与者心理压力小，在比赛中敢于和善于做各种技术动作，从而可以不断提高足球的基本技术水平，所以它成了足球普及与提高的最佳形式。

（一）场地器材简易，便于在基层普及和开展

五人制足球场地要比十一人制小得多，是一个长为38~40米，宽为18~22米的长方形场地，其设备器材也相对简单，篮球场、排球场、足球场以及安全的空地都可以作为场地。这一特点适合一般的基层单位及中小学校的条件和状况，适合在更广阔的范围内开展足球竞赛活动，从而可以培养青少年时期对足球的兴趣，营造良好的足球氛围。

（二）五人制足球的技术特点分析

五人制足球的特点是场地小、人数少、比赛节奏快，要求运动员控制球的能力突出，传接球的速度要非常快，还要有突然的创造性，这就要求运动员在比赛中将技术、战术和速度完美结合。技术就是带球、传接球、控制球以及射门技术，而速度则主要指技术动作的速率和在赛场上随机应变的反应速度，将速度和技术二者结合运用到临场的战术上从而获得射门得分的机会。室内足球比赛中没有充足的时间让你去接球而不遭到对手的抵抗，也没有时间让你去思考下一步该去做什么，比赛的节奏要求你几乎是每次接球前就已经决定接到球时要做的决定。因此，带球、射门、传球、控制球就构成了五人制足球的基本技术。

1. 五人制足球的射门技术

对于一场五人制足球比赛，每队的射门次数为20~50次，毋庸置疑，射门技术对于每个五人制足球球员都是非常重要的。在五人制足球中，射门时脚的部位主要有3个：脚尖、正脚背和脚内侧，其中正脚背射门力量大、准确性高，是运动员运用最多的射门技术。五人制足球场地小，进攻和防守队员的距离很近，有时为了抢出一点点的时间只能用脚尖射门，因此，对其使用也比较频繁。脚内侧射门技术的准确性最高，适用于有充足的摆腿时间的情况。

2. 五人制足球的带球技术

当球员在不能传球又没有射门机会时，需要通过带球的方式来控制球。五人制足球的带球方式分为两类，用脚的外脚背带球向前推进和用脚底拉动球向侧面推进。第一种方式可以提高带球速度，第二种方式则可以很好地保护球。有3个基本的带球技术需要掌握：①球员要将球始终控制在离身体最近的范围内，尤其在高速跑动带球过程中；②球

员带球时必须抬头,观察周围情况,可以随时变向、变速;③当被逼抢时,球员要学会用身体掩护球。

3. 五人制足球的传球技术

传球技术不仅需要脚下的功夫,还需要球员具有判断、领会和估计其他球员意图的能力,这个能力是球队战术配合的基础。传球技术就是用任意一只脚将球以适当的速度、适当的力量推进给同伴。传球的部位很多,如脚内侧、正脚背、外脚背、脚尖、脚后跟、脚底、头部、胸部,但五人制足球中最常用的是脚内侧。脚内侧主要用于短距离传球,在 9~14 米之间,主要用在地面传球,其在传球技术当中准确性是最高的。脚外侧传球有很强的隐蔽性,不会明显地表现出传球方向。脚尖捅球虽然没有很高的准确性,但当球不在自己控制范围内而又离自己不远的地方时,是一种非常有效的传球方式。脚后跟传球是球员有意将球传给身后同伴的技术动作,尤其是在摆脱人盯人防守时非常有效,其他如头、胸部传球都是为了节省时间,以最快的速度将球传到需要的地方。

4. 五人制足球的接球技术

五人制足球与十一人制足球在接球技术方面的不同之处在于球员通常用脚底来接球。脚底接球的好处是可以将球直接固定在脚底,可以根据不同的情况将球踩在离身体或近或远,或侧方或前方的位置,其停球的目的性很强,并且队员用脚底接球还可以直接将球向不同方向滚动,以便以最快的速度完成下一个动作。在练习接球技术时,另一个重点是要在跑动中和有人逼抢的情况下练习,不要在静止的状态下练习。

当然,十一人制足球中的接球技术也频繁运用于五人制足球当中,如脚内侧、脚外侧接球,胸部停球等,其技术要点就是在接球一瞬间让接球部位放松把来球的力量“吸收”,就如同将球打在椅子的靠垫上那样。

除了上述的几项基本技术外,五人制足球还包括守门员技术,人盯人防守技术,带球过人技术等,在平时训练中,这些技术练习也必不可少,将所有技术结合,再融合到战术当中,这就是比赛所需要的。

(三)五人制足球的战术特点分析

理解和掌握五人制足球的战术是提高比赛能力的关键,并不是仅仅具有天赋和技术就能踢好五人制足球,具有能够理解战术的能力才是最关键的。五人制足球的战术与十一人制足球的战术不一样,由于场地小、地面不同、人数不同,对队员的要求就更加苛刻一点,要求有更多的观察和更多的跑动。

1. 集体进攻原则之拉开与纵深

当一方控制球以后,控制球一方的队员就要立即跑位,为持球队员提供多种进攻选择。接应球员应该在持球队员的两边拉开和在持球队员的纵深方向接应。不管采用菱形站位还是使用双前锋站位,最重要的是让球员们理解这些阵型是比赛的起点和基调,在此基础上,球员要进行不间断的跑动换位,不要让阵型成为静态的。

2. 集体进攻原则之无球跑动与跟进支援

五人制足球的特点就是要求进攻方不间断地跑动,特别是那些无球球员的跑动。无球跑动是培养球员战术思想和战术意识的第一步,它能够给持球的进攻球员提供更多的进攻机会和选择。所有的攻方球员都要支援进攻,站在最后的球员都可以成为进攻球员,但是,向前支援时还是要成为全队的最后一名队员。

3. 利用前锋分球和前锋制造空当

传球给前锋,快速跑动接前锋的分球。五人制足球的一个基本进攻原理就是利用一个或两个前锋靠近对方的球门,守门员和在前锋后面的进攻球员要找出空隙传球给前锋队员。

当前锋接球以后,该球员就有两种选择,转身晃过后卫射门得分或者将球分给插上接应的球员形成射门机会。

前锋制造空当后传球给插上的球员。进攻球员要在对方门前区域通过拉开来制造空当。通常情况下,前锋的任务就是通过在场地上的拉边制造空当。一旦空当被拉出后,插上球员要跑进防守球员身后的空当位置接球。

4. 集体防守原则

关闭中场防守,是指让对方球远离自己球门。因为这样可以避免进攻方将球直接扔给前锋或是靠近本方球门的插上球员。根据对方的队形,防守方一般采用两个或三个球员在中场区域防守。防守球员要始终站在球线后面。在盯人防守时,所有的球员都应该站在球线的后面进行防守,发角球时除外。不要站成一条直线,一名防守球员应该上前紧逼,抢占进攻球员的空间,同时其他球员应该在他的后面建立另外一条防线。

二、开展五人制足球的作用

(一)有利于足球运动的普及,丰富全民健身运动的内容

目前,足球已深受广大爱好者的青睐。参与人数越来越多,但开展十一人制足球的要求很高、场地少、消耗体能大、受伤率高,并不适宜普通人群经常进行。五人制足球正好解决这些问题,它组织简单,适合不同人群参加,能有效弥补十一人制足球在普及中所存在的不足。例如,在桂林市 2001—2002 举办的五人制足球比赛参赛总人数近 6 000 人,人员来自各个阶层,比赛中场地充足(1 个足球场可以当成 4 块五人制场地),观众热情高涨。据调查,70% 以上的人渴望亲自参与五人制足球,另外一项调查显示, 60% 以上的五人制足球队伍是自费参加,20% 的队伍得到了小型工商业者以服装和广告等形式的赞助。可见,五人制足球完全可以成为全民健身的项目,其发展前景不可估量。

目前,多数高校的体育场地严重不足,大学生足球爱好者活动的空间越来越小,有时一个 400 米的运动场上踢球人数高达 200 人,不时会有为争夺场地而发生的冲突事件,严重威胁着高校的教学环境。为了缓解这种情况,大力发展五人制足球运动,不但可以解决场地供需问题,也会对培养学生裁判提供充足的赛源。在教师指导下,让大学生自己做比赛的裁判,从而培养了他们的裁判能力。

五人制足球不允许任何形式的铲球、冲撞,不易使参加比赛的学生受伤,极大程度上避免了由受伤导致的学业耽误。五人制足球没有换人限制,可以使学生自己调节体力承受程度,避免严重疲劳,不至于耽误赛后的学习生活。五人制足球不可替代十一人制足球的作

用,但它应是十一人制足球的补充形式。合理科学地安排十一人制的比赛,如果再结合五人制足球的训练、比赛,就能积极推动高校足球运动朝着健康有序的方向发展。

五人制足球是十一人制足球的缩影,其基本技术、意识、教学、训练与十一人制足球基本一致,但场地小、参与人数众多,决定了其有良好的群众基础及足球氛围,同时可以培养少年时期对足球的兴趣爱好,提高理解技战术意识的能力,有利于对足球后备力量的培养。

(二)有利于对青少年足球技战术水平的提高,为培养足球后备人才的重要手段

五人制足球是提高足球技术、敏捷度和速度的绝好平台,它要求参与者有敏捷的反应、快速的思维和精确的传球。从生理学及训练学的角度来讲,青少年时期是提升身体素质和足球技术的最佳时期,如果过早投入十一人制足球的训练,以参加正式比赛取得好成绩为目的进行训练,会走入靠体力和力量踢球的误区。采用这样的训练,虽然青少年可能也会取得比较好的成绩,但步入成年后,其技术提升的空间已被封杀,再想取得好成绩的难度可想而知。五人制足球的重要性就在于此,可以从小抓起,培养青少年对足球的兴趣。五人制足球场地小、人数少,一场比赛个人拿球次数多,需要娴熟的技术,两三人间漂亮而又不甚复杂的配合、射门多、进球多,这些特点都能适应青少年时期的训练需要。目前,许多著名球星,如罗纳尔多,罗纳尔迪尼奥、罗伯特·卡洛斯、贝利、济科等都从小从事五人制足球运动,并认为五人制足球提高了他们的个人技术和才能。在 2002 年日韩世界杯中,巴西队的罗纳尔多在对阵土耳其队的比赛中巧妙地使用脚尖捅射这一非常规技术并取得进球。他在赛后接受国际足联官网采访时承认,这一本能的即兴表演来源于从小的五人制足球训练。足球发达国家的成功经验告诉我们,大力发展和推广五人制足球是增加青少年足球人口、培养青少年足球天才的一条有效途径。

五人制足球场地面积小,因此对抗强度大、攻防转换的速度快、活动空间小,要求球员的接触球动作频率快、反应速度高。又因为五人制足球球门小,射门难度较大,需要球员保持冷静。2~3 人间的配合是十一人制足球的基础,而在五人制足球中,2~3 人间的配合几乎可以贯穿全场,这为提高足球运动员的技战术水平提供了有效的保证。少儿足球的普及是一个国家足球运动发展的基础,开展竞赛活动更是关键。从少儿生理、心理及其他各方面适应能力看,少儿阶段的足球比赛更适合于采用小型足球的方式。我国青少年足球训练大纲也规定少儿阶段的比赛应以小型足球为主。五人制足球运动正好与之相匹配。所以,无论是国外还是国内少儿足球比赛更多地采用小型足球的形式。

职业足球俱乐部的后备梯队建设需要不断地发现青少年人才。对于后备人才的选拔,更多、更有效的途径是通过各种比赛发现具有足球天赋的苗子。五人制足球比赛更适合青少年,是青少年施展才华的广阔天地。随着五人制足球的蓬勃发展、比赛增多,发现优秀运动员的机会必然大增。

第三节　五人制足球竞赛规则

室内五人制足球竞赛规则与十一人制足球有很大的区别。如场地要求，球的大小、气压，上场人数等。同时它的规则也部分参照了篮球、冰球的规则。其中包括：每队在半场内累计犯规 6 次后判罚直球任意球；要求执行第二罚球点球；换人不需要暂停；每队半场有一次暂停机会；当场红牌罚下一名队员，这个队可在 2 分钟后补上另外一名替补队员等。

室内五人制足球规则的制定和修改的基本原则就是保护运动员的安全，使双方公平地进行比赛，促进技战术的发展，提高比赛的观赏性。

一、比赛场地、球

室内五人制足球比赛场地必须为长方形，边线的长度必须大于球门线（底线）的长度。

普通比赛的场地长度一般为 25~42 米；宽度为 15~25 米。

国际比赛的场地长度一般为 38~42 米；宽度为 18~22 米。

（一）比赛场地的画线

比赛场地是用线来标明的，所有线的宽度均为 8 厘米，这些线不仅作为场地内各个区域的边线，也包含在各个区域之内。不允许用虚线画场地。如场地的宽度为 20 米，正确地丈量应该是从两条边线的外沿之间的距离为 20 米，两条边线的宽度（8 厘米）应包含在 20 米之内。线用油漆或涂料画成，也可用胶带粘贴，这些都不能对运动员的健康造成危害。

（二）罚球区的画线

从两球门柱外侧与球门线（底线）的外沿交会点，沿球门线量 6 米，以此为半径向场内各画一条 1/4 圆弧线，并与平行于球门线的长为 3.16 米的直线相接。

弧线与球门线围成的区域，即为罚球区。

室内比赛场馆的天花板最低无障碍的规定高度是 4 米。

（三）球门

两门柱内侧之间的距离为 3 米，从横梁的下沿至地面的距离为 2 米，门柱和横梁的宽度和厚度均为 8 厘米。

球门网的深度，即由门柱内侧往球门后的空间距离，上端至少为 80 厘米，下端至少为 100 厘米。

球门网必须悬挂安装。

球门可以是移动的，但在比赛时必须安全地固定在地面上。广告牌与边线、球门线之间的最小距离是 1 米。

（四）球

周长不小于 62 厘米，不大于 64 厘米。

质量在比赛开始时不小于 400 克，不大于 440 克。

海平面气压为 0.4~0.6 个大气压，或当球从 2 米处坠下时，第一次弹起的高度不得低于

50 厘米或超过 65 厘米。

室内足球由于气压减小，弹力不如十一人制足球，由于场地小，室内足球在空中飞行速度衰减加快，这是为了保护运动员的健康，也引起运动员的传接技术发生变化。

在比赛中未经裁判员许可不得更换比赛用球。比赛期间可以在场地四周摆放多个比赛用球。

如球在比赛过程中出现破裂或损坏，停止比赛，用更换的球在发生破漏时所在地点以坠球恢复比赛。

在比赛进行中，如果有另外的球进入了比赛场地且对比赛构成了干扰，裁判员则应停止比赛，并在比赛停止时比赛球所在的地点以坠球的方式重新恢复比赛。在任何情况下，裁判员都应该尽可能早地从场地内清除走多余的球。

球可以看作一个用来击打对手的物体。

二、队员人数、装备

（一）队员人数

比赛开始时，每队必须各上 5 人，其中必须有 1 名守门员，如果一方只有 4 人或 3 人，或其中 1 方没有守门员，比赛是不能开始的。

在比赛中，当某队因有队员被罚下场而场上队员不足 3 人（包括守门员）时，比赛必须终止，另一方获胜，比分根据相应的竞赛规程决定。

每队在正式比赛的赛前提交人数不多于 12 名队员的名单，包括不超过 7 名的替补队员。

比赛中，换人次数不限，替换下场的队员可以重新上场替补其他队员。队员可在比赛中或死球时随时进行替换。

替换人须遵守如下规则。

（1）换人时必须在本方换人区进行。

（2）先下后上，上场队员必须在离场队员完全跨出边线后方可入场，当替补队员踏入场地，即完成了替补程序。

如果违反上述换人程序。

（1）停止比赛；

（2）对提前进场的上场队员黄牌警告；

（3）对不在规定的换人区入场或离场的违规队员黄牌警告；

（4）判由对方在停止比赛时球所在地点踢间接任意球恢复比赛，如暂停时球在罚球区内，则在距停止比赛时球所在比赛最近的罚球区线上罚球；

（5）如果违规队的对方队员控制球而且是一次非常好的进攻机会，裁判员可根据裁判判罚不能有利于违规队的原则，不暂停比赛，等比赛成死球时再给予警告；

（6）1 队员已有 1 张黄牌，在替换时，他又提前进场，裁判暂停比赛给他出示黄牌（1+1），再将其红牌罚出场，因替换程序还未完成，他还不是场上队员，因此该队可以不用换人或换另外 1 名队员上场；

（7）1 名将要被替换下场的队员拒绝离开场地，裁判员应允许继续比赛；

（8）被替换下场的队员必须从规定的换人区离开场地，除非该队员受伤或符合规则允许的其他原因，该队员才可以被允许在其他地方退场。替补队员则应遵循正确的替补程序；

（9）替补队员可以在替补席后进行热身练习，若条件不允许，替补队员应选择在不干扰场上队员和裁判员的地方进行热身练习，但不允许在对方球门后做热身，替补队员做热身练习时，应身着区别于场上队员的服装。

（二）装备

球员所有的装备必须符合安全规定。

队员不得使用或佩戴可能危及自己及其他队员的装备或任何物件，包括各种饰物。

不允许佩戴的饰物有项链、戒指、手镯、耳环以及皮革和橡胶制成的装饰带或装饰圈及没有运用现代科技工艺制造的眼镜，也不允许用胶布包裹饰物，在比赛之前裁判员要仔细检查装备，如不摘下，不能上场。

现代防护用品，如头套、面罩以及膝关节和手臂护垫等，应用柔软轻质的填充类材料制造，运用现代科技工艺制造的眼镜，且不具有危险性，可以在比赛中使用。

1. 队员必需的基本装备

运动上衣，上衣背后必须有 1~15 之间的号码。

运动短裤，如穿紧身内裤，须与短裤的主色同一颜色。

护袜。

护腿板，必须由护袜全部包住。

球鞋，只允许穿胶底或类似材料做成的帆布鞋或软皮面训练鞋。

2. 守门员

守门员可以穿长裤。

每名守门员的服装颜色必须区别于其他队员和裁判员。

守门员可与场上任何队员互换位置，但守门员必须穿上队员比赛服，同时号码与守门员服号码一致；队员替换守门员时，则要求该队员穿的守门员服号码与其原来的号码一致。

如在比赛中裁判员发现队员装备不符要求，令其离场整理装备，在重新入场前，经其中一位裁判员检查合格在死球时方可进场。

如果双方守门员衣服的颜色一样，而他们都无法更换，裁判员应允许比赛开始。

三、裁判组

正式比赛应委派 1 名裁判员，1 名第二裁判员，1 名第三裁判员和 1 名计时员。他们从进入比赛场地，即开始行使规则所赋予的职权，当离开赛场时，职权即告终止。他们在比赛中各尽其责，相互配合，引导比赛顺利进行。

裁判员是这个团队的组长，在比赛中裁判员和第二裁判员在场上执法，裁判员在记录台的对面，而第二裁判员则在记录台同侧，他们俩都按规则执行和控制比赛，出现判罚不一致时，如 1 个判罚进攻方犯规，另 1 个则认为守方犯规或红黄牌出现意见不统一时，最终以裁判员的决定为准。

掌握有利的原则。当一个队被罚犯规而根据有利条款，则允许比赛继续进行，如预期的“有利”在那一时刻没有接着发生，可鸣哨吹回来，即判罚最初的犯规。当掌握有利后，这次犯规是可判直接任意球的则可以在下一次死球时，告诉记录台追加一次累计犯规。

2 名裁判员都要记录比赛有关的情况，如红黄牌、进球以及比赛时间（如没有计时员）。

如果认为队员受伤严重，则立即停止比赛，将其移出比赛场地；如果认为只受轻伤，则不必停止比赛，允许比赛继续进行直到死球；如场上队员有出血情况，必须到场外进行止血护理（防止血液感染，特别是艾滋病感染）。

因违反规则或外界干扰，需停止、推迟或终止比赛，最好与裁判长、比赛监督商量后决定。

如第二裁判员、第三裁判员、计时员有过分干预或不合适的表现时，裁判员有权解除其职责，并指派他人代替，并将事件报告相关部门。

由于某观众吹口哨，1 名防守队员以为比赛停止，便在他的罚球区内用手将球拿起或去触摸球。裁判员应考虑来自外界的哨声干扰，停止比赛，并在事件发生时球所在的地点坠球恢复比赛。

比赛进行中，当比赛结束的声音信号发出时出现了球进门的情况。那么，由裁判员来决定此进球是否有效，也就是说，裁判员来明确该进球是在比赛的结束声音信号之前，还是同时或是在其之后发生的。同样，如果在那一时间发生了犯规，而导致需要罚没有人墙的直接任意球或罚第二罚球点球或者是罚球点球的结果出现，也是取决于裁判员对该犯规是发生在比赛的结束声音信号之前，还是同时或者是在其之后的认定。

（一）裁判员在场上站位的基本原则

（1）利于观察比赛，避免盲区。

（2）利于与裁判组的交流。

（3）不影响比赛的正常进行。

（4）对角线原则。避免站在同一条直线上，间隔应该为 10~15 米。

（5）开中线球时，裁判员站在中线靠开球方一米处边线外，第二裁判员处于防守方倒数第二名队员平行的边线外。裁判员注意开球的正确性，第二裁判注意进攻方的直接射门及快攻。

（6）前场任意球。当裁判员认为有必要进场组织“人墙”时。离犯规地点近的裁判员（或者判罚犯规的裁判员）应该进入比赛场地，明确在犯规地点组织任意球，并告知听信号开始。另一名裁判员负责组织人墙。

（7）角球。近端裁判员在角球弧处（不要影响队员踢角球）。另一侧的裁判员在距防守方球门线 10~15 米（根据队员站位情况）的边线附近。

（二）记录台

第三裁判员和计时员坐在与换人区同侧靠近中线的场外记录台后。

（三）计时员

记录台应配备控制电子计时器或计时钟的控制板及秒表，其由计时员操控；同时，配备可以显示累积犯规次数的设备，如篮球或乒乓球记分牌。比赛上、下半时各20分钟（净时间），中场休息不超过15分钟。比赛开始或重新开始及中圈开球时，所有队员应在本方半场。由开球队的队员踢球，当球被踢并向前移动时比赛即为开始，计时员开表。开球队员在球未经其他队员触及前不得再次触球，如再次触球，应判“连踢”并由对方在违规地点罚间接任意球。开球可直接射门得分。

当罚任意球、界外球、角球时，球被踢并移动时，比赛即为开始，应开表；当罚球点球或第二罚球点球时，球被踢并向前移动即为比赛开始，应开始计时；当坠球时球触及地面即为开始，应开始计时。

当比赛被裁判暂停时及听到哨音时应停表；当球的整体从空中或地面越过边线、球门线（底线）或碰到天花板时，比赛死球应停表。如球意外碰到天花板，则由最后触球队员的对方踢界外球，应在距球触天花板处的垂直下方最近的边线处发球。球从场内的裁判身上弹到内场的，比赛继续进行。

控制并记录分钟暂停（用秒表计时），每队在每半场比赛中可暂停一次，如果有一队上半场没有暂停，下半场也只有一次暂停。可随时要求暂停，但只有球队教练员有权向记录台要求暂停，并且只有在本方有开球权时，才给予暂停，加时赛没有暂停。

当有队员被罚令出场时，负责计时罚停2分钟（净时间）的计时员可记录被罚出场队员的时间，如5分32秒，当比赛进行到7分32秒时，通知队伍可补上一名队员。

计时员使用不同于裁判的哨音或其他声音信号（电铃声、三音哨），示意上半场、全场、加时赛及暂停时间结束。

（四）第三裁判员

第三裁判员协助计时员工作。

记录各队上、下半场裁判员登记的前5次犯规，当某队第5次犯规时，用信号通知该队。

记录红、黄牌，当场上出现由某个队员得到本场比赛第2张黄牌时，如果裁判员并未将其罚令出场，在比赛恢复前要通知裁判员。

管理替补席。

记录进球队员的号码及进球时间。提供其他有关比赛情况。

如果场上裁判员受伤，第三裁判员可替补成为裁判员或第二裁判员。

四、比赛开始及进球

通过掷币挑边时，猜中的队只能决定上半场比赛的进攻方向，另一队开球，下半场交换开球权，替补席应在本队的后场边线外，下半场必须交换替补席。

开球时，不允许参赛队员以外的人员进行开球。如果是特殊的比赛（如慈善赛或友谊赛）会安排一名非参赛队员的人员举行开球仪式，但是开球之后必须将球拿回中场，按照比赛规则规定的开球方式重新开球。

开球直接射门得分有效。

当进行加时赛时，由裁判员进行掷币，由胜的一方决定加时赛上半场本方的进攻方向，另一个队获得开球权。

（一）坠球

坠球是比赛进行中，因竞赛规则未提到的任何原因而需要暂停比赛之后，重新恢复比赛的一种方法，如队员严重受伤、场内多出一个球影响了比赛等。

如果暂停比赛的地点在罚球区内，则应在离此地点最近的罚球区线上执行坠球。

坠球时，裁判员将球托在腰间的空中，然后使球自由落地，当球触击地面后队员才能触球，如球在空中有队员触球应重坠，触击地面后未经队员触击而滚出场地也应重坠。

裁判员用坠球来恢复比赛时，没有必要两个队都参加裁判员的坠球才能恢复比赛。

裁判员坠球时，双方队员在距离上没有特殊规定。只要距离合理，不发生阻挡，裁判员的坠球能正常进行就可以。

（二）进球

当球的整体从两球门柱间及横梁下方全部越过球门线时，为进球。但守门员手抛球直接掷进对方球门的进球无效，判由对方掷球门球。

五、犯规与不正当行为

由于五人制足球场地小，身体接触较多，为了保护运动员的安全，与十一人制足球规则有一定的不同之处。

即使用肩部冲撞对方队员也不被允许；但队员在争抢过程中，目的是为了抢球，在双方都有可能抢到球的情况下，用适当的力量（裁判认为不危及对方身体安全的）相互进行的碰撞，是不构成犯规的。

当队员控制球时，防守队员倒地铲球，不论铲到球与否，都是犯规，但守门员在本方罚球区内是可以铲球的，一旦守门员出了本方罚球区与队员的要求是一样的。

对于倒地铲射、铲传、铲挡等，如果裁判员认为这些动作对对方队员不构成安全威胁是允许的。

（一）纪律处罚

被罚犯规是技术处罚，如果队员违反了下列犯规中的任何一种将被出示黄牌警告，这是纪律处罚。

（1）犯有非体育行为。

非体育行为包括：

①倒地并假装受伤、过分拉扯对方、倒地铲球；

②试图欺骗裁判员获得不正当的利益，如通过假摔骗取点球或任意球；

③用犯规破坏对方一次非常明显的进攻机会，企图故意用手射门得分；

④进球后脱去上衣或用上衣将头遮住。

(2)用语言或行动表示异议。

当裁判员判罚犯规后,用语言或行动表示不满,如当裁判员判罚犯规后,对裁判员大吼大叫,举起双手表示不满或用过分的力量将球踢走等方式表达不满情绪。

(3)持续违反规则。

裁判员自始至终都应注意那些持续犯规的队员,特别应清楚,尽管同一名队员的一些犯规现象不同,但他因连续犯规多次仍必须受到警告。

(4)延误比赛重新开始。

对采用战术行为延误比赛重新开始的队员必须予以警告,如裁判员暂停比赛时,他将球踢走或用手将球拿走。

(5)当以角球、踢界外球、任意球或掷球门球恢复比赛时,不退出规定的距离。室内足球规定的距离为 5 米,主要目的是拖延时间及降低角球和任意球的威力。

(6)未经裁判员许可而擅自入场或重新入场,如换人时提前进场。

(7)未经裁判员许可而擅自离场,如 1 名队员对裁判判罚不满或与队友赌气离开场地,这种情况也必须给予警告。

(二)红牌

(1)严重犯规。比赛中,如果队员故意用过分的力量,或用野蛮的行为与对方队员争抢,应视为严重犯规。

任何队员用单腿或双腿从对方队员正面、侧面或后面用过分的力量或危及对方队员安全的铲球或冲撞动作争抢球,如飞铲、双踹,主要看距离和速度,或肘击,只要加力摆肘击打,均视为严重犯规。

(2)暴力行为。

暴力行为可能发生在场内,也可能发生在边线、底线以外的地方,或发生在比赛中及比赛的死球时,队员的行为目的不是对球,而是使用过分的力量或野蛮的方式与对方队员争抢,如故意打人、踢人,对象包括对方队员、同队队员、裁判员或其他队员,都应视为暴力行为。

(3)向对方或其他人吐唾沫。对象包括场上和场下的所有人。

(4)用故意手球破坏对方的进球或明显进球得分机会(不包括守门员在本方罚球区内)。

(5)用犯规破坏对方向本方球门进攻的明显进球得分机会,这种犯规可判为任意球或点球。

破坏明显得分机会包括:

①当攻方队员已成功突破对方最后 1 名后卫的防守,即将形成 1 对 1 的有利局面时,这名防守队员犯规,球也正向球门运行;

②当攻方队员已经成功突破对方守门员的防守,形成射空门或传球给有射空门良机的同伴时,对他的犯规。

（6）使用无礼的、侮辱性的或辱骂性的语言，对象包括场上和场下的所有人。

（7）在同一场比赛中1名队员得到第2张黄牌，即我们常说的“1+1”。一旦队员被罚出场，不能重新参加该场比赛，也不能坐在替补席和看台上，该队可在队员被罚出场满2分钟后，经计时员允许，可补充队员入场，如在这2分钟内，其中一队有进球，则引用下列条款。

如场上是5对4，人数较多一队进球，则4人的一队可补充一名队员。

场上是4对4（人）虽有入球，两队都不补充队员。

场上5人对3人或4人对3人，较多人数的一队进球，则只有3人的一队可补充一名队员。

场上是3人对3人，虽有入球，两队都不补充对员。

如场上较少人数的一队入球，不能补充队员。

如上半场结束前如19分20秒，被罚出场，如果在此期间对方没有进球，下半场开始后1分40秒方可补充一名队员。

（三）任意球

任意球分为直接任意球和间接任意球两种。

踢球时必须将球放定在犯规地点，踢球队员在球罚出后在未经其他队员触及前，不得再次触球，如罚球队员把球打在门柱或横梁上弹出后，在这一过程中未被其他队员触击，他再次用身体任何部分触击球，应判“连踢”，由对方踢间接任意球。

1. 直接任意球

如果在罚直接任意球时直接将球踢入对方球门，应判为进球。

信号：判罚直接任意球时裁判应单臂平举指向发球方向；因属累积犯规，裁判另一臂以食指指向地面，以示意记录台此为累积犯规。

2. 间接任意球

在罚间接任意球时，只有当球进门前触及另一名队员或对方守门员时才算进球；直接将球打进门，不算进球，由对方掷球门球。

信号：裁判员伸直一只手臂并上举过头，表示罚间接任意球；球罚出后触及另一队员或成死球时，才能放下手臂。

3. 任意球的位置

踢任意球时，所有对方队员应距球至少5米，直到比赛开始。如有对方队员提前进入5米区域，该队员将被黄牌警告，然后重罚任意球。如罚任意球一方未能在4秒内将球罚出，判由对方罚间接任意球。4秒钟指将球放定、所有对方队员都退出5米后开始计时4秒，裁判可用声音报数，提醒罚球队员。

（四）累积犯规

累积犯规是室内五人制足球与十一人制足球不同之处，与篮球规则相似，应判罚直接任意球的犯规才属于累积范围，判罚间接任意球的犯规不属于累积犯规。上、下半场分别累积，即上半场累积犯规次数不带入下半场，下半场重新累积犯规次数，但如有加时赛，则下半场累积犯规次数带入加时赛。

裁判将通知记录台记录累积犯规,上、下半场中的前 5 次累积犯规将被记录在记录表上。

任何一队每半场从第 6 次累积犯规开始将被判对方在第二罚球点获得点球,如果犯规地点在犯规方后场球门线与过第二罚球点的假想平行线之间且罚球区外的区域,可选择在犯规地点或第二罚球点罚球,同时防守方不能排人墙防守,守方队的守门员须留在本方罚球区内且至少距球 5 米(如果是罚第二罚球点球时,守门员站位距球不能超过离点球点 1 米的距离和横线上)。必须明确由谁来主罚。而其他所有队员应在假想平行线后边、罚球区外,且至少距球 5 米(注:假想平行线是与球相齐且平行于球门线的一条假想直线)。

累积犯规的任意球必须直接射门而不能传球,只有球被守门员或从门柱、横梁弹回来以及出界后,其他队员才可触球。

守方队员违反了本部分的规定时,如提前越过假想平行线或离球不足 5 米,则:

(1)如果球未进球门,应重踢;

(2)如果球进入球门,得分有效。

进攻队员违反本部分规定,如提前越过假想平行线或离球不足 5 米,则:

(1)如果球进球门,应重踢;

(2)如果球未进入球门,不应重踢。

从第 6 次累积犯规罚第二罚球点球开始,如果不是非常明显的进球机会,不应掌握有利规则,应判累积犯规,这样更“有利”。

由对方在犯规地点踢间接任意球,如犯规地点在罚球区内,则在距犯规地点最近的罚球区线上罚球。

在需要判罚直接任意球的犯规发生后裁判员使用了有利规则,一旦比赛成死球,他们应该通过手势(包括举起右手食指,并把左臂指向犯规队的球门)向计时员和第三个裁判员表明要记录犯规球队的累计犯规。

(五)罚球点球

上、下半场结束或加时比赛的上下半场结束时,可延长比赛时间踢罚球点球。

(1)球和球员的位置。

①球:球必须放定在罚球点踢出。

②踢罚球点球的球员:应先明确确认。

③守方的守门员:在球门柱之间的球门线上,面向踢球球员,直到球踢出为止。

④踢球球员以外的球员:在球场内;在罚球区外;在罚球点后方或两侧;距离罚球点至少 5 米。

(2)程序。

踢罚球点球的球员向前踢球,球触及另一球员之前,主罚球员不可第二次触球,当球向前踢动时,比赛即为开始。

在正常比赛时间踢罚球点球,或是上半场或下半场结束时,延长比赛时间,踢或重踢罚球点球，在球通过两球门柱间及横梁下之前，如果球触及一根门柱、两根门柱，或横梁，或守门员，或者几种都碰到，则算进球。

（3）违规/判罚。

①守方球员违规：

如果球未进入球门，重踢罚球点球；

如果球进入球门，算进球，不重踢罚球点球。

②主罚球员的同队球员违规：

如果球进入球门，不算进球，要重踢罚球点球；

如果球未进入球门，不重踢罚球点球。

③踢罚球点球的球员，在球进入比赛中之后违规：

应判由对方在违规发生地点，罚间接任意球，如果违规地点在罚球区内，则踢间接任意球的地点是在罚球区线上，最接近违规发生位置的地点；

如因为守门员提前离开球门线，裁判员令重罚球点球，罚球方可以换另一名队员来主罚。

主罚球点球的队员可以在罚球前做假动作。

在罚球点球决胜期间，如守门员被红牌罚下，他可以被具有本场比赛参赛资格的其他队员代替。

六、踢界外球，掷球门球，角球以及点球

（一）踢界外球

踢界外球，不能直接得分。

1. 踢界外球的判定

（1）当整个球体全部越出边线，无论是在地面或空中，或是球击中天花板。

（2）在球越出边线的地点踢界外球。

（3）由最后触球球员的对方球员踢界外球。

2. 程序

主踢球员在得球后4秒内，必须踢界外球。

球触及另一球员之前，主踢球员不可第二次触球。

当踢球或触球之后，比赛即为进行。

3. 违规/判罚

如果有以下情况，应判由对方球员罚间接任意球：

在球触及另一球员之前，主踢界外球的球员第二次触球；间接任意球在违规发生地点踢出。

如果违规地点在罚球区内，则踢间接任意球的地点是在罚球区线上最接近违规发生位置的地点。

如果有以下情况，应判由对方球员重新踢界外球：

（1）未依照规则踢界外球。

（2）未在球出线的地点踢界外球。

（3）踢球球员在得球后4秒内，未能踢界外球。

（4）任何其他违规。

（二）掷球门球

掷球门球不能直接得分。

守门员用脚踢球门球，裁判员应提醒他并且让他用手发球门球。

（三）角球

角球直接进入球门，可算进球。

程序如下。

球正确地放在最接近的角球区内。

对方球员距离球至少5米，直到球进入比赛中。

如果有以下情况，应判由对方踢间接任意球：

在球触及另一球员之前，踢角球的球员第二次触球；踢间接任意球的地点未在违规发生的地点；踢角球的球员在得球后4秒内未能踢出角球。

（四）罚球点球

当比赛为平局时，根据比赛的竞赛规程，需要决定何队为胜队，即采用在罚球点踢球的方法分出胜负。

程序：

裁判选择一球门用于执行罚球点球；

裁判召集两队队长，猜中掷币的一队先踢第一球。裁判记录每个踢球球员的号码以及是否进球。

依照以下规定，每队各踢5球。

（1）两队球员轮流踢球。

（2）两队队长应于开始进行罚球点球之前，将踢球球员名字及号码告知裁判。所有踢球球员应在比赛前提出的12名球员名单中。

（3）比赛结束时，如一队有资格参与罚球点球的球员人数比对方多，该队应减少球员人数至与对方相等，并通知裁判减少球员的名字及号码。

（4）两队各踢完5球之前，如果一队的进球数已确定比另一队即使踢完5球能够踢进的球数多，即不必继续踢球。

（5）两队各踢完5球，如果进球数相等，或者两队都未进球，依照相同顺序继续踢球，直到两队踢球数相同，而一队的进球数比另一队多1球。

（6）追加的踢球，应由前5名踢球球员以外的球员踢球。这些球员各踢过1球之后，则由先前开始踢球的球员继续踢球。

（7）任何被判罚离场的球员不可参加在罚球点球。任何有资格踢球的球员，都可以与守门员交换位置。

（8）进行罚球点球时，只有有资格踢球的球员和裁判及第二裁判可以留在球场内。

（9）除了踢球球员和两名守门员，全部球员都必须留在踢球半场之外的另一半场内。

第二裁判控管此区域及球员。

(10)与主罚球员同队的守门员,必须留在球场内。

思考与练习

1. 论述五人制足球的特点和发展优势。
2. 五人制足球的场地标准是什么?罚球中与十一人制足球的最大区别是什么?
3. 结合实际,谈谈在学校中如何开展五人制足球运动。

参考文献

[1] 田麦久. 运动训练学 [M]. 北京：高等教育出版社，2017.

[2] 王崇喜. 球类运动：足球 [M]. 北京：高等教育出版社，2005.

[3] 中国足球协会. 足球竞赛规则 2019/2020[M]. 北京：人民体育出版社，2019.

[4] 中国足球协会裁判委员会. 足球裁判长工作指南 [M]. 北京：人民体育出版社，2001.

[5] 刘浩，等. 足球裁判法图解 [M]. 北京：北京体育大学出版社，2002.

[6] 全国体育院校教材委员会. 现代足球 [M]. 北京：人民体育出版社，2000.

[7] 中国足球协会. 足球竞赛规则分析与裁判法 [M]. 北京：人民体育出版社，2013.

[8] 谭华. 体育史 [M]. 北京：高等教育出版社，2017.

[9] 教育部：到 2025 年再创建 3 万所校园足球特色学校 [EB/OL]. 北京：中国青年报，2009.

[10] 稲垣正浩等. スポーツ史講義 [M]. 东京：大修馆书店，2002.

[11] 夏青，王玮，秦小平. 五人制足球 [M]. 北京：高等教育出版社，2016.

[12] 中国足球协会，成都市足球协会. 室内五人制足球方略 [M]. 成都：西南交通大学出版社，2009.

[13] 北京未来新世纪教育科学发展中心. 雅致生活 脚下的旋转：足球 [M]. 乌鲁木齐：新疆青少年出版社，2007.

[14] 党希平. 体育锻炼与欣赏：足球 [M]. 郑州：郑州大学出版社，2006.

[15] 崔恩，李健功. 浅析足球运动员体能训练方法 [J] 山东体育学院学报，2017(1)：222-224.

[16] 全国已认定校园足球特色学校 2.7 万多所 [N]. 北京日报，2019-12-20.

[17] 中国足球协会. 足球竞赛规则 1999[M]. 北京：人民体育出版社，1999.

[18] 陈伟. 现代足球在近代中国的传播研究及现状反思 [D]. 曲阜：曲阜师范大学，2018.

[19] 李跃，赵响. 我国校园足球改革试验区资源配置效率评价及优化策略 [J]. 吉林体育学院学报，2022，38(1)：68-76.

[20] 马叶丹，徐亮，付全. 校园足球训练对儿童心理健康水平影响的实证研究 [J]. 沈阳体育学院学报，2022，41(1)：58-66.

[21] 李强，姜立嘉. 体育强国建设背景下我国校园足球发展困境与对策 [J]. 体育文化导刊，2021(10)：103-109.

[22] 黄永正，胡永红，王晓东. 供给侧改革背景下校园足球师资培养路径研究 [J]. 体育科技，2021，42(5)：57-59.

[23] 赵聪，刘献国. 创新扩散理论下我国校园足球改革试点的隐忧与优化策略 [J]. 体育学刊，2021，28(5)：108-113.

[24] 宋旭敏. 关于机体在运动中的最大摄氧量和无氧阈的研究 [J]. 河北体育学院学报，2000(2)：97-99.

[25] 任冀军. 关于机体在运动中的最大摄氧量和无氧阈 [J]. 哈尔滨体育学院学报，1999(2)：93-95.

[26] 杜琳英. 论中长跑运动员身体素质训练的理论与方法 [J]. 体育与科学，2003(3)：45-48.